岩波現代文庫
社会 137

ガルブレイス
鈴木哲太郎［訳］

ゆたかな社会
決定版

岩波書店

THE AFFLUENT SOCIETY, New Edition
by John Kenneth Galbraith

This revised edition with a new introduction
published as a Fortieth Anniversary edition
1998 by Houghton Mifflin Company, Boston.

This paperback edition first published 2006
by Iwanami Shoten, Publishers, Tokyo
arrangement with Houghton Mifflin Company, Boston
through Tuttle-Mori Agency, Inc., Tokyo.

アラン、ピーター、そしてジェミーに捧ぐ

経済学者は、他のすべての人と同様に、人間の
窮極の目的を関心事としなければならない。

アルフレッド・マーシャル

目 次

ゆたかな社会

四十周年記念版への序文

ある書物を刊行してから四十年たった後でその新版を出すにあたって、その本を書いた人は次のような容易ならぬ問題に直面するものである。すなわち、後年の考えを反映させるためにどの程度の改訂をほどこすべきか？　初めの頃の気分や信念について述べた部分をどの程度まで残すべきか？　という問題である。私はこの二つの間で妥協をはかる道を選んだ。この選択は異例のことではあるまい。

私は初版で書いたことの多くを今でも承認している。例えば「通念」という概念に関する章は、何にもまして私に満足を与えている。この語は、今では普通に広く用いられるほどになっていて、毎日のようにそれにお目にかかる。この語を用いる人の中には、経済学および政治学における私の原則的な立場を否認しながら、この語の起源については全く思い至っていない人がいる。私はこの語を作ったことについて特許を取っておくべきだったようだ。

さて、もっとまじめな話になるが、私はこの本の主要な結論の一つを今でも信奉している。すなわち、経済学について書かれたり教えられたりしていることは、世界が変化しているのにそれを受けつけないような態度や信念を植えつけている、という遺憾な事実である。私は今でもそう考えているので、経済思想史およびその永続的な影響の重要性を強調している本書の前半の諸章は、もし私が今書くとしても同じようなものになるであろう。デイヴィッド・リカード、トーマス・ロバート・マルサス、さらには、不可避的な革命という帰結に至るまでのカール・マルクス、といった人たちの著作からは、人類の将来がぞっとするようなおそろしいものであることが見えてくる。世界のより恵まれた諸国では、或る種の悲観論が残っているにせよ、事態が改善されたことに疑問の余地はない。こうした永続的に改善された状態こそ『ゆたかな社会』が取扱っているものなのである。

このような改善の中心となっているのは、経済生活の安全が高まり、金銭的な報酬が増えたことである。こうした改善を助長したものは、法人企業の経営組織、専門家の成長、芸術や娯楽の分野における雇用の増加、社会保障、医療保険、等々である。しかし今の私は、特にアメリカについてのことであるが、所得の不平等とその度合が悪化しつつあることを強調したい。すなわち、貧しい人たちは貧困のまま取り残されているのに、高額所得層の人たちが得ている所得はますます大きく増加している、という事実である。また、そうした所得を擁護する政治家の弁舌や権力もますます増大している。これは私の予見になかったことである。

私は、本書の最も重要なテーマとして、財・サービスの生産が文明の成功の尺度となっていることを強調した。この点を私は今でも強調したい。国内総生産は、単に経済の成功の尺度として広く認められているのみならず、もっと広い意味での社会的成功の尺度でもあり続けている。恵まれた人は生産によって法外な報酬を受けている。特に企業経営者がそうであって、彼らは、通常の場合、自分の給料を自分で決めることができるのだ。（こうした人から何らか人間的なしるしを引き出そうとすると、彼は、生産の真の社会的報酬は所得の増大ではなくて雇用を与えることである、と強調する。このように語ることによって、彼は同情心に富む人(注)だとされるのである。）

(注)本書で"men"という表現を使っていることに注意されたい。こうした言葉使いは本書を通じて広く用いられているので、たやすく書き改めるわけにいかない。婦人運動を早くから支持してきた私としては、もし本書を全部新しく書き直すことになれば、こうした表現を改めるであろう。

本書で述べているとおり、現実の世界では、欲望をつくり出す手だてが生産の過程に内蔵されている。そして、こうした欲望は、流行とか、社会的野心とか、あるいはまた単なる模倣によって、いっそうの支持を得ている。人は、他の人がすることをし、他の人が持つものを持つべきだ、というわけである。消費需要を生み出す源泉のうちで最も重要かつ明白なものは、製品を作る側の広告と販売術である。まず財をつくり、それから市場をつくるのだ。このことは、広く受け入れられている経済学の考えとは全く相容れない。経済学の通説において、消費者主権という概念は最も基本的なものであった。消費者主権というのは、経済システムは消費者に奉仕するものであって、その消費者が経済を最終的に支配する、という考えである。

本書が世に出てからの何年間というもの、消費者主権という既存の見解を主張する人たちは不愉快であった。彼らは断固として反対し、激怒さえした。彼らは教科書に改訂を加え、私の異端にふれたのち、それを否認した。そして、昔フォードがエゼルという新車を造って売ろうとしたが、そのデザインがひどく新奇だったために、主権者たる消費者は買おうとしなかった、という話をもち出して、消費者にこそ主権があるのだと主張したものである。

その後やがてそうした反論は軟化してきた。消費者は、実際のところは、主権者以下である、ということが今では受け入れられていると私には思われる。製品の宣伝と販売術との威力は広く認められている。エゼルの話は教科書から姿を消したようだ。

本書は二つの事柄について正しかったし、また先見の明があった。他方、一つの事柄については、時の流れと経済の変化によって、誤りであったことがわかった。私はまずこの誤りから述べることとする。

『ゆたかな社会』の以前の版では、インフレーションに対する警告を強く述べてきた。インフレは、一般的に満足のいく社会を不気味に覆う最も主要な脅威であった。インフレか、さもなければ失業か、という状態であった。しかし今では、このことはもはや明らかとはいえなくなっている。以前の版で書いたころは、賃金と価格の相互作用がインフレの主な原因であった。経営者と労働組合が交渉し、賃金が高まる。それは過去における製品価格の上昇に一部起因するものである。さらに今度は賃金上昇をカバーするために製品価格を引き上げることになる。製品価格の上昇は新たに賃上げの要求を誘発する。このようなプロセスが続いて、賃金・物価の悪循環となるのだ。これを抑えるために金融政策《マネタリー・ポリシー》と財政政策が有効ではあったが、そのために投資支出・消費支出は削減され、生産は低下し、失業は増加した。それによって、賃上げ要求とその結果である価格上昇とが抑えられたのである。こうしたインフレ対策は、病弊よりも断然悪い治療法であった。

賃金・物価の悪循環の脅威は今では小さくなっている。生産は、かつて強力な組合があった伝統的な産業から重点を移しつつある。サービス業、専門職業、芸術、娯楽、通信といった産業が、雇用源として次第に重要性を増している。ハイテク産業もまたそうであって、ここでは労働組合は重要性が低く、あるいは全くとるにたりない。そして伝統的な産業でも、労働組合は昔ほど戦闘的ではなく、指導力も強くないようだ。したがって、賃金・物価の悪循環はもはや経済を動かす強い力ではなくなっており、雇用水準が高い時でもインフレ率は低くなっているのである。この序文を書いている頃は、低失業・低インフレの状態が続いている。これは歓迎すべき状況である。私はこうなるとは予見していなかった。私はこの新版で、もはやあてはまらなくなった箇所を幾つか削除した。

私に先見の明があったと主張してもよさそうな事柄が二つある。一つは、民間の生活水準と公共部門のそれとの間でかねの使い方と力の入れ方につり合いがとれていないということであり、二つには環境という重要な問題である。

四十年前に私は、公共部門と民間部門の生活水準にひどい差があることを強調した。高級なラジオ・テレビを持っているのに学校は貧弱であり、住宅はきれいなのに街路は汚い。お粗末な公的サービスは、政府がかねを使うことに対する深い憂慮と結びついていて、公的支出は悪いもの、荷の重いものであり、民間のゆたかな支出は経済的に建設的な力である、と考えられていたのである。

私の主張は今でも正しいと思っている。政府は、使途のいかがわしい兵器や、企業の福祉という言葉で呼ばれることになったものに対しては、たやすくかねを使っているが、これらを別にすれば、公的支出を抑制せよという強い圧力が今でも持続的に加わっている。その結果われわれは、民間消費についてはかつてないゆたかさを享受しているのに、学校、図書館、公共のレクリエーション施設、保健、さらには警察のやり方について、毎日のように苦情が寄せられている。経済の民間部門は、その役割と報酬をとてつもなく増大させ、またそれに伴って政治的な発言力をも強めた。それに対して公共部門については、兵器と企業福祉とを別にすれば、民間部門に与えられているのに匹敵するほどの政治的支持はない。公共部門のはたらき具合は、民間部門にくらべて昔よりいっそうたち遅れているのである。

ゆたかさというものは個人の働きに対する当然の報酬であって、貧しい人でも、必要な努力をすると決めてかかりさえすれば、それにありつけるものだ、という考え方がこれほど強くなってこようとは、四十年前の私は十分に予見していなかった。こうした考え方からすれば、個人は自分の福祉については自分で面倒をみるべきであって、政府の助けは有害な干渉であり、個人のエネルギーと自発性の敵である、という結論になるわけだ。政府の助けは反対すべきものとされるのであるが、そうすればかねの節約になるし、富者を課税から防禦することになる、という点は伏せられている。このような社会的態度があるとすれば、ゆたかな社会で貧しくあるよりは、貧しい国で貧しくある方がましだ、といえるかもしれない。

私が初版を書いた時以来、環境問題に対する世間の見方も変ってきた。この問題に関する社会的な態度は、少なくとも多少は良くなっている。初版の原稿を書き終えた時、私はこの問題に関する一節だけはどぎつ過ぎるのでそのままにすべきではないと考えた。誰しも筆の走り過ぎということが時折あるわけで、見識ある著者ならそうした箇所を改めるべきだと考えるのではないかと私は思ったのである。問題のこの一節というのは以下のものであって、ここで全文を引用させていただきたい。

ある家族が、しゃれた色の、冷暖房装置つきの、パワーステアリング・パワーブレーキ式の自動車でピクニックに行くとしよう。かれらが通る都会は、舗装がわるく、ごみくずや、朽ちた建物や、広告板や、とっくに地下に移されるべき筈の電柱などで、目もあてられぬ状態である。田舎へ出ると、広告のために景色もみえない。(商業宣伝の広告物はアメリカ人の価値体系の中で絶対の優先権をもっている。田舎の景色などという美学的な考慮は二の次である。こうした点ではアメリカ人の考えかたは首尾一貫している。)かれらは、きたない小川のほとりで、きれいに包装された食事をポータブルの冷蔵庫からとり出す。夜は公園で泊ることにするが、その公園たるや、公衆衛生と公衆道徳をおびやかすようなしろものである。くさった廃物の悪臭の中で、ナイロンのテントを張り、空気ぶとんを敷いてねようとするときに、かれらは、かれらに与えられているものが奇妙にもちぐはぐであることを漠然とながら考えるかもしれない。はたしてこれがアメリカの特質なのだろうか、と。

結局、私はこの一節をそのままにした。それは今でも本書の中にある。私がこれほどきわどく間違いを回避したことはなかった。通念について述べている箇所を別にすれば、この一節はこの本の中でぬきんでて多く例証に使われ(またそのまま引用され)ているものである。今でも時折そうした引用にお目にかかることがあるほどだ。この一節は、高速道路や公園をきれいにする運動に何がしかの貢献をした。私と妻は、恒常的ではないにしても忠実なヴァーモント居住者なのであるが、この州の知事によって任命された委員会に私がつとめていた時期と『ゆたかな社会』を執筆していた時期とはほぼ重なっていた。そしてこの委員会は、道路わきの広告板を大部分やめさせたのである。そのため、この州の美観がその居住者によりよく享受されるようになり、また風景の美しさに感じやすい旅行者の数がふえるという成果があった。環境に対するもっと広汎な関心は、まだ強くはないにしても、この本の初版以来あきらかに大きくなってきている。

私がこの本を書き始めたについては、貧困の研究をするためということでグッゲンハイム財団の援助があった。この種の援助は応々にして迷路に入ってしまうものである。私の場合も例外ではなかった。私の研究から出てきたものは、貧困者に関する論文ではなくて、ゆたかな人びとに関する論文であった。私は本書の末尾を貧困に関する章にあて、また私が「新しい階級」とよぶところのものへ逃げこんだ人びとに関する章にあてることにした。これらの章は今でも意義を失っていない。大都市に根強く残る貧困や、田園地帯および山岳地帯で目につかぬ形で残っている貧しい人びとは、アメリカ社会の荒廃した面を最も強くあらわしている。そしてもちろん、より広い世界における貧困も大きな暗い影である。

しかしながら、世界、特にアフリカおよびアジアにおける貧しい人たちの窮乏および死は、私のゆたかさ探訪では扱われていない。私は、本書を書いて以来、たぶん一種の罪悪感から、生活のかなりの部分をこれらの問題に捧げてきた。しかし、悲しいことに、それはうまい解決策がみつかると感じられるような類の問題ではないのだ。大量の窮乏は現代の最もショッキングな常規逸脱である。多くの人が、絶望的な貧困の地で、みじめで短命の生活を送っている。もし本書と対をなす『ゆたかでない社会』を書いたとしたならば、いっそう緊急のメッセージを発したことであろう。

第一章　ゆたかな社会

一

富はいろいろの利益を伴う。これに対する反論が今までいくつもなされてきたが、どれも広い説得力をもつには至らなかった。しかし、富があるために物事を理解するのが妨げられるということは疑いない。貧しい人は、持っているものが少ないからもっと必要なのだという彼の問題と解決策とをいつもはっきり理解している。裕福な人は心配ごとが多くなるので、それらをどう処理したらいいのかわからないことがそれなりに多い。そしてゆたかに生活することを身につけるまでは、富の使い方を間違ったり、馬鹿げたことをしたりすることがよくあるものだ。

個人についていえることは国についても同様にあてはまる。しかも、諸国民がゆたかな暮しを経験した歴史はごく浅い。人類の歴史を通じて大部分の国民は貧困であった。世界の中でヨーロッパ人が住む比較的小さい地域における最近の数世代がこれに対する例外であるが、それは人類の歴史からみればとるにたりないものである。この地域、とくにアメリカでは、かつてない非常なゆたかさがみられる。そしてこのゆたかさは、今日まで、将来も当然続くものと考えられてきた。

世界のこの恵まれた地域の人びとがその生活を解釈し、その行動を律するのに用いている考え方は、裕福な世界で生まれたものではない。この考え方を生み出した世界では、貧困がいつも人間につきまとい、そうでない状態は考えられないというほどであった。この貧困とは、他人のゆたかなのをみて心を悩ますというような生やさしいものではなく、飢え、病気、寒さなどの、肉体の無用のさいなみにほかならなかった。こうした苦難から一時的に逃れたとしても、苦難がいつまた襲ってくるかわからなかった。うまく飢餓から抜けでたとしても、そこには窮乏が待っているだけだったのだ。ごく少数の人びと――歴史はこの人たちの動きを中心にして書かれている――しか裕福でないからといって大衆の貧困がもっと堪えやすいものになったとは考えられない。

この暗い窮乏の世界を解明するのに用いられた考え方が現代のアメリカにも同様に役立つであろうと論ずる人はまずなかろう。貧困が世界の到るところにみられても、われわれが貧困でないことは明らかだ。食事、娯楽、交通、水道やガスなど、一世紀前には金持でも享受できなかった楽しみや便宜を普通の人でもえられるところでは、貧困の世界で急務とされていたことは意味を失ってしまう。人びとのたくさんの欲望がもはやその人自身にもはっきり意識されないほど、時代は大きく変っているのだ。広告やセールズマンにより、いわば合成され仕込まれて初めて欲望がはっきりするほどである。そしてまた広告やセールズマンの仕事は現代の職業としても最も重要で手腕を要するものの一つとなっている。十九世紀のはじめには、自分の欲しいものが何であるかを広告屋に教えてもらう必要のある人はいなかったであろう。

かつて大衆的貧困の世界を解明するのに用いられた経済学の考え方をゆたかな世界に適合させるための努力が全然なされなかったというのは誤りであろう。認識されなかったり、よく理解されなかったものも若干あるけれども、とにかく新しい時代に合うような調整がいくつもなされてきた。しかしその反面、それに対する抵抗もかなり強かった。客観情勢ががらりと変っても、それに正面から対決したとはいいきれない。その結果われわれは、われわれの世界にはあまり意味のないような考え方に従っている面も若干ある。そしてまた、不必要なこと、賢明でないこと、狂気じみたことさえもしているのだ。そのようなことのうちには、ゆたかさ自体に対する脅威となっているものさえある。

二

以上のことは本書の目的を物語っている。われわれの経済学的態度がいかに過去の貧困、不平等、経済危機に根ざしたものであるかということをみるのが第一の仕事である。その次に、ゆたかさへの適応が部分的、暗黙的におこなわれていることを検討する。その次の仕事として、重要な問題について大衆的貧困の世界から生まれた古い考え方とのつながりをやっと維持するのに役立っているからくりや議論を考察する。これらの中には、精巧なものもあり、俗悪なものもあり、ある程度危険なものもある。ゆたかさが経済上の事実であると仮定して議論することがとくに便利であるとか、容易であるとか考えてはならない。それどころか、そうした仮定は多くの重要な人びとの威信と地位を脅かし、新しい思想に直面する大きな恐怖をあらわにするのである。われわれがここで直面するのは、既得利益の中でも最大のもの、つまり精神の既得利益である。

最後に、貧困の仮定に結びついている陳腐で巧みな偏見から脱け出るにつれて、われわれははじめて前途に新しい仕事と機会をみることができるようになる。といっても、これはそれほど心強いものではない。必要緊急の仕事を避ける最良の方法の一つは、済んだ仕事に没頭しているようにみせかけることである。

本書の目的はざっとこうしたものである。けれども最初に準備的な仕事がある。というのは、われわれがわれわれの社会に関する陳腐でよくわからない仮定にしがみついているのは、単に鈍感さや無知のためではない。これらの仮定の影響力はかなりあるにしても、それほど強いものではない。その反面、社会問題については、広く積極的な勢力があって、それがわれわれを過去にしばりつけ、死人をよび起こすような努力を強いることさえあるのだ。のちに脱出方法をみつけ出そうというのならば、これらの力に捕えられていることをまず知る必要がある。これが第二章の仕事である。

三

本書を怒りの書物だと思う人はいないであろうが、社会評論で流行しているみせかけの謙遜さに欠けていると思う人がいるかもしれない。私が経済学の主流の考え方のうちの若干のものを軽視していることに、読者はまもなく気づかれるであろう。しかし私はこうした考え方の創始者たちを重視している。経済学の欠陥は、最初に誤りがあったからではなく、陳腐な理論を改めないことにある。陳腐化の原因は、便利なものが神聖不可侵のものとなったことにある。陳腐な考え方を攻撃する人は、少し自信をもちすぎており、挑戦的にさえみえるに違いない。しかし性急な判断はなされないであろうと私は信じている。しまりのゆるいドアによりかかって家に入る人は、不法侵入の汚名を受けることになるが、悪いドアにもある程度は罪があるのだ。

独創的な考えというものは、自分の仕事をもくろんでいる著者によって殊に誇大視されやすい。本書の中にはほかの経済学者が思いついたことのない考えはほとんどない、少なくとも私はそう思っている。本書は事実が証明している考え方を整理したものだが、本書のこうした傾向は多くの人の賛同をえるだろうと思う。しかし、現在の一般的な風潮は非常に保守的なので、穏健な批判も恐ろしいものにみられてしまうほどである。今日では、社会的訓練や政治的信条のいかんにかかわらず、誰しも安易を求めていて、異説を立てたがらない。論争を始める人は厄介者扱いにされる。独創性は考え方がふらついている証拠にされてしまう。聖書の言葉をもじるわけではないが、率いる者も従う者もおとなしい。現状を尊重する人にとっては本書は面白くないであろう。そういう人は本書を読まずに書棚に収められるがよい。なぜなら、本書には否定的ともいえる思想が含まれており、それは、なにごとをも肯定的に考える世界では見なれないものであるにちがいないからである。

四

現代の社会科学者は誰しも社会の存立の不安定さを感ぜずにはいられない。西欧人は昔からの宿命であった貧困から一時脱却したけれども、いくつかの無気味な核爆発をみれば、たとえ生き残ったとしても、昔の無一物の時代に逆もどりしてしまうのではないかという恐れを抱いている。本書に述べられた考えが、こうした運命からどうしたら逃れることができるかということにも関連をもっていると私はいいたい。幻想はよくみうけられる悪である。自己欺瞞によって乞食のように振舞う金持は、財産を保全することはできても、それほど幸福ではなかろう。過去の貧困な時代のルールに従って物事を処理するゆたかな国も、機会をみすみす失うことになるばかりでなく、自己認識を誤っているために、困難に際して間違った解決策をとることになるであろう。現在のわれわれがかなりこうした傾向に陥っていることを読者はやがておわかりになると思う。

といっても、あまり深刻に落胆するには及ばない。自己を誤解したゆたかな世界にとっての諸問題は深刻で、ゆたかさ自体を脅かすことにもなりかねないが、貧困な世界にあっては、差し迫った貧困があるというだけのことからして、誤解などというぜいたくなことはある筈がないが、同時に何の解決策もある筈がないからである。

第二章　通念というもの

一

現代の経済生活、社会生活を理解するに当ってまず必要なことは、事実とそれを解釈する観念との間の関係をはっきりつかむことである。この二つはそれぞれ別個の生命をもっていて、一見したところ用語の矛盾のように思われるかもしれないが、かなりの期間にわたって独自のコースをたどることができるものだ。

その理由はむずかしいことではない。社会生活のいろいろな部面と同様に、経済生活も単純で筋の通った型にはまってはいない。それどころか、一貫性を欠き、しりきれとんぼで、不合理にみえることがよくあるものだ。それにもかかわらず、経済行為を解明することが必要である。自分の生活に密接に結びついている経済活動の意味を知らずに満足していることは、好奇心からしても、内心の自我の要求からしても、できることではない。

経済現象や社会現象は近づきにくく、あるいは少なくとも近づきにくいものにみえ、また、あることとないこととを区別するのもむずかしいような性質のものなので、物理現象からはえられないぜいたくを人に与えることになる。つまり、人はかなりの範囲内で好きなように考えていることができ、この世界について勝手な見解をもつことが許されるのである。

その結果、社会生活の解釈について、正しいことと、単に人から受けいれられるにすぎないこととの間の争いが絶えない。この争いにおいては、終局的には実在の側に分があるのだが、かけひきの上では人の気に入る議論が有利である。聴衆というものは一番好きなことをきかされると拍手するものである。そして社会問題の議論においては、議論が正しいかどうかということよりも、聴衆の賛成をえられるかどうかということの方がよほど論者を左右する。演説にしても著作にしても、聴衆あるいは読者に厳然たる驚くべき事実を語ろうとする場合には、かれらが最もききたいと思うことを詳しく述べるのである。

一致した意見を創り出すのに役立つものは、究極的には真理であるが、短期的には人気である。観念というものは、社会全体または特定の聴衆の人気に投ずるものを中心にして形成されるようになる。実験室に勤務する人が科学的真理を追求するのと同様に、代作者やPR関係者は人気をつかまえることに腐心する。こうした人にとっては、顧客が賛同してくれれば手腕を発揮したことになり、そうでなければ失敗したことになる。大衆の反応を事前に部分的にしらべてみたり、あるいは言葉や論説その他の伝達手段をしらべることによって、失敗の危険は今日ではかなり少なくなっている。

観念が人に受けいれられるようになるのにはいくつもの要因がある。われわれは真理と便宜とを結びつけて考えることがかなり多い。ここで便宜というのは、利己心や個人的な幸福に最も密接に合致したもの、または無駄な努力や生活の破綻を避けるのに最も好都合なもののことである。また、自尊心に貢献することも非常に受けいれやすい。アメリカ商工会議所で演説する人が実業家の経済力をけなすことはまずない。ＡＦＬ＝ＣＩＯに顔を出す人は、社会の進歩とは労働組合運動が強くなることだと考えている。しかしながら、人びとは最もわかりやすいことならたいてい賛成する、ということが最も重要な点であろう。前に述べたように、経済・社会の動きは複雑で、その特性を理解するのは大変なことである。したがってわれわれは、おぼれそうな人がいかだにしがみつくように、最も理解しやすい観念にしがみつく。このことは既得利益の最高の表現である。というのは、知識の既得利益は他のどんな宝物よりもいっそう大切に保護されているからである。人びとが以前によく勉強したことを弁護するに当って宗教的な情熱にも似た態度を示すことがよくあるのは、まさにこうした理由によるものである。人間の行動のある分野では、親しみやすさが軽蔑を買う場合もあるが、社会的観念が一般に受けいれられるか否かは親しみやすさにかかっている。

親しみやすいことが人気の重要な鍵になっているので、人びとに受けいれられる観念は大きな安定性をもっていて、おおよそ予知しうるものである。このような受けいれられる性質をもっているために尊重されている観念に特別な名称を与えておくのが便利であろう。そしてそれは、この予知しうる性質を強調する名称であることが望ましい。私は以後こうした観念を通念(conventional wisdom)とよぶことにしたい。

二

この通念というものは政治上の党派とは何らかかわりないものである。現代の多くの社会問題についてかなり広い意見の一致がみられることは、本書の中でみるとおりである。普通に自由主義者と目される人たちと保守主義者と目される人たちとの間には、それほど大きなちがいはない。両者にとって、受けいれることのできるものの標準は大体同様である。しかしある種の問題については、特定の聴衆の政治的な好みに合致するように考え方を合わせなくてはならない。こうした調節を意識的または無意識的にする傾向があることは、政治的な見解を異にする集団の間でもそれほどちがいはない。保守主義者は、経済上の利益にも関連して、よく知られた既存のものに執着する傾向がある。こうしたものが保守主義者にとって受けいれることのできるものの標準になっている。他方、自由主義者は、彼がよく知っている観念を道徳的な情熱をこめて、ときには正義感をもって、強調する。自由主義者がもっている観念は保守主義者のそれとはちがっているが、ある観念を受けいいれることができるかどうかの標準をそれがよく知られているかどうかということに求める点では、保守主義者とかわらない。通念から逸脱した独創性は、不忠実であり背信であるとして非難される。善良な自由主義者、確かな自由主義者、忠実な自由主義者などといわれている人は、大体どういう見解をもっているか誰にもよくわかっているような種類の人である。つまり、真面目に独創性を目ざすようなことはしない人である。最近のアメリカやイギリスでは、アメリカの自由主義者や、これと同じような立場にあるイギリスの左翼は、新しい考え方を探求すると公言しているが、新しい考え方が必要だと公言することによって、新しい考え方それ自体とある程度すりかえてしまう結果になっている。このような公言された必要をくそまじめに受け取って何か新しいことを力説するおろかな政治家は、ひどく困った立場におちいってしまうことがよくあるものだ。

われわれは、必要に応じて、保守主義者の通念、あるいは自由主義者の通念というようないい方もできる。

通念はいろいろの段階でこじつけられ、精密なものにされる。社会科学の学術の最高段階では、ある程度新奇な定式化や陳述は反対を受けない。それどころか、古い真理を新しい形式に盛る余地はかなりあるし、また小さな異説は尊重される。そして、それはど重要でもない細かい問題について活潑な議論をすることによって、正統的な考え方の骨格に対する挑戦を、非科学的とも偏狭とも思われないような形で不当なものとして斥けしてしまうことができる。しかも、時がたつにつれて、議論の助けをかりて、受けいれられた観念は次第に精密の度を加えてゆく。文献は巨大なものとなり、中には神秘性を帯びたものさえでてくる。弁護論者は、通念に挑戦する人はその通念の細かいことまで勉強していないのだということができる。こうした観念を評価しうる人は、安定した、正統的な、忍耐強い人、要するに伝統的な知恵を尊重する人以外にはないというのだ。通念が多かれ少なかれ健全な学識と同一視されるようになると、通念は難攻不落の地位を占めるに至る。懐疑をもつ者は、古いものから新しいものへ性急に走りたがる傾向をもっているということで失格者にされてしまう。健全な学徒なら通念から逸脱しない筈だとされる。

また、通念の比較的高い段階においては、独創性は抽象的な形であれば許される。ここでもまた、通念は独創性を活溌にとなえることと独創性それ自体とをすりかえてしまうのである。

三

前に述べたように、通念の試金石は人気である。通念は聴衆の賛同をえている。人びとは自分が賛成している議論が詳しく述べられるのを聞くことが好きだ。これには多くの理由がある。それはまず自我を満足させる。人は、自分よりもっと有名な他の人が自分と意見を同じくすることを知って満足する。自分が信じている意見をきくと安心感をも与えられる。彼は、自分の考えが支持されており、自分ひとりの考えではないことを知る。また、自分が賛成している意見をきくことは、人を教化したいという本能を満足させる。すなわち、他の人たちもいっしょにきいており、説得されつつあるということになるからだ。

通念を詳しく述べることは宗教的儀式にも似ている。それは、聖書を音読したり、教会へ行ったりするのと同じような、確認の行為である。自由企業の絶対的なよさについて会食での演説にききいっている会社の重役も、いっしょにきいているほかの人たちも、そんな演説をきくまでもなく前から同じ意見なのだが、みな確信を深めて安心するのである。彼は、熱心にきいているようなふりをしなければならないとしても、きくまでもないことだと思っているかもしれない。しかし彼は、儀式に加わることによって神と和解しているようなものである。出席し、注意して、拍手することによって、彼は経済制度がいっそう安全なものになったような感じをもつ。学術的な会合に集まる学者がきく上品な議論は、誰でも以前にきいたことがあるかもしれない。それもまた、どうでもいい儀式であるとはいえない。なぜなら、その目的は知識を与えることにあるのではなく、学問と学者を美化することにあるからだ。

社会時評に対する需要が非常に多いことからみると、社会時評の大部分――とくに好評を博しているもののほとんどすべて――は通念を適時に明確化しているものと考えてよい。こうした仕事はある程度職業化している。聴衆に最も気に入るようなことをみつけて、それをいかにも堂に入ったように上品にしゃべることを職業としている人たちがある。ラジオやテレビの解説の大家がその代表的なものである。しかし概していえば、通念を明確化するのは、学界や官界や業界の地位の特権である。誰でも大学の総長に選ばれたとすれば、通念を発表することができる権利を自動的に獲得したことになる。それは学術上の高い地位に対する報酬の一つである。もっとも、その逆に、こうした地位自体が、適当な詭弁をまぜて通念を解説したことに対する報酬でもあるわけなのだが。

政府の高官は通念の解説者と目されており、またそれはある程度彼の義務でもある。多くの点でこれが最も純粋な場合である。地位につく前は彼はたいして注目されていないのが普通である。ところが、地位につくや否や、彼は深い洞察力があるものと思われてしまう。よほど稀な場合以外は、彼は自分の個人的な意見を話したり書いたりしない。彼が話したり書いたりすることは、一般に受けいれられるように、計画され、案文を練り、慎重な検討を経たものである。一般に受けるかどうかということ以外の考慮、たとえば経済情勢または政治情勢の簡明な記述として有効なものであるかどうか、というような基準を適用することは、全く見識のないこととみなされている。

最後に、通念を解説することは実業界で成功した人の特権である。ジェネラル・モータ－ズ、ジェネラル・エレクトリック、ＩＢＭなど、どんな大会社の社長もこの権利にあずかっている。彼は経営方針や経済についてのみならず、社会における政府の役割や、外交政策の基調や、自由教育の性質などについても語る権利がある。最近では、通念を解説することが実業家の権利であるばかりでなく義務でもあるといわれている。「われわれが自由企業的生活様式を熱烈に確信をもって信じているということを大衆に伝えるために、実業家は話したり書いたりしなければならないと私は信ずる。アメリカの実業界から知的で前向きの思想がほとばしり出たとすれば、大衆の心をとらえようとするこの闘いに大きな変化が起こることであろう。(1)」

四

通念の敵は観念ではなくて事実の進行である。通念は世界を解釈するためのものである筈なのに、前に述べたように、通念はそうした世界に適応するのではなくて、聴衆の世界観に適応する。世界は変化するのに、大衆は安易で慣れたものに執着するので、通念はいつも陳腐化する危険にさらされている。このことが直ちに致命的となるわけではない。通念が致命的な打撃を受けるのは、陳腐化した通念を明瞭に適用できないような不慮の事件が起こって、通念では処理しえないことがはっきりしたときである。現実との関係を失った観念は、おそかれ早かれこうした運命に見舞われざるをえない。このようなときには、通念の不当なことが誰かによって劇的に誇張されることがよくあるものだ。通念をくつがえして新しい観念を設定した功績は、こういう人に与えられる。実際は、彼は、重要なことにはちがいないが、事実が明瞭にしたことを言葉に結晶させたにすぎないのだ。一方、ナポレオンの親衛隊《オールドガード》のように、通念は死んでも降伏しない。非妥協的な惨酷さをもった社会ならば、それまで賢者とされてきた代表的な人物を無用な老いぼれとして扱うこともあろう。

こうした成り行きを例証する事実は、昔にも最近にもたくさんある。一七七六年より以前の何十年かの間に、自由主義的国家観が人びとをとらえつつあった。イギリス、それに隣接するベネルックス地方、そしてアメリカ植民地の商人たちは、当時の通念であった政府による最大限の指導と保護よりは、むしろ政府による制約をできるだけ少なくする方が得だということを知っていた。さらに、通念とは反対に、金の蓄積ではなくて自由貿易こそ近代的な国力の源泉であることが明らかとなっていた。このことを明らかにしたのは無責任な独創性をもった人たちであった。「ロンドンが広さにおいても人口においてもパリより大きくなり、またイギリスが軍艦二百隻をもち、同盟国に補助金を与えることができるようになったのは、ひとえにイギリス人が商人になったからである」とヴォルテールはいった。(2) こうした見解はアメリカ独立の年にアダム・スミスによって結晶された。しかし『国富論』は古い通念をもった人たちからは不満と驚きをもってみられ続けた。一八〇四年にアレキサンダー・ハミルトンが亡くなったとき、ジェームズ・ケントはその追悼の辞の中で、ハミルトンがスミスの「もやもやとした哲学」に抵抗したことを称讃した。西欧のどの国でも、一世代以上にわたって、自由主義的社会観は向うみずな考えだというもののしい警告があとをたたなかった。

十九世紀を通じて古典的自由主義が通念になると、今度は、工場法や労働組合や社会保険やその他の社会立法が取り返しのつかない害悪を流すものだというおごそかな警告が発せられるようになった。自由主義は、ほどこうとすれば裂かざるをえない織物にもたとえられた。しかし、保護や、保障や、交渉力の平等化などに対する欲求は弱まらなかった。結局、それは通念の手におえぬ事実となった。ウェッブ夫妻、ロイド・ジョージ、ラフォレット、ローズヴェルト、ビヴァリッジなどの人たちが新しい事実の容認を結晶化した。その結果がいわゆる福祉国家である。そうなると通念は、これらの社会政策は資本主義を柔軟で文化的なものとし、資本主義の維持に役立っている、と主張するようになったが、それでも、古典的自由主義と完全に手をきることは致命的だという警告はあとを絶たなかった。

通念に対する状況の影響についてもう一つ興味ある例としては、不況のときの均衡予算があげられる。政府組織がこの世に現われて以来、均衡予算は政府財政の健全で上手な運営にとって必要条件とされてきた。王侯や共和国の浪費癖は、歳入と歳出とをまちがいなく合わせなくてはならないという規則によって抑えられてきた。この規則を破ると、長期的にはいつも不幸な結果に終ったし、短期的にも不幸なことがよく起こった。昔は、歳入の不足を補うために貨幣の端を削りとったり、変造したりして、節約された金属を貨幣として使うのが国家の常套手段だった。その結果はいつも物価騰貴と国の威信の低下であった。近代では紙幣の発行や銀行からの政府借上げが同じ結果をもたらした。したがって、通念は毎年の均衡予算の重要性を非常に強調したのである。

しかしその間に現実は次第に変化してきた。均衡予算を要求する規則は、財政について本質的にまたは反復的に無責任な政府のために考えられたものである。前世紀までの政府はどれもこうした種類の政府であった。その後、アメリカでも、イギリスでも、英連邦でも、またヨーロッパでも、どこの政府もその活動の財政的な影響を考慮するようになった。均衡予算という専横な規則を守ってさえいれば安全だということにはならなくなってきた。

また同じ頃、本当に破壊的な不況という現象が現われた。このような不況のときには、人びとも、工場も、原料も、大量の失業となるので、赤字財政による追加支出から生まれる追加需要――貨幣の端を削りとって作られた余分の金属貨幣と同じようなもの――は必ずしも物価騰貴をもたらすとはかぎらない。むしろ失業した人や工場を動かすことになる。物価上昇よりも生産拡大の効果の方が大きい。しかも、物価騰貴が起こったとしても、それは不幸であるどころか、以前の苦しい物価下落の埋め合わせなのである。

通念は相変らず均衡予算を強調していた。この規則が守られなかった場合に災難が起こるだろうという警告に対して、大衆は相変らず耳をかたむけていた。そこへ大不況が起こって事態は一変した。アメリカでは、大不況の結果、連邦政府の歳入はひどく減少し、またいろいろの福祉的支出や失業救済のための支出に対する圧力が強くなった。そういうときの均衡予算は、税率を高くし、歳出を減らすことを意味する。あとから考えると、物に対する官民の需要を減らし、不況を悪化させ、失業を増大させ、大衆の苦しみをいっそうひどくする方策として、均衡予算ほど有効なものはなかったであろう。それにもかかわらず、通念に従えば均衡予算は相変らず最高の重要性をもつものであった。フーヴァー大統領は一九三〇年代のはじめに、均衡予算は「絶対の必要」であり、「経済の回復にとって最も必要な要因」であり、「緊要な措置」であり、「不可欠」であり、「国にとって第一に必要なこと」であり、「政府および民間の財政的安定の基礎」であるといった。[3] 経済学者や職業的評論家もほとんど例外なしに同じ意見であった。不況のはじめ頃に助言を求められた人はほとんど誰でも、通念に強要されて、事態を悪化させるような提案をおこなった。この点では保守主義者も自由主義者も同じだった。フランクリン・D・ローズヴェルトが一九三二年に選挙されたときも、歳出の削減と均衡予算を強く約束していた。一九三二年に民主党大会で大統領候補となることを承諾する演説の中で、ローズヴェルトは次のように述べている。「何らかの方法で歳入が歳出をカバーするようにしなければならない。政府も家計と同じで、一年間ならばかせぐ以上にかねを使うこともできよう。しかしそうした習慣を続ければ貧民救済所行きになることは誰でも知っている。」ローズヴェルト政府の初期の施策の一つは、公務員の給料の一律引下げを含む節約の努力だった。ルイス・W・ダグラス氏は、そのほまれ高い一生を通じて通念の見本のような人だったが、彼は均衡予算の追求を自分の名と結びついた運動にまで仕立てあげ、その結果この問題で政府とたもとを分かつに至ったほどである。

通念に対する状況の勝利は既定の事実となっていた。フーヴァー政府の第二年目には、予算は回復しがたいまでに赤字であった。一九三二年に終る会計年度には、歳入は歳出の半分にも達しなかった。不況期を通じて予算が均衡したことはなかった。しかし赤字財政の必要と利点が観念の分野で勝利を収めたのは、やっと一九三六年のことである。この年にジョン・メイナード・ケインズは『雇用・利子・貨幣の一般理論』において正式の攻撃をおこなった。どんな事情があっても、また経済活動のどんな段階においても、均衡予算を守るべきだという従来の通念は、このとき以来退却することとなった。ケインズは、われわれがまもなくみるように、通念の新しい源泉となりつつあった。一九六〇年代の終り頃ともなると、共和党の大統領までが自分はケインズ派であると自称するようになった。ケインズ的な療法を逆用すればインフレの治療になるという考えは、通念の信仰箇条であったといってよい。しかしこの信仰は、事態の進行によってやがてほりくずされることになったのだ。

五

通念――すなわち人びとに受けいれられるということを基礎にした観念の体系――や通念を明確化した人たちに言及することが今後しばしばあると思う。こうした言及が全く不愉快な含蓄をもってなされていると考えられては困る。（この点を注意しておく必要があるのは、前に述べたように、われわれは、知的な革新に対して、実際は抵抗しながらも、みせかけ上かなりの敬意を払っているからである。したがってわれわれは、通念の厳守を尊重するのだが、その度に喝采を送るようなことはしないのである。）無用な人間は少ない。通念を守る人は無用な人ではない。どんな社会も、思想があまりに簡単に変ってしまっては困る。社会評論の分野で次から次へと新しい見解が出てきて、それらがみな真剣に受け取られたとしたら大変なことになるだろう。人びとの行動は右往左往し、経済生活も政治生活も移り気となって方向を失ってしまうであろう。共産国では、公認の教義を形式的に守ることによって、観念と社会的目的の安定性が保たれている。偏向は「誤り」として非難される。われわれの社会では、同様な安定がもっと非公式な形で通念により保たれている。観念は、現実とのからみ合いの中で、惰性と抵抗とにうちかつ能力があるかどうかという試練にあう必要がある。この惰性と抵抗を提供するものが通念である。

また、通念を守る人をあわれむべき人間だと考えるべきではない。彼の有益な社会的役割は別としても、彼は順調な生活を送ってきた人である。彼が自分を社会の選民と考えるのも誤りではない。なぜなら、彼は彼の観念によって社会の喝采を博そうとしたのに対して、社会は彼が仕向けたとおりの喝采を与えているからである。彼はこうした支持を得ているので、うるさい反対意見に安んじて対処しうるのである。彼が当面している事態は、現在の強くかつ高い地位と将来の低い地位とを秤量するという問題である。彼の現在の地位は次のようなものであるかもしれない。すなわち、彼はとにかく尊敬をもって議会の委員会から質問を受けている。大学の行事で行列に加わるときには、その先頭に近い順位に立つ。学会の集まりにも出席する。外交問題審議会でも尊敬をかちえている人物である。表彰式の宴会には拍手で迎えられる。こうした地位にある彼は、彼を窮地に陥れるような出来事が起これば破滅する危険にさらされている。けれども、そのような出来事が起こるのは彼の死後のことかもしれない。後世の人たちだけは通念を守る人に対してつらくあたるものだが、その場合でも、悪くて忘却の中に埋葬するという程度でしかない。しかし実は、もっと深刻な問題があるのだ。

六

社会というものは退屈さに負けることはまずない。ありきたりのことを勿体ぶって繰り返していても飽きないような能力が人間にはあるようだ。通念というものがあるために、社会の思想や行動の継続性が保証されているのである。われわれはこの継続性がどんなに強いものであるかを以下の諸章でみるであろう。しかしながら、ある種の思想体系は、本質的に、状況の大きな変化がなければ状況に順応しようとしない。そのような思想体系には、重大な欠陥があり、危険さえも含まれている。広汎な経済問題についても、事実の進行――とりわけ富と一般的な繁栄の増大――の結果、通念はひどく陳腐化している。通念はわれわれの幸福にとって有害なものにさえなってしまっているのかもしれない。それは文明社会の存続というもっと大きな問題にも関連している。通念を明確にする仕事の方がずっとたのしく、またもっと得なことであろうが、本書は通念を攻撃する意図をもっている。こういう努力は、通常は不成功に終ることが多いが、私はある程度の希望をもっている。なぜなら、最近における状況の変化によって通念はひどくいためつけられているからである。前にみたとおり、こういう打撃があってはじめて、観念の世界における闘いが容易になるのだ。

われわれはほとんど全く観念によって支配されている、というのがケインズの有名な説である。短期的にはたしかにそのとおりである。ケインズが経済上の既得利益でなしに観念に重要性を認めたのは正しい。しかし観念が強く支配するのは、変化しない世界においてのみである。観念は本質的に保守的なものである。もう一度強調したいことだが、既存の観念をうち破るものは、他の観念による攻撃ではなくて、既存観念が争えないような状況の大きな変化なのである。

(1) Clarence B. Randall, *A Creed for Free Enterprise* (Boston : Atlantic-Little, Brown, 1952), pp. 3, 5.

(2) "Tenth Philosophical Letter." Quoted by Henri Sée, *Modern Capitalism* (New York : Adelphi, 1928), p. 87.

(3) Arthur M. Schlesinger, Jr., *The Crisis of the Old Order* (Boston : Houghton Mifflin, 1956), p. 232.

第三章　経済学と絶望の伝統

一

西洋史の重要な転換期に経済学が真剣な研究の的となったのは偶然とばかりはいいきれない。これは、史上はじめて、国富が着実に向上し始めた頃のことである。イギリスやオランダのような先進国では十八世紀にみられたこの変化は、世界史における画期的な出来事である。「有史以来――ほぼ紀元前二千年このかた――十八世紀のはじめまで、地球上の文明の中心に住む一般の人びとの生活水準には大きな変化がなかった。もちろん浮沈はあった。疫病、飢饉、戦争に見舞われることもあったし、中間的な黄金時代が訪れることもあったが、大きな進歩的な変化はなかった。(1)」

中間期が長びいたことはあった。中世後期のイギリスで一世紀以上にわたって――多分一三八〇年から一五一〇年頃まで――労働者や熟練した職人はかなりこの繁栄を享受した。しかし、それ以前におけるのと同様に、この繁栄も終りとなった。十六世紀の末頃までに、職人の賃金は半分以上も減ったのである。職人の賃金は内乱による混乱の時代を通じて低く、それ以後も長い間よくなる見通しはなかった。それから十九世紀のはじめに賃金は上り始め、この上昇は多少の中断はあったが以後つづいている。(2)

長い停滞と変化には理由がある。農業と家内工業に基礎をおく経済の生産性は本質的に限られている。そして、民族国家が現われる以前においては、蓄積されうる剰余は、侵略者にとって略奪の的であり、事実その注意をひきつけるものであったといえよう。

十八世紀の後半に家内工業に代って工場が次第に発展し始め、生産活動の中心になり始めた。家内工業の単純な技術や小さい資本、人間か動物の力にたよらなければならない必要、——労働の生産性はもはやこうしたものの制約を受けないようになってきた。新しい民族国家による国内治安の維持も有効なものになり始めた。もちろん、軍隊が他国に侵入して損害を与えることもあったが、ナショナリズムの時代における軍隊の経済的影響は、昔の、封建的な、略奪的な、または聖戦をこととするような軍隊にくらべれば、はるかに小さいものである。最近の二回にわたる大戦についてみても、戦敗国や戦災国をも含めて、西欧諸国の生活水準は戦後数年で戦前よりも高くなった。これに対して中東の経済生活は、ジンギスカンによる度を超えた組織的な破壊と略奪と大虐殺から回復したことはない。ドイツが三十年戦争の破壊と混乱から回復するのに百年もかかったのは、最近の経験とくらべてよい対照である。しかし、核兵器を使用する将来の戦争は、昔に劣らないほどの破壊をもたらすにちがいない。

しかし、十八世紀と十九世紀に生活条件が次第に向上したからといって、人びとはそれ以前の時代の教訓を忘れたわけではなく、この向上を永久的なものと考えるようなことはしなかった。産業革命の初期に能率向上の利益が非常に不平等に分配されたという事実からしても、こうしたことはありえなかったであろう。どの国でも、もてはやされたのは新しい企業家たちの富であって、労働者のそれではなかった。新しい工場の所有者や、それに奉仕する原料、鉄道、銀行の所有者は、大邸宅に住んでいた。このような大邸宅によって、十九世紀という時代が今でも人びとの記憶に残っているのである。他方かれらの労働者は、舗装されない汚い道路に群がった暗く臭いあばら屋に住んでいて、宣教師や社会改革者たちがそれに近づくにはかなりの勇気を必要とした。工場では、老人や子供が薄給で朝早くから晩おそくまで働いた。イギリスでは十九世紀の前半に総生産も一人当りの生産も急激に増加した。資産家の数も増えた。十九世紀のなかばには実質賃金も上昇した。しかし大衆の地位の向上は、商工業の富の増加にくらべておよそかげのうすいものであった。たとえ貧乏人の生活が多少ましになったとしても、そうした変化は、金持と貧乏人との開きの拡大にくらべれば、ほとんど問題にならないほどのものだった。

経済学の考え方は十八世紀末から十九世紀のはじめにかけて近代的な形をとり始めた。何世紀もつづいた停滞が富の増大によって緩和され、その富が少数の人びとの手に集中し始めた状況を背景として、経済学の諸観念が考え出され、世に出たのである。経済学者が大衆の窮乏と荒廃とを自明のことと考えなかったとすれば、歴史にも環境にも無関心だったというべきであろう。経済学にあっては、不幸や失敗は正常なこととされ、成功、少なくとも少数の恵まれた人に限られないような成功は、あらためて説明を要するものとされた。永続的な成功は、歴史に矛盾し、期待すべくもないことであった。状況が観念に与えた遺産はこうしたものだった。このような影響がどんなに強かったかは後にみるとおりである。

二

経済思想史の中で、主流派[3]の最初の傑物であったアダム・スミス(一七二三―九〇年)は楽観論者と考えられている。重要な意味において彼は楽観論者であった。彼の目にうつったものは国民経済の発達であって、停滞や没落ではなかった。彼の『諸国民の富の性質と原因に関する研究』という標題からして、富裕と繁栄の含蓄が明らかに表わされている。彼は経済進歩のほとんど確実な公式を提出した。それは自由主義的な経済社会であって、そこでは競争と市場による規制が国家による規制にとって代り、各人が各人の持っているものによって有効に働き、社会が豊かになる、というものであった。

しかし、スミスが語ったのは全体としての富についてであって、商人、製造業者、地主らのグループと労働者大衆との間の分配が後者に有利になるであろうという希望はほとんどもっていなかった。スミスはこの分配はまず力関係に依存するものと考えた。そして彼は、「これら両者の争いにおいて通常どちらに分があるかを予見する」のはむずかしいことではないと信じた。十八世紀における経済上の力関係について、彼はすばらしく簡明に次のように述べている。「共同して賃金を引下げてはならないという法律はないが、共同して賃金を引上げてはならないという法律はたくさんある。(4)」したがって、通常は労働者大衆の所得はおし下げられるであろう。その低下には最低線がある。「人はいつも自分の仕事によって生活しなければならない。したがって彼の賃金は、少なくとも彼の生活を維持するに足るものでなくてはならない。賃金は多くの場合、これよりも幾分高くなるにちがいない。さもなければ彼は家族を養うことができなくなって、そのような労働者の家系は最初の一代以上は続かないであろう。(5)」

しかしこれは明らかにわずかなものだ。大衆——工業に従事するにせよ、農業に従事するにせよ、生活のためになんらかの労働をする人びと——の所得は、この階級の生存に必要な最低限を長期間にわたって大きく上回ることはできない、という考え方がある。これは社会思想史における最も有力な、そして最も絶望的な宣告である。アダム・スミスがこの見解をもっていたとはほとんど考えられていないが、上記の引用の箇所はこの思想のはしりであったといえよう。これは不朽の鉄則であって、リカードによって硬化され、マルクスによって改造されて、資本主義に対する最終的な思想的攻撃の主要な武器となった。

スミスはこの賃金鉄則を無条件に主張したわけではなかった。彼はほとんどどの問題についても無条件の断言はしなかった。そしてそれ以後の経済学者たちは、スミスの例にならって、賃金鉄則に関する不用意な断言を慎んだ。スミスは、労働者が不足すれば、賃金は生存の最低限以上にいつまでもとどまるかもしれないことを認めた。経済の成長が急速である場合も賃金は上昇するであろう。「賃金の上昇をもたらすものは国富の現実の大きさではなくて、その継続的な増加である。……イギリスは現在北アメリカのどの地方よりもずっと富んだ国である。しかし賃金はイギリスのどの地方よりも北アメリカの方がずっと高い(6)。」

三

スミスの偉大な主流派的後継者はデイヴィッド・リカード(一七七二—一八二三年)とトーマス・ロバート・マルサス(一七六六—一八三四年)の二人である。この三人は、少なくとも英語国で知られている限り、経済学を創始した鼎《かなえ》であった。リカードは、経済学に近代的な体系を与えた最初の人として、特別な功績をもっている。彼は、価格、地代、賃金、および利潤の決定要因を体系的に検討した。それはその後の経済学者の役に立った。マルクス主義者も、そうでない者も、同様にリカードの恩をきている。

リカードとマルサスにあっては、大衆の窮乏と非常な不平等とが基本的な前提となっている。これらは決して無条件の結論ではなかったが、条件は条件にしかすぎなかった。カーライルが一八五〇年に「陰気な学問の尊敬すべき教授たち」について語ったのは、リカードとマルサスを諷したものであって、それ以後経済学が「陰気な学問」というあだ名から逃れることができなかったのは、経済学がまさにこのあだ名にふさわしかったからにほかならない。

マルサスについては簡単にふれるだけで十分であろう。十九世紀を通じて、そして今日に至るまで、彼は『人口論』の著者としてのみ有名である。彼は経済学について人口論以外にも重要な主張をおこない、それはのちに再評価されることになったのであるが、彼がいつも有名なのは人口論によってである。

世界に住むことのできる人の数は、食べることのできる人の数に限られている。マルサスの見解によると、食料の供給の増加はそれを消費する人口の増加をもたらす。繁殖して苦しむ人間の数に限度を与えるものは極貧だけである。だから人間は永久に飢餓線上に生きることになろう。『人口論』の後の版でマルサスはある程度の逃げ道をつくった。すなわち、生存に最低限必要な食料を上回る剰余に対応する人口の増加は、「道徳的抑制」と、もっと曖昧な言葉だが「悪徳」とによって緩和されるかもしれない、というのである。換言すれば、人類は生活水準をいつまでも最低限度以上に維持することができるかもしれない、そしてこのことは、抑制と悪徳とが有効な避妊方法によって促進されれば、いっそうありうることだ、というわけである。しかしリカードについてと同様に、マルサスについても、こうした条件は、彼の学説の核心がはげしいものだけに、その蔭にかくれてしまっている。この核心とは大衆的貧困の不可避性にほかならない。世界の大部分の地域についてはこのとおりであって、例外は重要でない、というのが実状であった。アジアの大部分は、当時のみならず現在でも同じような状態である。ここで付言すると、マルサスはヘイリーベリー大学の経済学の教授であったが、この大学は、東インド会社がインドに勤務する予定の会社員を訓練するために維持していた学校だったのである。

大多数の人びとがそれまでいつも貧困だったことからみれば、マルサスがおおむね彼の結論に平然としていたことや、また対策を提案する義務を感じなかったことも、おどろくにはあたらない。(マルサスは結婚を延ばすよう勧告し、また、子供を作ることは夫の責任であって国家の責任ではなく、子供をたくさん作りすぎた親はその報いとして貧窮に陥るであろうという警告を結婚式の中におりこむべきだと勧告しただけだった。)「十九世紀の経済学説の大きな特色となっている陰気で悲観的な調子は、マルサスの影響によるところがかなり大きい。(7)」

四

アダム・スミスもマルサスも、国民経済の総体——国を豊かにするようにはたらく諸力——に対する本能をもっていた。マルサスは国富の増大が旺盛な繁殖衝動によって使いはたされてしまう事情に関心をもったが、二人とも国の生産物がいろいろの個人や階級にどう分配されるかという問題には重点をおかなかった。この分配の問題こそデイヴィッド・リカードにとって第一の関心事であった。生産物または所得が、それぞれ分け前にあずかろうとする地主、企業家、労働者の間でどう分配されるか、それを支配する法則は何か、という問題である。「経済学とは富の性質および原因に関する研究であるとあなた方は考えている。しかし私はむしろ、経済学とは、生産に参与する諸階級への産業生産物の分配を決定する諸法則に関する研究である、と呼ばれるべきであると思う。(8)」とリカードは書いている。リカードの理論によると、これらの法則はおそろしく不平等に作用するものであった。

マルサスと同様に、リカードも人口を従属変数とみた。人口は「それを雇用する基金によって規制されるので、常に資本の増減にともなって増減する。(9)」富と生産性の増大は人口の増加をもたらすが、この人口を養うもとになる土地は増えない。その結果、土地の質を与件と考えれば、土地が次第に稀少資源となってゆくので、地主の報酬はますます大きくなってゆく。他方、リカードの見解によると、利潤と賃金とは残りの生産物の分け前について利害相反する立場にある。利潤の増加は、他の事情に変りないとすれば、賃金の減少を意味し、逆に賃金の増加は常に利潤にくいこまざるをえない。他方、「利潤の増加は、資本蓄積と人口増加とによい影響を与え、したがって結局はかならず地代の上昇をもたらすであろう。[10]」これらの密接な相互関係の効果は明らかである。国の資本と生産とが増加すれば、利潤は多い筈である。しかし同時に生産の上昇に伴って人口が増加する。人口は食料を必要とするので、利用しうる土地の供給が逼迫し、地代が上昇して地主がもうかる。換言すれば、経済が進歩すれば資本家は栄えるが、進歩の果実は地主が頂戴するというわけだ。この必然的な不幸の落し子こそ大衆にほかならない。リカードは、経済学の文献のうちでも最もよく引用される一節の中で、次のように要約している。「売買され、数量的に増減するすべての物と同じように、労働にも自然価格と市場価格とがある。労働の自然価格とは、労働者の生存を可能ならしめ、数量の増減なしに労働者という種族が永続しうるに必要な価格である。[11]」

これが賃金鉄則であった。スミス(および人口論におけるマルサス)と同様に、リカードの主張も条件つきのものであった。それは、「好転しつつある」社会においては、市場賃金が自然賃金より高い状態が無期限に続くことがあるかもしれないというのである。もしリカードが今日まで生きていたとすれば、『経済学および租税の原理』が出版された一八一七年四月十九日このかた賃金鉄則の必要条件が休止していたことを示すのに苦労はしなかったであろう。しかし、真理は虚偽に追いつけないのが普通であるけれど、大胆な主張を追いかける段となると、それは制限条件などをとり残したまま、まっしぐらに突きすすむ傾向をもつ。賃金鉄則は、妥協を許さないような明瞭な形で、世界の知識の一部となったのである。

そればかりか、マルサスにおけるのと同様に、この賃金鉄則はどうしようもないものであった。リカードは次のような頑強な主張を彼の分析の結論としている。「かくして、このような法則が賃金を規制し、社会の大部分の人びとの幸福〔この言葉は注目に値する〕を支配しているのである。すべての契約と同じように、賃金も市場の公正な自由競争にまかせられるべきであって、議会の干渉によって統制されるべきではない。(12)」また誰も非難されるべき筋合ではない。リカードが地主を敵視しているというマルサスの非難が不当であるとして、リカードはしばしば不満を表明している。「マルサスの言葉から、私がかれらを国家の敵だと考えていると人は思うであろう。(13)」しかし地主は、その莫大なもうけを受動的に自然に受け取っているにすぎない。これは自然の成り行きである。リカードが残した理論はざっとこのようなものであった。

アダム・スミスには多くの矛盾や曖昧な点があった。リカードの論理も、リカード的世界にあてはめた場合に、いくつもの欠陥をまぬかれなかった。資本と利潤に関する彼の取扱いは多分に改善の余地を残していた。そして彼は、新しい世界が開けたために土地がその伝統的な重要性を失いつつあったまさに歴史的なときに、土地の問題に執着しすぎたのである。しかし、自分の住む世界をスミスやリカードやマルサスほど綿密に解明した経済学者はこれまでなかったといってよかろう。これらの三人のうち誰しも伝統的な学説に追従した者はなかった。かれらは伝統主義的、重商主義的な社会の通念と決定的にたもとを分かったのである。かれらは世論に妥協しようとしなかった。その結果、かれらが見たままの世界の恐るべき解明と処方箋とが生まれたのである。

かくも長い間かくも貧困であった世界において、富を増加させることほど重要なことはなかった。人びとを封建的・重商主義的社会の制約と保護から解放し、独立させるというこの処方箋は健全なもので、すでにその正しさが立証されていたのである。当時の世界は同情の世界ではなかった。競争と市場の苛酷で予見しえない支配のもとに、多くの人びとが苦しみ、滅びつつあった。しかし多くの人びとの破滅にはいつもそれぞれの理由があった。また繁栄している人びともあった。これが重要なことだった。それまで危険と不幸が絶えたことがなかったので、人びとは危険や不幸ではなくて機会に目を向けた。とにかく不平等は手の施しようのないものだった。なぜなら、不平等は生物学的なものであって、変更しうる社会制度に根ざすものではないからだ。国家は企業の自由をすでに約束しているために干渉しえないのだから、こうした自然主義は幸いだった。

かくして現代の経済社会に関する問題はほとんどすべてここに含まれている。一見したところ完全で実際的で、また世界の現実の試練にさらされているようにみえる体系が、人間の心に消えがたい刻印をのこしたことは、おどろくにあたらない。

五

リカードの死後三十年の間、経済学は彼が設定した伝統の中で堅実に発展した。亜流の経済学者が、良心的で学識ゆたかなジョン・スチュアート・ミルとともに、考え方を洗練し、発展させ、体系化した。経済生活が国家によってではなく市場によって規制される自由主義的経済社会が、かれらの思想の中心であった。大陸では社会主義の議論がもち上っていたが、イギリスやアングロサクソンの伝統の中では、市場経済がほとんど当然のことと考えられていた。

ところが十九世紀の中頃に至って、リカードを継承する経済学の考え方が大きく割れることになった。主流派はそれまでの道を続けて歩んだ。それは今日に至るまで経済学上の諸観念の骨組を提供し続けてきた。そしてその間に、観念を体系化し、観念に継続性を与え、経済生活に対する理解を深めるのに大きく貢献した。しかしその頃、リカードを受け継ぐ点では同じだが、左翼に分派したカール・マルクスの革命的伝統が現われた。それ以後、経済生活に対する態度を定める上において、マルクス経済学は主流派にとって大きな競争者であり、また主流派に強い影響を与えたのである。

本書のこのあたりの諸章は個々の観念の進化の跡をしらべることを意図するものではな

い。それは他の書物や他の著者の仕事である。本章は、経済学がその起源において大衆とその運命とをどう考えたかをみようとするものである。この点では初期のリカード的世界とマルクス的世界との間には差異がない。どちらも、経済法則の不断の作用が続くものとすれば、危機と絶望の見通ししかないと見たからである。両者の違いは、リカードとその直接の継承者たちが資本主義制度は存続するとみたのに対して、マルクスはそれを否定した点にある。しかしリカードにとって、この制度が存続するのはそれが大衆に奉仕するからではなかった。明らかにその反対である。それが存続するのは、それに代るべきものが考えられないし、またそれよりよい制度はないという理由によるものだ。この制度を修正しようと努力すれば、必ずこの制度の能率を下げる結果になってしまうというわけである。

やがて自由主義的経済社会の存続論は次第に変ってきた。この制度のすぐれた能率についての議論は相変らず続いたが、この制度がまあまあ我慢しうるものだという議論が、あまり目につかない程度に論じられたり、少なくとも暗黙のうちに考えられるようになった。この制度は凡人にも一応の期待を与え、非凡な人にはもっと有望な将来を約束するようになった。こうしたことは、人間の物質的な将来性に関する楽観主義の時代の先がけだと一般に考えられた。しかし、よくしらべてみると、昔ながらの悲観主義がかなり残っていることはわかる筈である。これが次章の仕事となる。

（1）　J. M. Keynes, "Economic Possibilities for Our Grandchildren," *Essays in Persuasion* (London : Macmillan, 1931), p. 360.

（2）　E. H. Phelps Brown and Sheila V. Hopkins, "Seven Centuries of the Prices of Consumables, Compared with Builders' Wage Rates," *Economica*. New Series ; Vol. 23, No. 92 (November 1956).

（3）　私が用いる「主流派」という言葉はスミスを継承する主流をいう。普通もっとよく使われている「古典派」という言葉を使わなかったのは、古典派経済学者がジョン・スチュアート・ミルとJ・E・ケアンズで終ったのか終らないのかという点で、意見が分かれているからである。もっともこの意見の不一致は、私の見解では、たいして問題とするほどのものとは思われない。また正統派という言葉も考えられるが、これはケインズのような人たちを除くという暗黙の意味を含んでいる。かれらは、同じ考え方に従いながらも、通常の結論と鋭く対立する立場をとっているからである。

（4）　『国富論』第八章。（この有名な本にはたくさんの版があるので、たまたま使用する特定の版のページを引用するのは無用であろう。）

（5）　『国富論』第八章。

（6）　『国富論』第八章。スミスは、これを書いたのは一七七三年で、「最近の騒動のはじまり」、すなわちアメリカの独立革命の前だ、と述べている。

（7）　Alexander Gray, *The Development of Economic Doctrine* (London : Longmans, Green, 1931), p. 163.

(8) *The Works and Correspondence of David Ricardo*, ed. by Piero Sraffa (Cambridge, England: Cambridge University Press), Vol. 8, p. 278 にある一八二〇年十月九日付のマルサス宛の手紙。

(9) マルサス宛の手紙、第一巻、七八ページ。

(10) マルサス宛の手紙、第一巻、四一一ページ。

(11) マルサス宛の手紙、第一巻、九三ページ。

(12) マルサス宛の手紙、第一巻、一〇五ページ。

(13) マルサス宛の手紙、第二巻、一一七ページ。

第四章　不安な安心

一

マルサスとリカードが残した理論によると、普通の人の経済的な将来性はひどく暗いものであった。彼は餓死線上に生きることしか通常は期待できない。それよりましな生活は異常である。経済の進歩は、もともと金持だった人にとっては概して富をふやすことになるだろうが、大衆にとってはそうならない。それはどうしようもないことだ。このことは、二人の人が偶然にえた結論であるどころか、むしろ近代の経済思想の基礎となった命題であると考えてしかるべきである。

十九世紀の中頃以後、経済学者たちはもっと明るくなり、楽天的にさえなったと普通考えられている。イギリスは有力な議論の中心地であり、商工業の発展の全盛期にあった。実質賃金は上昇しており、それが生存に必要な最低線より高いことは明らかで、またこうした高い賃金は永く続きそうに思われた。西欧やアメリカでもマルサス的な恐怖は後退しつつあった。もっとも、こうした状況は、わずか数十年の間に北アメリカや南アメリカやアフリカの大草原が開拓されたり、ニュージーランドの牧場や果てしないオーストラリアの奥地が開拓された偶然の結果だとも考えられる。とにかく、こうしたことによっては世界は一回かぎりの救いしかえられない。人口がこれらの新しい地方に追いつくほど大きくなれば、ふたたび食糧の供給が逼迫することになるだろう、と考えられた。やがてこの危惧は、なかんずくゆたかな国ぐにで後退するようになった。人びとの心配は、食糧の不足よりも、農産物の過剰に向けられるようになったのである。しかし、食糧不足の心配がすっかりなくなったわけではない。マルサスの幽霊は、インド、バングラデッシュ、インドネシア、その他のいわゆる第三世界の国ぐにを今でも徘徊している。そしてまた、富んだ国ぐにがいつまでも豊富な食糧を保証されているかどうか、誰しも確信をもっているとはいいがたい。

理論経済学という特殊分野においては、十九世紀の後半に賃金鉄則は放棄されることになった。農工業に労働者を雇用するための運転資本の量によって労働者の所得が限定されると考えられたこともあった。これが有名な賃金基金説で、ジョン・スチュアート・ミルが最初に採用し、のちに放棄した学説である。その後、賃金というものを単純に一般化して考えるだけでよいのだろうかという疑問がもち上った。教育や特殊技能は、対価の支払を要する生産費をもっていると考えられるようになり、特殊な能力は、土地と同様に、地代を生ずるという結論になった。最後に、十九世紀の末には、労働者の報酬――これが一般大衆の所得を意味することをいつも念頭において――は、その限界生産物の価値、すなわち労働者がその使用者の生産物に付加する価値に関係づけられるようになった。もし彼が寄与する価値以下の賃金しかえられないとすれば、もっと賃金を払ってもよいという競争者が現われるであろう。なぜなら、競争的社会にあっては、彼が彼の賃金以下の価値をその生産物に付加できるような他の使用者がいるであろうからである。その結果――この場合、労働組合による有効な交渉が非常な助けとなることもあろう――賃金は限界生産力に等しくなる傾向がある。労働者が不足しているかまたは高度に生産的であれば限界生産力は高く、逆に労働者が過剰または無能であれば限界生産力は低いであろう。とにかく、こうした議論が賃金鉄則から程遠いものであることは明らかである。労働者の生活がよくなると子供が自動的に氾濫するという議論が確実性のないものだと考えられるに至って、賃金鉄則からの背離は完全なものとなったのである。

限界生産力説の発展にともなって、賃金の一般理論を組立てようとする努力はほとんど終りに近づいた。労働者の貧困が自然的なものでないことに一応満足した経済学者たちは、ほかの問題に移っていった。最近の賃金理論は、先見の明があったアダム・スミスが最も重要な問題と考えた組合や交渉力の問題をとりあげるようになっている。

しかし、主流派の経済学がその歴史からはずれたと考えるのは大きな誤りであろう。一つには、大衆の所得には上限があるという考えはなかなか消えなかった。大衆の所得が無慈悲にも最低限まで押し下げられることはないかもしれないが、天井があることには変りがない、という考え方である。アルフレッド・マーシャル(一八四二—一九二四年)の『原理』は、今日なお健在の年とった経済学者にとっては若い頃その教科書として使われたものだが、そのマーシャルですら前世紀の末に次のように論ずる必要があると思っていた。「一国の経済状態がかなり長い期間にわたって定常状態にあると仮定すれば、機械と人間に対する報酬はその生産と訓練のための費用にほぼ合致するであろう。その際、厳密に必要な費用のほかに、通常必要なものの費用も加味される。(1)」すなわち、子供を作る費用は通常考慮されるから、賃金はこの費用をつぐなうけれども、それ以上には出ないというわけだ。リカードの場合と同様に、マーシャルにあっても、賃金は最低限に押し下げられる傾向があると考えられていたのである。二十世紀の初期の何十年間、アメリカの主流派の第一人者で当時最も尊敬されていた教師は、ハーヴァード大学のフランク・W・タウシッグ教授であった。彼は一九三六年に出版された著書の中で、普通の人の将来性を次のように要約している。「アメリカでは二十世紀のはじめの十年間において、普通の労働に対する通常の賃金は年に大体八〇〇ドルであった。これは野蛮状態にくらべればはるかにましである。……〔しかし〕……これ以上期待できないとすれば、私有財産制度はいつも防御的立場に立たされるばかりでなく、いつまでも弁護し続けるわけにはいかないだろう。けれども、もう少し高い賃金がこの制度と両立しえないわけでは決してない。(2)」彼はもっと高い賃金が私有財産制度と完全に両立すると断言する用意はまだなかったのだ。

二

要するに、大衆の経済生活は堪えられないほどのものではないにしても、たいしてよいものではないという確信が、現代に至るまで残っていたのであって、それほどリカード的な考え方が支配し続けていたのである。リカード的な考え方の支配はこればかりではなかった。大衆が貧困だとしても、それを救うことはまずできまいとも信じられていたからである。技能、勤勉、訓練によって、人はその限界生産物を高め、したがってまた彼の要求しうる賃金をも高めることができよう。このことは、人が貧困から脱け出る最もはっきりした方法として、経済上の態度を決めるに当って非常に重要な要素となった。これについては後にまたふれる機会があろう。しかし、労働者の賃金が低いとすれば、それは彼の限界生産物が低いからである。限界生産力が高まらないのに賃金を上げれば、労働者が寄与する以上に彼に支払うことになり、使用者としては彼をくびにした方が得である。したがって低賃金をやめたら失業が生ずる。こうした見解は古いものではない。「競争状態のもとでは、労働者はその限界生産物の価値を受け取る。したがって、最低賃金制が実施されると、その効果は次の二つのうちのどれかにならざるをえない。第一に、最低賃金以下のはたらきしかしない労働者はくびになる(したがって、規制外の分野の職につくか、または失業する)。あるいは第二に、低い能率の労働者の生産性が高まる。このいずれかだ。[3]」この第二の可能性は成り立たない。したがって、最低賃金立法は、労働者のためを考えて作られたとしても、かえって労働者にとってマイナスである、というわけだ。

また、限界生産力説は、リカード理論におけるもう一つのいやな傾向、すなわち富者はますます富むという問題についても、人を安心させることができなかった。労働についてと同様に、資本に対する報酬もその限界生産物に合致する。これをどんなにうまく組合わせてみたとしても、資本が少数者に独占されれば資本所得がその少数者の手に入ってしまうという結論にならざるをえない。その結果、大きな不平等が生ずるだろう。事実はそのとおりである。アメリカでは南北戦争後の五十年間に、信じられないほど莫大な財産を作った人たちがあった。一八九二年から一八九九年の間にスタンダード石油からジョン・D・ロックフェラーがえた配当は三千万ドルないし四千万ドルに上った。一九〇〇年にアンドルー・カーネギーは彼の鉄鋼会社から二三〇〇万ドルの所得をえた。[4]これらの所得は税金がかからなかったし、当時のドルの価値は現在よりも高かった。石油や鉄ばかりではなく、鉄道、不動産、銅、銀行、その他の事業も莫大な所得をもたらした。それらのうちのあるものは資本に対する報酬であるが、またあるものは、「土地」および地下資源の「本源的で(完全にではないが)不滅の力」の拠点を掌握していることに直接結びついていた。これらはリカードがまさしく巨大な富の源泉と考えたものである。

主流派はこの不平等を懸念した。富の相続が特に不愉快なことであった。はじめて富を築いた人の手腕、勤勉、先見、ずるさの報酬が富なのだと考えて、富を正当化することはできようが、たまたまその息子に生まれついた人が全く偶然に遺産を相続することは、こうした理由によってはとても正当化できない。独占もまた不安の目をもってみられた。独占がもたらすものは、生産に対する報酬ではなくて、生産を支配する力に対する報酬である。それればかりでなく、次節で強調することであるが、競争のルールこそ基本的なものであって、何にもましてこのルールが経済制度の論理を支えていたのである。独占から生ずる不平等は、経済制度自体に致命的な欠陥があることを警告するものであるかに思われたのである。

不平等を改めるとした場合に損する立場にある人が、社会問題としての平等の問題に熱心だったためしはほとんどない。そのために昔はこの問題が大っぴらに議論されることはあまりなかった。しかし主流派の経済学者たちはその立場をかなり明白に述べたものである。マーシャルによると、「巨大な富とならんで極度の貧困があることは道徳的に正当とは考えられない。富の不平等は、実際以上に過大に考えられることはよくあるにせよ、われわれの経済組織における深刻な欠陥である。(5)」アメリカではタウシッグがもっと明確に次のように述べている。「野心に駆りたてられるとか、競争の刺激をいつも受けているとか、単調なものはありきたりで面白くないとか、そういうことについていくら心理分析をしてみたところで、人類の幸福という至上のものが、永続的なとてつもない不平等によっては増進されないという一般的な確信に勝つことはできない。(6)」

三

主流派の経済は競争を前提としていた。この競争がまた不安の種であった。この不安は多くの場合表面に出ないようにかくされていたが、きびしいものであることに変りはなかった。

主流派の経済学において競争は基本的な役割を果たしており、次第に精密に規定されるようになった。市場に商品を供給する企業の数が多く、どの企業も価格を支配することができない。能率的で進歩的な企業は、その報いとして生き残り、発展することができるが、非能率で退嬰的な企業は罰として滅びてしまう。従業員も、その使用者が受ける報酬や罰の巻きぞえを喰うので、能率に対する同じような誘因をもっている。

競争はまた経済の変化をもたらす役割を果たしている。経済の主権者たる消費者の嗜好が変るにつれて、ある種の商品の需要が高まり、その価格が上る。流行度の低い商品の需要や価格は下る。新しい需要に恵まれた部門の企業は拡張され、他の企業もこの部門に吸引される。需要が縮小した部門では、企業が閉鎖されたり、労働者を解雇して操業を縮小したりする。こうしたことが可能であるかぎり、市況に応じて需要が伸びつつある部門に進出する企業がでてくる。これと同じプロセスをたどって、資本、労働、事業上の手腕が必要に応じて分配されることになる。

十九世紀末から今世紀のはじめ頃に経済学者は競争的社会の模型がどう動くかということに次第に専念するようになった。それは発展させられ、理想化されて、美しいまでに精密で均斉のとれたものとなった。それが人びとの心をつかまえるに至ったことについては、これまでしばしば認められたところである。(7) しかし、そのために人びとが非常な不安に陥れられた事実はそれほど認識されなかった。能率増進の競争に負けると、その罰は破産である。需要のない商品を作る生産者が不運の報いとして破産することもある。企業家についてはこのような賞罰が比較的に単純だが、労働者についてはいろいろの事情によってその運命が左右される。優秀な労働者が不手際な企業家に雇われることもある。そうすると、この忠実な労働者が不合理にも企業家の不運をかぶることになってしまう。彼は、自分のおちどのために職と生計を失うこともあるが、他人のおちどによっても同様な目にあうこともあるのだ。また、いうまでもないことであるが、老齢、虚弱、労働災害、先天的な無能などのために限界生産力の低い人は、競争経済の模型の中に入りこむ余地がないのである。

こうした不運が全然認識されなかったわけではなく、むしろそれが「制度の一部」であると主張することが必要であった。そして競争的モデルの預言者たちは、この制度のリスクや不安を緩和しようとするのは制度自体を傷つけるものだということを、やや無茶な理屈で明らかにした。能率増進の競争は、負ける者は負けろということを要求する。消費者が経済の支配者であるとするならば、現在の嗜好に合った生産者はもうかり、おくれた生産者は損するべきである。この罰をやわらげようとすれば、刺激をなくすことになり、角を矯めて牛を殺すようなものだ、というわけである。

競争のきびしさをなくすことは不正、不道徳でさえある。「自分たちにとって適当な利潤をもたらすと思われる価格以下の価格で商品を売っている競争者があるのを業者がみつけたと仮定する。この安い商品を買う人たちは自分たちよりも困っている人たちなのかもしれないし、またこの競争者の精力や才気は社会の利益になるかもしれない。しかしそれにもかかわらず、業者はこの競争者が入ってきたことを怒り、不正をされたといって訴えるのである。」(8) 奇妙なことだが、教科書に出てくる競争的モデルは、実際の競争がもたらすものよりも本質的にいっそう不安であり、危険であるように思われる。実際には、習慣、独占、労働組合、法律、遅鈍さ、さらにはある程度の同情によって競争はやわらげられており、したがって、競争におくれることの罰は理論よりも実際の方がむごくないのである。

こうした考え方の基本的な影響は明らかであろう。主流派が考える経済制度は、それに参加している人びとにとって危険なものであり、したがってまたその限りにおいて一般経済生活にとっても危険なものである。この危険は美徳であり、それが純粋であればあるほど制度の運用はうまくいく。しかしこの本質的な不安は二つの点で厄介なものであった。社会の最も弱い人びとのもろさを全く無視するわけにはいかない。本質的にこれほど冷酷で、これほどまでに弱さを容赦しない経済制度は厄介である。どんなに正当な理由のために抑えろといっても、同情心を抑えるのはむずかしい。また、普通の人びと——実業家、農民、労働者、社会改良家——がこうした危険を伴った生活をするのはいやだという感じをもっていることも厄介なことである。彼らは機会があるごとに、集団的に、または政府の助けをかりて、かれらの生活を安全にするような措置を要求したがるものだ。競争的モデルの不安自体は欠陥とはいえないにしても、それが誘発する自己防衛の努力はたしかに欠陥といってよいであろう。

そればかりか、競争というものが実際に存在するかどうかといういやな疑問がもち上った。十九世紀も時がたつにつれて、企業も財産も発展した。経済生活に対する支配力は少数の人びとに集中されていくようであった。この傾向はマルクスが制度の弔鐘として予告したたところのものである。競争の観念が学界でいっそう精密化されていった間に、実際の経済の動きはますます競争的モデルに合わないものとなっていった。競争的モデルによると市場にはたくさんの企業がある筈なのに、実際の経済では少数の企業しかない場合が多い。競争的モデルによるとどの企業も価格を左右できない筈なのに、実際の経済ではいくつかの企業が価格をかなり左右しうる力をもっていた。あるいは少なくともそう思われたのである。そしてまた労働組合も独自の力をもっていた。

二十世紀に主流派の経済学者は競争的モデルを実社会に適合させる努力を始めた。完全競争の代りに独占的競争または不完全競争の概念が現われた。しかし、それとともに疑問も多くなった。競争と独占の混合が好ましいものだと確信をもっていえる人がいるだろうか。このような奇妙な配合が奇形児を生むことにはならないであろうか。(9)

四

最後に、主流派にはもう一つの不安があった。それは深刻な不況であった。十九世紀全般と二十世紀のはじめにおける不況は、次第に無視しえないものになってきた。南北戦争の後に金の支払が再開されてから、一八七〇年代に経済界はひどい不況に見舞われた。九〇年代には比較的に沈滞した時期があり、また一九〇七年の金融恐慌の後には経済の繁栄がしばらく中断された。第一次大戦の後には短期間だったがひどい不況があった。そのあとに一九三〇年代の惨憺たる不況が来た。このように繰り返される災悪は資本主義の将来に対してどのような意味をもったであろうか。人びとがマルサスの考えたような窮乏の中で餓死することはなかろうが、物が余っても買えないような状態の中で餓死する運命が待っていないといえたであろうか。どのようにしても貧困の運命を避けられないというのが公正な結論ではなかったろうか。

主流派経済学におけるいわゆる景気循環の取扱いほど社会思想史において面白いものはない。この研究は、ごく最近まで、切り離されて別の部門でおこなわれた。価格や賃金や地代や利子は、不況によってひどく影響されるものであるのに、たいていは、不況が起こらないという仮定のもとに研究された。正常な条件が仮定されていて、その場合の正常とは安定した繁栄を意味するものであった。景気循環論においては、それぞれの不況に特有な一回かぎりの事情に重点がおかれた。これらの事情とは、一八七三年に先立つグリーンバック紙幣の回収、第一次大戦後の再調整、一九二九年における国際貿易および資本移動の崩壊と株式市場の崩落などである。しかし、矛盾のようだが、好況と不況が規則的に循環することも——ときには同じ著作の中で——強調された。景気循環論という言葉からしてこの規則的な循環が強調されている。前に述べたように、この研究は不況ではなく景気循環の研究であって、それは、好況のあとには不況が起こり、不況のあとには好況が来るということを人びとに注意するのに役立った。不況《デプレッション》という言葉を用いること自体が、深刻な困難を思わせるようなひびきをやわらげようという努力から生まれたものである。十九世紀には恐慌《クライシス》という言葉が普通用いられていた。しかし時がたつにつれて、この言葉はそれが表現する災難を強くひびかせるようになり、マルクスが「資本主義の危機《クライシス》」を云々したために、この言葉はいまわしいものとなった。パニックという言葉も半世紀前にはほとんど同じ意味に使われたものだが、これも安心して使えなくなった。その結果、不況という言葉が次第に用いられるようになったのである。この言葉はもっとやわらかいひびきをもっており、経済活動が崩壊するというのではなく、たわむというようなニュアンスをもっている。三〇年代の大不況の間に、不況という言葉によって表わされる出来事がひどいものだっただけに、この言葉もいっそう不満足なひびきをもつようになった。そこで景気後退《リセッション》という言葉が代用されるに至った。この言葉は、経済活動のたいして心配するには及ばないような低下という感じをもっている。しかしこの言葉も結局は不吉なものとされるようになり、一九五三—五四年の景気後退は一般になだらかな再調整《ローリング・リアジャストメント》として特徴づけられた。ニクソン大統領のころになると、「成長の後退《グロース・リセッション》」という工夫をこらした言葉が導入された。

　景気循環を正常な規則的循環であるとみることは、それがひとりでに訂正されるものとみることである。したがってそれに対して特に対策をおこなう必要はないことになる。患者がなおることが確かであれば、治療は不必要であり、賢明でもない。当時ウェスリー・C・ミッチェルとともに景気循環論の世界的な大家とされていたヨーゼフ・A・シュンペーターは、一九三四年に次のように書いている。これは十九世紀の経験をしらべた結論の部分である。「すべての場合について景気はひとりでに回復した。……しかしこればかりではない。われわれの分析の結果、回復はひとりでに起こる場合にのみ健全であると信じざるをえない。なぜならば、人為的な刺激の結果にすぎない回復は、不況が達成すべきことを中途半端に終らせ、消化不良が残っているところに新しい消化不良をさらにつけ加えるようなものだからである。[10]」

規則的な循環を人為的に乱すべきではないと考えられていたので、もし不況がいつも軽いものだったとすれば規則的循環という観念は気楽なものであったであろう。しかし不況が次第にはげしいものになってくるにつれて、こうした見解はかえって人を不安にさせるものとなった。労働者は失業し、農産物の価格は下落して、農場を失う農民も出た。投資家はその貯蓄を失い、実業家、とくに中小業者は破産した。こうしたことがすべてのんきにも正常なものと考えられていたのである。このような欠陥が正常とされるような制度にはどこか間違ったところがある筈だ、という結論は避けられなかった。とくに三〇年代の初期には、主流派の考え方はこうした疑問を強くかもし出すようにはたらいた。またこのような不安をもたない人びとも、別な理由で不安をもっていた。不況に対して何らかの対策をおこなうことが賢明でないとしても、無知のために、または一般の感情に動かされて、何らかの措置をとらざるをえないことになりがちであるが、これは事態をいっそう悪化させるにすぎない、とかれらは考えていたからである。とにかく、本当にひどい不況に当面した場合、ひとりでに回復する正常な循環という考え方は万人向きの不安を提供するように仕組まれていたわけである。

その結果どういうことになったかを詳しく述べる必要もあるまい。貧困が普通なものであるかもしれないという惧れが相変らず続いており、不平等が不可避的なものだという確信が強まり、また競争的モデルに内在する個人の不安感があるところへもってきて、景気循環に関する正統的な見解がさらに広い不安感をつけ加えたのである。これは、物事が正常に規則どおりに運べば、彼の家は焼け、彼の財産の一部または全部がなくなるだろう、と宣告された戸主の不安のようなものである。火事はなすべき役割をもっているのだから予防も消火もできない。消防署を呼ぶことはガソリンをかけて火焔を消そうという試みを求めることだ、というようなものである。

偉大な主流派経済学の考え方の遺産はこのようなものであった。希望と楽観の裏には、貧困、不平等、不安感という恐怖が脅かしていた。これらの疑惑は、一部は潜在しており、一部は確信のかげに抑えつけられていても、三〇年代の大不況のような出来事によってたやすく頭をもたげるものであろう。

しかし、リカード的な暗さを完全に拭い去った自信に満ちた考え方の一派がないものかという質問が読者から出るにちがいない。アメリカの伝統の中にはもっと一貫して楽観的な流れがあったにちがいない、という質問がとくにアメリカ人から起こるであろう。アメリカには、この国固有のゆたかな自信を反映し、疑惑を拒否した人がいたにちがいない。けれども、読み書きしなかった人たちの中にはこうした自信があったかもしれないが、アメリカ的な考え方を表現した人たちは、自信をもっていたというには程遠かったのである。

（1）Alfred Marshall, *Principles of Economics*, 8th ed. (London : Macmillan, 1927), p. 577. マーシャルにあっては、このような拙劣な表現は例外的なものである。

（2）F. W. Taussig, *Principles of Economics*, 3rd ed. (New York : Macmillan, 1936), p. 223. 初版は一九一一年に出た。

（3）G. J. Stigler, "The Economics of Minimum Wage Legislation," *American Economic Review*, Vol. 36, No. 3 (June 1946), p. 358.

（4）*New York Times*, March 4, 1957.

（5）Marshall, *Principles of Economics*, p. 714.

（6）Taussig, *Principles of Economics*, p. 207.

（7）*American Capitalism : The Concept of Countervailing Power* (Boston : Houghton Mifflin, 1952, 1956) の中で、とくにその第二章で、私はこのような点についてもっと詳しく述べた。

（8）Marshall, *Principles of Economics*, p. 8.

（9）不安のこの原因については *American Capitalism* の中でふれた。

（10）J. A. Schumpeter, *Essays*, ed. by Richard V. Clemence (Cambridge, Mass. : Addison-Wesley, 1951), p. 117. この論文はもともと *The Economics of the Recovery Program* (New York : Whittlesey House, McGraw-Hill) の中で一九三四年に発表されたものである。本文中の傍点は原文のまま。

に増加傾向を示したと論じた。これもリカード的な見通しとは対立するものであった。しかしケアリーも無条件の楽観論者ではなかった。彼は人類の繁殖力については、マルサスと半分以上同じ意見であって、彼の初期の著作の中では、「立つ余地もない」[1]ほど人間が増えるときが来るかもしれないという推測を敢えてした。しかしケアリーは、楽観論者としても悲観論者としても、大きな影響を及ぼしはしなかった。このことは彼自身気がついていた。彼は自国で彼の考えがほとんど注目されていないことにひどく不満であった。彼はヨーロッパでは彼の考えがもっと真剣に論議されていると感じていたが、これは事実であった。[2]アメリカの経済思想の伝統の中にケアリーからとり入れられたものはほとんどない。彼の著作は朽ち果てた。最近の五十年間に彼の名が言及されたのは、珍しい人物として――リカードと地代について意見を異にし、アダム・スミスと自由貿易の利益について意見を異にするほど頑固だった初期のアメリカの経済学者として――にすぎなかった。

二

際立ってアメリカ的な人物のうち他の二人はもっと永続的な影響をもっていた。ヘンリー・ジョージとソースタイン・ヴェブレンがそれである。しかしかれらは二人とも、快活なフロンティアー精神を発揮したどころか、むしろある点ではリカードよりもっと深刻な暗さの預言者であった。ヘンリー・ジョージ(一八三九―九七年)はマルクスのように一つの信条の元祖であって、信者は今でもその預言者に敬意を払うために集会をもっている。彼は、アダム・スミスと同じように、その注目すべき著作の題名の中で社会の見通しに関する彼の見解を明らかにしている。それは『進歩と貧困。経済不況の原因と富の増大に伴う窮乏の増大の原因とに関する研究』というのである。第一章において彼は基本的な問題を次のように提起している。一般的な好況のときに――彼は一八七三年からの不況期に書いている――なぜ大量の労働者が「非自発的失業状態におかれている」のか。なぜ「労働階級の間に窮乏と苦しみと不安[3]」がひどいのか。いっそう悪いことに、生産力が増大しても貧困な階級がほとんどその利益にあずからないのはなぜか。「そしてさらに」それが「最下層階級の条件をいっそう抑圧する[4]」効果をもつのはなぜか。

経済進歩のこの倒錯した反面を説明する理由として彼がもち出したものは、ここでもリカードが残したほとんど無限の遺産の一部であった。労働と資本の生産性が高まっても、土地の供給は質的にも量的にも変りがないので、地代は比例的以上に上昇し、進歩に貢献するところもない地主が進歩の受益者になる。地代が騰貴するという期待と、それに伴う土地価格の投機も、不況の原因となる。（十九世紀にはとくに西部において不動産の投機が何回も起こった事実、またヘンリー・ジョージは彼の生涯の大半をカリフォルニアで過した事実が想起される。経済学の考え方はいつもその環境と関連をもっている。）土地が私有制になっているかぎり貧困と不況は避けられない。進歩は貧困と不況をいっそうひどくする、と彼は論じた。

ヘンリー・ジョージにはリカードよりずっと楽観的な点がただ一つあった。彼の著作の題名にはさらに『解決策』という一語が加わっていたが、これはリカード的な辞書のどこを探しても見当らないものである。もし土地が国有化されれば――もっと詳細にいうと、不動産の年間使用価値から改良投資を差し引いた金額だけ税金をかけて、土地の純利益と資本的価値をゼロにすれば――進歩は秩序的になり、進歩の果実は公平に分配されるであろう、というのである。しかしこれは明らかに過激な処方箋である。こうした提案に対して地主側から強い反対が出ることが予想されるので、この解決策は実行されるとは思われないが、実行されなければ、その結果、貧困が続き、不平等は大きくなり、不安感も強くなるであろう。ヘンリー・ジョージのこうした議論がアメリカ的な夢であったとしても、貧弱な古典派的な見通しと比較してとくに推賞すべきものではない。そして事実、彼の追従者たちの気分は反人間的なまたは不満にみちた過激主義といったものだったのだ。

三

アメリカの大衆的な過激主義の伝統の中には、ヘンリー・ジョージのほかにも有力な人物がいた。すなわちヘンリー・デマレスト・ロイドとエドワード・ベラミーとが十九世紀後期の重要な人物としてとくに想起される。しかし、かれらの結論はだいたい同じようなもので、大改革をしなければ非常な貧困と不平等とは避けられないということであった。そしてヘンリー・ジョージの場合とはちがって、かれらの言説は彼らの死とともに忘れられてしまった。しかし、多くの人からアメリカの独特な経済学者とみられているソースタイン・ヴェブレン(一八五七—一九二九年)がまだ残っている[5]。

リカード的な暗さは安心感を求める熱心な努力を伴ったが、ヴェブレンはそれに代えて大がかりな偶像破壊をおこなった。リカードは大部分の人類の不愉快な運命を予言し、彼の追従者たちはそうならないこともありうると心ならずも期待した。ヴェブレンはこうした議論を超越する立場をとった。彼は、人類の運命については、少なくとも表面上の身がまえとして、かかわり合おうとしなかったが、他方、進歩を云々する者は馬鹿かペテン師であるという見解を明らかにした。

このために彼は主流派の背後にひそむ多くの不幸を明らかにした。貧困、あるいはもっと正確にいえば人間の精神的・物質的な堕落は、経済制度の一部であって、進歩とともにいっそう悪化するであろう。産業《インダストリ》と経済《ビジネス》との間には不可避的な矛盾がある。すなわち、「機械化された産業の過度の普及および能率」と、それが過剰生産に陥り、かねもうけという経済《ビジネス》の基本的な目標をおびやかす「歎かわしい」傾向との間の矛盾である[6]。この両者の闘いはいつも経済《ビジネス》の勝利に終る。純技術的には豊かな生産が可能である場合にも独占による制限が設けられ、その結果所得が所有者に流れこむ。大衆が代償として払うものは相対的な貧困化である。

しかし進歩の経済的犠牲よりもその文化的な悪影響の方がいっそうひどい。産業が機械化されたからといって、必ずしも労働者の知能が低くならなければならないというわけではないが、視野のせまい機械的な思考方法が要求され、それ以外のことは不必要とされてしまう。また産業の機械化は、家族、教会、そして(ここで労働組合が重要な役割を果たすのだが)法律と秩序の伝統的基礎をほりくずす。労働者の団結は「社会主義的な伝統破壊」への大きな刺激となるが、それは無政府状態へ今一歩のものである。

深刻な不況は偶然の不幸ではない。それは産業と経済《ビジネス》との矛盾に内在するものであるから、経済制度の有機的な一面である。不況は「経済《ビジネス》の規則的な進行」[7]において起こるものである。

最後に、彼の不朽の名著『有閑階級の理論』[8]の中でヴェブレンは古今に前例のない劇的な形で不平等の実状を描いた。成功した金持は真面目な経済的機能から離れ、真面目な批判や義憤を受けるに値しないほど尊厳を失った。かれらは、疎外され、馬鹿にされたような、そしてさらには軽蔑的な、観察の対象になり下った。人は鶏小屋で牝鶏どもが社会的な優越を競うのを面白そうに眺めるが、そうしたからといって鶏の社会的価値を裏書きすることにはならない。金持を眺めるヴェブレンもこれと同じようなものである。

しかしリカードと同様に、富と貧困は必然的なものとされた。富と貧困にまつわる不愉快な面も同様である。金持のみせびらかし、浪費、怠惰、不道徳はすべて意識的なものである。それらは金銭中心文化における成功を宣伝するものである。それに対して労働は劣等性の階級的しるしにすぎない。「略奪文化の時代に、労働は弱さや主人への隷従につなつながるものと考えられる習慣ができたので、労働は劣等性のしるしとなり、高い身分の人にはふさわしくないものとされるようになった。(9)」主流派にあっては労働者は正直な労働の名誉を与えられたが、ヴェブレンはそれをも否定した。

そうかといって変化を期待することもできない。こうしたことは金銭中心文化の一部である。マルクスは革命による再建を希望をもって期待したが、ヴェブレンはそうでなかった。後年のヴェブレンは、経済社会の進化はそれ自身をほろぼすばかりでなく、あらゆる文明をもほろぼすという思想で自ら慰めていた。新興国アメリカの最も偉大な代表者の見解とはこのようなものであったのだ。

ヴェブレンの影響力がどれほど強かったかについては今後も論争が絶えないであろう。彼は疑いもなくアメリカ固有の経済思想家であった。そのために、正統派・古典派的伝統の巨大な権威を見そこない、アメリカの思想に支配的な影響力をもった者はアメリカ人にちがいないと考えた人たちは、いつもヴェブレンを推称した。(10)こういう人たちが求めたものは、アメリカ人一般の楽天的で外向的な文化的タイプとおよそかけはなれていても、とにかくアメリカ人であればよかったのであり、ヴェブレンもその一例であった。しかし実際のところ、ヴェブレンの純経済学的な結論は広く読まれもしなかったし、教えられもしなかった。それは主流派の思想と競争するほどに教科書の中に収められたことは決してなかった。しかしヴェブレンはケアリーとはちがって、一世代にわたって学者、文筆家、教育者たちに影響を及ぼした。かれらはまたかれらで、ヴェブレンの偶像破壊主義を何らか当時の思想の中にもちこんだのである。ヴェブレンの影響を受けた教師たちは、主流派の学説を教えはしたが、経済の進歩は大衆にも大いに利益となりうるとか、あるいは実際にそうであるとかという主流派の考えに対しては、不信を表明し、軽蔑的でさえあった。ヴェブレンは、このようにして、主流派にひそむ疑惑と悲観論を凝結させたのである。三〇年代の大不況以前のアメリカの社会思想の中には、例えば『ネーション』や『ニュー・レパブリック』などの自由主義的な雑誌にみられるように、しっかりした知識人は資本主義の下での改革や進歩という考えには決してだまされないという強い感情があった。こうした考えが出されても、それはみかけ倒しか、わなか、幻想にすぎず、すぐに幻滅をもたらすだろうというのである。このような態度はニュー・ディールとともにうすらいだが、それは、ローズヴェルトの改革が同様に繰り返して論議され、一応結末がつけられてからのことである。こうした態度は少なからずヴェブレンの影響を受けたものであった。

四

この問題に関する特にアメリカ的な貢献とはこのようなものであった。しかしわれわれはもう一つの社会思想の影響をみておかなければならない。それは、アメリカに起源をもつものではないが、ほとんどアメリカにおいてのみ根を下ろしたものである。十九世紀の末から二十世紀のはじめ頃、この思想は一般人の運命に対する態度に深い影響を与えた。それは社会進化論の学説であった。

リカードもマルサスも、かれらが考えている世界が闘争の世界であることをかくそうとしなかった。この闘争において、一部の人びとあるいは多くの人びとが敗れるけれども、没落に瀕した人びとの運命を改善しようとする公共政策に期待はかけられない。当時貧民を救済するために各教区が寄付した基金でまかなわれていた貧民救済法について、リカードは「その撤廃を最終目的としない」改正案は「およそ注目に値しない」と結論的に述べ、さらに、「こうした法律が富強を変じて貧弱たらしめる傾向は引力の原理よりも確実である」(11)とつけ加えている。

しかし、すべてを市場にまかせようというリカードの考え、すなわち同情が経済過程に介入するのを許さないという考えは、本質的には機能的な考え方であった。怠惰に補助金を出さず、物が浪費されなければ、生産は増え、一般的な福祉が増進されるであろうというのであって、闘争や不幸それ自体は歓迎すべきものではなかったのである。

社会進化論者の立場はちがっていた。経済社会は人びとの競争場裡である。闘いの条件は市場によってきめられている。勝利者の報酬は生き残ることであり、立派に生き残ればさらに富という報酬が与えられる。これに反して敗北者は獅子の餌食になる。この競争は強い者を選び出すばかりでなく、その才能を伸ばし、その永続化を保証する。そして弱者を淘汰することによって弱者が再生産されないことを保証するのである。このようにして、この闘いは社会的には親切なものであって、少なくともある点までは、無慈悲であればあるほど、弱者がより多く淘汰されるので、その効果もいっそう慈悲深いというわけだ。

こうした思想の発祥地は十九世紀のイギリスであって、その主な首唱者はハーバート・スペンサー(一八二〇―一九〇三年)であった。「適者生存」という言葉をはじめて使った人はチャールズ・ダーウィンではなくてスペンサーであった。先天的特性ばかりでなく後天的な特性も遺伝するとスペンサーは信じた。

スペンサーはきわめて非妥協的な信条を断固として非妥協的に主張した。彼は郵便局と造幣局の国有に反対した。彼は国家による教育に反対した。その理由は、親がいろいろな学校の中から適当なのを選ぶのに干渉することになるし、また親が子に教育を与えるか与えないかということにも干渉することになるからだというのである。困窮者保護や公衆衛生に対する国家の補助でさえも、人類の弱者を永続させる傾向がある。

発達程度が最低な者を淘汰し、残った者をたえず経験の訓練にさらすことによって、自然は、生存の条件を理解するとともにそれに従うことのできる種族の成長を保証する。無知とその結果とに対して人為的な介入をすることによってこの訓練をなんらかでも中断すれば、それだけ進歩を中断せざるをえないことになる。もし無知であることが賢明であることと同様に安全であるならば、誰も賢明になろうとはしないであろう。(12)

スペンサーは私的な慈善を非難することはさしひかえたが、それは、私的な慈善をやめさせることは、弱者をふるいわけることにはなっても、それと同時に慈善を与える人の自由を奪うことにもなる、ということを考えて当惑したからにほかならなかった。悲惨や不幸はただ悲惨や不幸であるだけではなく、人が上る階段のようなものである。悲惨を緩和しようとすることは、自然が進歩を保証してくれた基本的な約束を中止させることである。「社会生活の基本的な法則をやぶることによって社会生活を改善しようという提案ほど馬鹿げたことがあるだろうか。(13)」

スペンサーはイギリス人であったが、社会進化論はアメリカにおいて最大の成功を収めた。アメリカではイェール大学のウィリアム・グレイハム・サムナー(一八四〇—一九一〇年)がその主な主張者であった。またそれほど偉くない社会進化論者もたくさんいた。十九世紀の末から二十世紀のはじめにかけて、スペンサーの著書は広く読まれ、少なくとも広く論議された。一八八二年にスペンサーがアメリカを訪れたとき、救世主にふさわしく、信者の歓迎を受けた。パン屋の労働時間を一日十時間に制限するニューヨーク州法を最高裁判所が一九〇四年に否認したとき、ホームズ判事は「憲法追加第十四条はハーバート・スペンサー氏の『社会静学』を施行するものではない(14)」と述べたが、これは少数意見であった。

アメリカにおけるスペンサーのこうした人気はいくつもの理由がある。スペンサーの時代のイギリスは市場の野放図の支配からすでに離れつつあった。労働組合、工場検査、婦人・少年の労働時間の規制が認められるようになっていた。しかしアメリカでは相変らずいっそう冷酷な人種改良が続いていた。

そして、人種改良がさらに続いて、選ばれた者がさらに栄えることを希望する人びとはたくさんいた。すでに一八六六年にヘンリー・ウォード・ビーチャーはスペンサーに次のように語っている。「アメリカの社会条件の特殊性のために、あなたの著作はヨーロッパよりもアメリカではるかに盛んである。(15)」実際、思想がこれほどめざましく状況に奉仕したことはなかった。

アメリカにおける社会進化論の勃興は大金持の勃興と時を同じくした。当時はひどい不平等の時代であるばかりでなく、とてつもない虚飾の時代でもあった。ニューヨークでは大理石の大邸宅が起こりはじめており、いっそう豪華なホールがニューポートで建てられていた。ウィリアム・K・ヴァンダービルト夫人は一八八三年に二十五万ドルの舞踏会を催した。一八九七年にブラッドレー・マーチンが開いた舞踏会はもっと豪勢であった。そのためにウォルドルフ・アストリア・ホテルの旧館のダンス・ホールがヴェルサイユ宮殿そのままに改装された。金をちりばめた紋章つきの一万ドルもする洋服を着て出席した人もあった。これより少し前に、スペンサーが歓待されたデルモニコのパーティでは、来客は百ドル紙幣に包まれた煙草を渡され、かれらはいかにも裕福な感じにひたりながらこの煙草を吸ったのである。

当時はまた貧困と堕落が拡がった時代であった。この富の縁の下の力持ちだった労働者たちはきたならしい貧民窟に住んでいた。近くにはたくさんの乞食がいた。富は他人の犠牲なしにえられたものではなかった。そのためにひどい手段が用いられたこともあったが、それは誰の良心をとがめたわけでもなかった。自然淘汰がおこなわれていたのである。ニューヨークで開かれた成功した人たちの大晩餐会の席上、チョンシー・デピューが満悦して語った言葉を借りると、金持は自らを自らの手腕の産物と考えてよいのだ。また重要なことだが、すぐれた性質を遺伝された彼らの息子たちも同様である。遺産はこうして正当化された。なぜなら遺産は生物学的にすぐれた者にのみ恵まれるからである。他方、貧困の問題は解決しうる方法で解決されていたにすぎなかった。すなわち不適者の淘汰である。公的・私的の救済が同情によっておこなわれたとすればずいぶん費用がかかったであろうが、貧民救済はなされなかった。それは冷淡さのためではなく、自然法則に意識的に従ったためである。「適者生存の法則は人が作ったものではない。われわれは人為的な干渉によってのみ不適者生存をつくり出すことができるのだ。[16]」税金と慈善に反対して、結局はおかねを節約する方がずっとましだ。乞食を拒み、「慈善は最悪の行為だといわれているではないか」と正直にいう人にとっては、今日でもスペンサーとサムナーの勇ましい公式が有益である。

また、どのようにして進歩がなされ、富がえられたかについて、不愉快な反省をしてみる必要もない。ジョン・D・ロックフェラーが幸福な日曜学校のクラスに説明したように、「大企業の発達は適者生存にほかならない。……美しく香り高いアメリカン・ビューティ種のバラが作られて、みる人の喝采を博するのは、そのまわりにできた若芽を犠牲にしてはじめてできることなのだ。」スタンダード石油会社もバラと同様である。「これは経済におけるわるい傾向ではない。それは自然の法則と神の法則の作用にほかならない。[17]」こうして、鉄道のリベート、パイプラインの独占的支配、差別価格制度、その他のいちじるしく挑戦的な営業行為は、神やバラと同じものにされたのである。

五

一九五六年に全国工業者連盟総裁はその退任演説で、全国の労働者に労働組合の奴隷となることをやめるよう、また実業家には政府の保護主義を拒むよう、ハーバート・スペンサーの名においておごそかに呼びかけた。政府の保護主義について彼は力強く次のように述べた。「われわれ実業家にとって、今まで頼ってきた政府のつっかえ棒を捨てることはひどい苦痛であるかもしれない。しかし、これはわれわれの体制の中の不健全な部分の一つである。だからわれわれは、輝かしい将来をしっかりと打ちたてる前に、この不健全な部分を取り除くべきであろう。」しかし彼の主張にこたえて、労働者も実業家も、何ら具体的な措置はとらなかった。

実は、スペンサーとかサムナーとかいう名前は、とっくの昔に反応をよび起こすことをやめていたのである。それは民主主義と近代法人制度によって打ち負かされたからである。大衆は、自分たちを選り棄てることに役立つような自己否定的な政策に投票することをはっきり拒否していた。闘争をやめようという考えに基づいた綱領をかかげて選挙に勝とうとする人びとがたえず現われた。スペンサー的な道徳をもてあそんだ人は、どんなに用心深くしたとしても、一九六四年にバリー・ゴールドウォーターが思い知らされたように、ひどい敗北を喫したのである。社会進化論のとおりに事を運ぼうとすれば政府の人気を落とさざるをえなかったであろうことは明瞭である。不幸への黙従を強行しようとすれば、警察隊が必要であるが、警察の忠誠を確保するためには社会保障と先任制が必要になるであろう。

法人制度はまた別の打撃を加えた。強者と弱者を分ける手段と考えられた競争的な闘いは、個人企業の世界ではある程度の真理をもっていたかもしれない。この闘いにおける勝利を可能ならしめる強壮な性格が、次の世代を強化するように遺伝されることも考えられる。しかしこうした論理をジェネラル・エレクトリックやジェネラル・モーターズに適用するのは無理である。これらの巨大企業が死滅するとはどうみても考えられない。また、再生を通じてはたらく淘汰作用が、親会社の強い血統をひく若い活潑な子会社を新しくつくり出すとも思えない。おそらく、自然淘汰がはたらいて、昇進の競争にいちばん強い人が会社のトップに立つという議論、すなわち、このような昇進の必要条件であるところの、タフで、複雑で、すぐれた手腕を最もよく備えた人が、その報いとして勝ち残るという議論が持ち出されるであろう。もしそうとすれば、官僚的な争いがひどいしいわれる政府内部でも、社会進化論が同様に選択的にはたらくことになるはずである。しかしこれは認めがたいことである。

しかし社会進化論は、アメリカ人がゆたかさの時代にもちこんだ態度に重要な影響を与えた。アメリカは富が最も急速に増大した国であり、また主流派的な安心感がいちばんもっともらしく思われる国であった。凡人にも機会が与えられている国があったとすれば、それはアメリカであった。しかし、凡人にも機会が与えられていたとしても、彼はまたあらゆる経済生活は死活の闘争だという事実に直面しなければならなかった。彼はこの闘争に勝つかもしれないし、また負けるかもしれない。そして負けた場合に、飢餓、窮乏、死などの結果を甘受することは社会的な必要なのだ。このように、最も恵まれた国においても、貧困と不安感は経済生活に内在するものとなった。もちろん不平等についても同じことがいえる。そして不平等は、貧乏人がある反面には幸福な金持があるという事実によって、確実に是認されたのである。一見したところアメリカでは経済生活が比較的きびしくないと思われるかもしれないが、社会進化論はこれとまさに反対のことを強調したのである。

社会進化論はまたもう一つの永続的な影響をもっていた。アメリカ的な思想はいつも市場を神秘化する傾向があった。需要と供給が妨げられることなくはたらくということの中には、単なる能率以上のものが含まれている。その他の価値もこれに賭けられているのだ。社会進化論は人類の活力を市場の中に見出した。こうした考え方は結局は弱まり、なくなった。しかし、社会進化論者でない人までが、これとは別の、市場とは関係のない価値を市場の中に見出し、したがって、福祉や同情から市場の力の自由な動きに干渉することが逆効果を生むであろうと警告したのである。個人の経済生活の危険を軽減する措置によって生物学的な進歩が脅かされることはもうないとしても、自由に対する脅威はあるというのだ。また、世俗的な社会主義ないし共産主義に対立する意味でのキリスト教についても同様だという有力な見解がある。市場に対する権利の主張がこれほどまでに拡がったことについては、社会進化論に負うところがかなり大きい。またその際に、個人を窮乏から救うための、または経済生活の危険から保護するための社会政策の範囲がせばめられることになった。

六

経済に対するアメリカ人の態度に明瞭な影響を与えた思想が本章で全部つくされているというつもりはない。フロンティアと西部が独特の拡張的な気分をもっていたことは前に述べたとおりである。十九世紀の後半と二十世紀のはじめ頃のアメリカの政界もこのような気分を多分にもっていた。こうしたところでは、アメリカ人なら誰でも――少なくとも、アングロ・サクソン系でプロテスタント系の、ある程度精力的なアメリカ人ならば――自分の努力によって裕福になれるという確信が表明された。けれども、学校で教えられたり本で読まれた思想、有力な人を指導した思想は、決してバラ色のものではなかった。最も有力な批判者たちは、反人間的であるか、さもなければ大改革の必要を主張した。地位も名声もある保守的な人びとは、はげしい闘争を頭の中に描き、またそれを賞讃していたが、その闘争は、リカードが考えていた闘争とくらべると、いっそうきびしく、また不幸な人びとの犠牲をよろこぶという意味においてのみ、それより改良されたものであった。

(1) Alexander Gray, *The Developments of Economic Doctrine* (London : Longmans, Green, 1931), p. 256による引用。

(2) Joseph Dorfman, *The Economic Mind in American Civilization, 1606–1865* (New York : Viking, 1946), p. 804を見よ。

(3) Henry George, *Progress and Poverty*, Fiftieth Anniversary ed. (New York : Robert Shalkenbach Foundation, 1933), p. 5.

(4) *Progress and Poverty*, p. 9.

(5) 概して主流派のそとにいた他の三人の影響も大きいという主張がなされるかもしれない。この三人とは、サイモン・N・パテン(一八五二―一九二二年)、ジョン・R・コモンズ(一八六二―一九四五年)、およびウェスリー・C・ミッチェル(一八七四―一九四八年)である。しかし、パテンは、奇異に面白い独創的な人物だったが、ケアリーとともにアメリカの異端者扱いにされて、無視されてしまっている。コモンズとミッチェルは、原則または方法の問題としては、人類の経済的な将来に関する全国的な理論的な定式化を概して回避したので、ここで問題にしている態度にはほとんど貢献しなかった。

(6) Thorstein Veblen, *The Theory of Business Enterprise*, 1932 ed. (New York : Scribner), p. 234.

(7) 本文に略述した結論は、主に *The Theory of Business Enterprise* の中に展開されている。引用はその一八三ページから。

(8) 初版は一八九九年に出た。一九七三年に出た新版(Boston : Houghton Mifflin)があり、私がその序文を寄稿した。

（9）　*The Theory of the Leisure Class*, p. 41.

（10）　ヘンリー・スティーリー・コメジャー教授に対してなされてよい批判であると思う。*The American Mind*(New Haven : Yale University Press, 1950), pp. 227–246 におけるヴェブレンについての同教授の所説をみよ。

（11）　David Ricardo, *Principles of Political Economy*(Cambridge, England : University Press for the Royal Economic Society, 1951), pp. 107–108.〔訳者註。第五章、賃金論の末尾〕

（12）　Herbert Spencer, *Social Statics*(New York : D. Appleton, 1865), p. 413.

（13）　Herbert Spencer, *Principles of Ethics*, Vol. 2(New York : D. Appleton & Co., 1897), p. 260.

（14）　Lochner 対ニューヨークの判例、一九〇四年。

（15）　Richard Hofstadter, *Social Darwinism in American Thought*(Boston : Beacon Press,1955), p. 31 による引用。

（16）　William G. Sumner, *Essays in Political and Social Science*(New York : Henry Holt, 1855), p. 85.

（17）　Hofstadter, *Social Darwinism in American Thought*, p. 45 による引用。

第六章　マルクス主義の暗影

一

リカードのあとを継ぐものとして、社会進化論者は右翼への旋風であった。これに対してマルクスは左翼への大きな噴火であったが、マルクスは主流派の伝統に深く根を下ろしている。マルクス以前にも社会主義者はいたが、マルクス以後にはずっと多くの社会主義者が現われた。その一つの理由は、マルクスの社会主義の基礎となったものが、リカードによる経済思想の体系化、とくに所得分配の問題に関するリカードの大胆な考え方であったことである。そのせいもあって、マルクスの仕事は、彼以前の社会主義者とはくらべものにならないほどの権威と確信とをもっていた。

リカードの死後七十五年の間、彼の崇拝者たちはとくにラスキンによってあびせられた非難に対してリカードを弁護するのに腐心した。その非難とは、リカードは冷血な株屋であって、永久に悲惨が続くと予見しながら、全く傍観者的な立場をとっていた、というのである。こうした非難は公平を欠くものであったかもしれないが、リカードが情熱的な人であったと示唆する者は誰もいなかった。これに対してカール・マルクス（一八一八―八三年）は熱血漢で正義派であった。これは何より重要なことである。というのは、大衆の貧困化の不可避性、自然の生産手段の所有者の富裕化、賃金と利潤との避けがたい争い、そして利潤優先による経済進歩、といったリカードの結論は、怒った人の手に渡ると、革命への呼びかけにもなりかねないからである。資本主義に対する考え方が暗いという点では、リカードとマルサスもマルクスに劣らなかった。しかしマルクスの使命は、リカードやマルサスとはちがって、欠陥を指摘し、罪の責任を追及し、変革を促し、そしてとくに規律的な信条を募ったことである。規律的な信条をえたという点でのマルクスの成功は、モハメット以来例のないものであった。

二

賃金鉄則はマルクスにもひきつがれたが、その形は若干修正された。労働者がぎりぎりの貧困状態におかれるのは、こうした最低限にくるまで労働者の子供ができるからというよりは、むしろ雇い主である資本家との交渉において労働者の立場が全然弱いからであり、また労働者の賃金がよければ資本主義制度がうまく動かないからである。労働者が最低限以上の賃金を得ることもあるかもしれないが、それは牛飼いが牛に最低限以上の餌をやるのと同じ理由である。つまりそうすれば牛はいっそう多くの牛乳を出すからである。雇い主に対する労働者の交渉上の立場は、牛飼いに対する牛の立場と同じである。

こうしたことを説明する一部の理由は次のような事情である。労働力は貯水池のようなものであって、時がたつにつれて、独立の職人や農民がその中に追いこまれる。労働者の無力さは産業予備軍によって保証されている。つまり、増減はあるにせよ、常に失業が存在し、それが資本主義体制の一部になっていることである。労働者はこの予備軍にいつほうりこまれるかわからない立場にあるので、彼は協力的になり、示された賃金を呑まざるをえないのである。

技術の進歩や資本の蓄積は一般の人びとの利益にはならない。それどころか、マルクスの特徴的な文章から引用すると、それらは「……労働者を分解して人間の断片と化し、機械の付属物に堕さしめ、仕事からあらゆる魅力を奪って憎らしい骨折に変えてしまい、……労働者の妻子までも犠牲にし、……悲惨、労働の苦しみ、奴隷化、無知、精神的堕落……［をもたらす］……。(1)」

多くの人がよく使って成功するやり方だが、マルクスも正直な反対論者をひき合いに出して自分の主張に役立たせた。有名な保守主義者デステュ・ド・トラシーによると、「貧乏な国では人民が安楽に暮しているが、豊かな国では人民は概して貧困である。(2)」

さらに、資本主義はひどい不況への傾向を本質的にもっている。これはその最終的な影響の点では何より重要なことであろう。スイスの偉大な歴史家であり、同時に哲学者、経済学者でもあったシスモンディは、アダム・スミスの希望的な態度をかなり反映した著作を十九世紀のはじめに出版したが、その後十六年たって、西ヨーロッパを広く旅行したあとで、彼がこの問題にたち戻ったときには、経済恐慌の重要性を痛感し、それが将来いっそうひどくなるだろうと信ずるに至った。その結果、労働者の購買力が労働者の生産についていけないということが問題の点であった。その結果、買い手のない商品が累積し、恐慌は不可避的となるというのだ。マルクスは死ぬまで恐慌論を研究していたが、マルクスの見解もほぼこれと同じであり、また最近まで大多数の人びとの意見もこれに近いものであった。

しかしマルクスは他の原因をも強調した。資本の蓄積が進むにつれて利潤率は低下する。このために刺激が弱まって停滞期が来る。またブームの時期には、産業予備軍、すなわち失業者が減るので、労働力に対する需要は賃金率を高め、したがって生産費が高くなり、これがブームを終らせる。(3) 資本主義の下における労働者の将来に関するマルクスの非妥協的な悲観論をこれほどよく示したものはない。労働者の立場が一時的によくなることがその悪化の原因であるというわけだ。不況は、労働者の貧困(その購買力の不足)に起因すると同時に、またその生活の一時的な改善にも起因するのである。

マルクスにとっては政府はブルジョアジーの手先であるから、政府が失業救済のために仕事をつくり出すとはとても考えられない。しかしたとえそうしたとしても、その結果は産業予備軍を減らし、労務費を高め、不況をもたらすだけだ。購買力の不足、すなわち労働者がその生産物を買えないという購買力の不足を補うために、公共事業支出のような一般の購買力を付与する政策をとっても、それは同じ理由で無益である。のみならず、「生産と再生産」の過程にはより深い無秩序があって、こうした表面的な対策はそこまで手がとどかず、役に立たないのである。(4) このことはマルクスにとってかなり重要な問題であったし、またその後継者にとってはいっそう重要な点であった。もしたとえば公共支出などで労働者の購買力の不足を補うことによって不況を避けることができるとすれば、資本主義はうまくゆくということになる。赤字財政が革命にとって代ることになる。鋭いマルクス主義者はこうした結論の危険を察知して、このような安易な逃げ道の可能性を否定したのである。最も頑固な保守主義者もこの点ではマルクス主義者と主張を同じくしていた。経済学においては立場を異にする人びとが奇妙にも同調する場合があるが、これもその一つである。

マルクス的な長期見通しはほとんど周知のとおりである。資本の集中が進み、生産設備や資源はますます少数者の手中に入り、その少数者の富は不断に増大する。マルクスによると、資本家は何事につけても非常にずるく、抜目がないが、自分自身の運命に関する問題については別であって、無教育である。資本家は故意に、安んじて破滅の道をたどる。これに反して、資本家に卑しめられ、さいなまれる労働者は、鋭い知覚と学ぶ能力とを備えている。また、支配階級のうちで、資本集中の過程においてはみ出された、「新鮮で、教育ある、進歩的な分子」が、労働者の陣営に加わる。[5] 最後には、今や訓練された産業軍となった労働者大衆に直面して、生産の集中は救いようのない弱さを生み出す。かくして弔鐘が鳴り、収奪者は収奪される。この次の段階ではマルクスは楽観論者である。今やリカードのそれよりもずっと完全な自由放任への道が開かれる。なぜなら、政府というものは資本主義の必要と資本主義が生み出したもうけ主義との産物なのだが、もうけ主義思想の現われである盗みを防いだり、大衆を警視したりする必要がもはやなくなるので、国家は死滅し始める。しかし、不幸なことだが、革命がまず第一だ。大多数の人びとはこの不愉快な見通しよりも先のことにまで思いを及ぼすことができなかった。『共産党宣言』に、「……あらゆる既存の社会条件の暴力的転覆。支配階級をしておののかしめよ……[6]。」とあるが、マルクスが公言したように革命は不愉快なことである。

三

マルクスの影響ほどひどく誤解されているものはない。彼が多くの人びとの心をつかんだことについてはもちろん意見が一致しているが、マルクスの影響はこうした忠実な人びとにとどまっていると普通に考えられている。通念に従えば、彼の思想は天然痘のような一種の伝染病みたいなものである。感染していつまでも傷が残るか、それとも有効な注射で感染せずにすむか、どちらかであるとされている。しかしこれはとんでもない間違いである。マルクスはその体系を受けいれない人にも深い影響を与えており、その影響を全然受けていないと思っている人にも影響を及ぼしているのである。

これは社会理論におけるマルクスの業績がおどろくほど偉大であったことの結果でもある。人間の行動のいろいろな要素をとり出して綜合した点で、後にも先にもマルクスの右に出たものはない。社会階級、経済行動、国家の本質、帝国主義、戦争などはすべて体系化されていて、遠い過去からはるかな未来にまで及ぶ大きな壁画に描かれている。階級闘争、帝国主義、戦争の原因などについてマルクスが大きな影響を及ぼしたのは、マルクスだけがそれらを人類のあらゆる経験と綜合して説明することができたからである。かくしてアメリカでも、あらゆる思想が帝国主義に関するマルクス的な見解に深く影響されたのである。イギリス帝国主義から手を切ったのも、経済問題が原因であった。マルクス主義者は帝国主義を帝国主義国の経済的利益から説明しているが、それ以外の主な理論といえば、帝国主義国は植民地に恩恵を与えており、白人の負担となる状態を維持していて、土着民は独立するには早すぎると考えられ、かれらを共産主義から守ってやる必要がある、といったようなものにすぎない。この後者の見解は二〇世紀の半ばにおけるインドシナについてしばらくのあいだ適用され、その結果はみじめなことになったのであるが、この場合にも、アメリカの介入の裏には経済的動機があるのではないかという疑惑をしずめることはできなかった。

「経済理論家としてのマルクスは何よりも非常に博学な人であった。[7]」彼の目標は革命であったが、その方法は学者的であった。したがって、彼の考え方は現実の認識についてあらゆる社会科学者の助けとなった。貧困につきまとわれ、富が尊重される世界においては、大部分の争いに経済的原因があるのは必然的なことであろう。これほど喧嘩の種になることはない。愛、名誉、愛国心、宗教などの経済外的原因があるようにみえる場合でも、鋭い目でみれば、あるいは皮肉に考えると、何らかの経済的動機をみつけることができよう。マルクスの唯物史観とは、簡単にいえばこうしたものである。これは彼も明言しているようにマルクスの独創とはいえないが、マルクスによって有名となったのである。これはなかんずく近代の保守主義者でさえ当然のこととして受けいれているものに近い。彼は、国内にせよ海外にせよ変革をアジっている者をみると、ほとんど自動的に「何のためだ」と質問する。彼は、社会改革者、慈善家、自由主義的政治家、公務員などの道徳的な運動が、その気高い主張にもかかわらず、結局は私利に基づいているのではないかと疑う。「何をたくらんでいるのか」と彼は問うのである。

資本主義的集中が進むにつれて社会の資本がますます少数者の手に支配されていく傾向があるとマルクスは予見した。アメリカの保守主義者にとって人間の行動に関する唯物的な見解が基本的な重要性をもっているのと同様に、アメリカの自由主義者にとっては資本主義的集中が最も重要な教義である。反トラスト法の実施をアジったのはマルクスであるといってもよいほどだ。

主流派の経済理論にあっては、資本家、中産階級、プロレタリアなどの社会階級の存在は、内密にしか認められなかった。しかし階級の存在は明瞭であり、また階級闘争ともみられるようなこともたしかに存在する。こうしたことを認めるにあたっても、マルクスが頼りになっている。

最後に、マルクスは本当におそろしい不況を予言することによって影響力をかちえた。主流派が不況をありふれた病気と考えたことは前に述べた。マルクスにとって不況は、資本主義的生活において次第に破壊的になっていく事実の一つであって、結局は不況が資本主義制度を崩壊させる(あるいは少なくとも崩壊をあらわす)であろうと考えられた。とくにこの点でマルクスが間違っていたとはいいきれない。なぜなら一九三〇年代になると、不況は明らかにありふれたものとはいえなくなっていたからである。大不況の三年目に当る一九三四年に、当時最も明晰なイギリスのマルクス主義者であった故ジョン・ストレイチーは、経済情勢をしらべて、「資本主義世界全体が野蛮状態に向いつつある」[8]と満足げに結論した。しかし、イギリスの最も正統的な経済学者の同年における判断も、残念そうなニュアンスをもっていた点を除けば、同じようなものであった。アーサー・ソルター卿は次のように結論している。「資本主義制度の欠陥は次第にわれわれから利益を奪いつつあり、今や資本主義の存続を脅かすに至った。(9)」

四

もしマルクスに誤りが多かったとすれば、その影響は早く消えてしまったことであろう。またマルクスの誤りを示すことに熱中した多くの人びとはその注意をほかに向けたであろう。しかしマルクスは概して正しかったのであり、とくに彼の時代に関しては正しかった。この後の点は強調する価値がある。大部分の経済思想家は自分の時代に関して正しければよかった。法人、つまり株式会社は将来性をもたないというアダム・スミスの確信を弁護する人はいない。けれどもマルクス主義者にとっては、マルクスが、多少の補正を加えさえすれば、当時のみならずいつでも正しいことが必要なのだ。これはおそるべき試金石である。

マルクスは一部の事柄については非常に正しかったので、多くの人は次のようなしつこい疑問を禁じえないであろう。「資本主義自体の見通しなどの、ほかの問題についても、マルクスは正しかったのではなかろうか。ほかの人たちが希望的観測というういかがわしいかくれみのを求めていたあいだに、マルクスは事実を直視したのではないだろうか。」こうした疑問が出ることは、マルクス主義に従う人びとの確信が強いことと同じように、マルクスの影響の大きいことを物語っている。マルクスはその信条に反抗した人びとの心の中にも疑惑を生み出す非常な力をもっていた。少なくとも何らかの思想に敏感な人なら、どんな非マルクス主義者でも、心の奥には「私はパングロス博士（ヴォルテールの小説『カンディード』の作中人物）みたいなものなのだろうか」という疑問がひそんでいるのだ。

マルクス主義へ改宗した人びとがまたこうした疑問を生じさせることに貢献した。経済学の主流派にとどまった人たちは確信に欠けていたが、マルクス主義者は反対に確信に充ちていた。安楽でおだやかな未来をねがうことによってかれらの思想が助けられたのではない。かれらは、大衆の貧困化、経済危機の悪化、そして遂には流血革命という見通しに直面する心構えをもっていた。こうした見通しが不愉快なものであり、またそれにもかかわらず直面しなくてはならないものであるということからして、マルクス主義者は深遠な現実主義者であり、幻想が全然ない人だといえるわけである。この明白な現実主義は道徳的情熱によって強められている。「マルクス主義の宗教性が……反対論者に対する正統的マルクス主義者の特徴的な態度を説明している。マルクス主義者にとっては、およそ何らかの信仰をもつ人にとってと同じように、反対論者は誤っているばかりでなく罪人なのである。異端は知的にのみならず道徳的にも否認されるのだ。[10]」マルクス主義者と議論する人はゴムの竿で岩の城壁を攻撃するようなものである。

最後に、マルクスは間違っていると信ずる人たちを無理解だと斥けることもできる。マルクスを理解するのは容易でない。マルクスが間違っていると思った人は、マルクスを理解できなかったからだ。たとえば、前述したように、資本主義の恐慌の一つの理由は、マルクスによると、資本蓄積とともに、利潤率低下傾向があるからだ。投資と生産に対する利潤の重要性をマルクスは全国工業者連盟のどの総裁にも劣らないほど強調した。利潤率の低下は拡張をたえず中断し、この中断は次第にはげしくなり、また期間が長くなるだろうというのである。

二十世紀には利潤は低下の傾向を示さず、資本蓄積は依然として続いた。したがって利潤率の低下が不況の原因として真面目に考えられることはなかった。現代における同情的なマルクス解説者の一人は、「利潤低下傾向に関するマルクスの説明は何ものをも説明しない」[11]と結論せざるをえなかった。しかしこうした譲歩をするマルクス主義者はほとんどいない。マルクスは間違っていたのではなく、またマルクスの理論が利潤率低下傾向がみえた十九世紀に基礎をおいていたからでもない。むしろ異端者はマルクスの議論のあらゆる複雑・微妙な点を理解しえなかったのであり、マルクスの立場を過度に単純化し、俗悪化したのだ、というのである。

知識人に対するマルクスのアピールについては、今までにたくさんのことが書かれている。明らかにドグマとみられている教義が合理的でせんさく好きな人びとを惹きつけることができるというのは、一体なぜであろうか。その答は複雑である。マルクス主義者にとってマルクスが通念であるという明白な事実のほかに、現実主義らしいものがあり、擁護論者の確信があり、また生き生きした真理もたくさんある。しかし、マルクスが間違っていると思う者は鈍感で、単純で、表面的な奴だというマルクス主義者の主張が、いつもマルクスにとって大きな力となってきた。こうした非難はおそろしいもので、無数の知識人はこのような非難を受ける危険を犯したくなかったのである。自分には裏面をみる能力があるのだということを自分にいいきかせ、他人にも認めさせる方がずっとましである。このことは、マルクスは明言しないことまでも考えてはいたのだということを認めることにはなるが、また自分が鈍感ではないということの証明にもなる。このようにして、マルクスを受けいれるかどうかという問題は、明らかに非現実的な誤りに陥ってもドグマに従うつもりがあるかどうかということではなく、むしろ、マルクスの言葉の表面的な意味を離れた微妙な裏面にまでふみこむつもりがあるかどうか、またその能力があるかどうか、という問題になる。知識人にとってこの誘惑は強かった。これもマルクスの影響力の一つの源泉であった。

五

以上を要約しよう。だいたい一九三〇年代の中頃までは、経済思想の広い影響は明らかなものであった。それは人に経済問題がいかに深く、広く、また負担の重いものであるかを感じさせ、さらに幸福な結果はまず期待できそうもないと感じさせるようなものであった。「自分がまもなく死刑になるとわかれば、たしかに誰でもすばらしく精神集中ができるだろう」(12)とジョンソン博士は述べているが、同じ理由で人びとの心は経済生活の危険に集中されていたのである。

とくに、主流派経済学は人びとは餓死するだろうと教えることはやめたが、そうかといって人びとの暮しがよくなるだろうと教えたわけではなかった。窮乏は依然として普通のことであった。人びとはその限界生産物を増加することによって自分の地位を向上させることもできよう。能率が向上し資本の供給が増加すれば、限界生産力が高まり、したがってまた賃金も上昇するかもしれない。しかしその結果が必要最低限を上回るという保証はない。たしかに、こうした向上の機会を見逃してよいとはいえない。それどころか、このような努力を少しでもゆるめると、社会は極度に怠慢になって、ただでさえひどい窮乏は、ますますひどくなり、不必要に大きなものとなるであろう。良心的な人や同情心のある人は、あらゆる方法をつくして能率が向上するように注意しなくてはならない。それだけの努力をしないことは冷淡であり、残酷であるとさえいえるだろう。

所得のひどい不平等によって窮乏はいっそう強められる。貧乏人の消費がみじめなのは、金持の虚飾の需要の結果でもある。両者をともに満足させるほどの物がないのに、金持が必要以上に使ってしまうのだ。もしできれば不平等に対する対策を講ずるべきであろう。なぜなら、不平等が生み出している社会的緊張や闘争、さらにプロレタリアートがその低い地位を自覚するにつれて不平等から生まれるであろう社会的緊張や闘争に対して、およそ敏感な人なら無関心ではいられないからだ。けれども、不平等の問題に対して何らか本格的な対策をとることができるだろうか。

最後に、不安という厄介な問題があった。競争的モデルにおいては、労働者が失業したり、実業家や農民が破産したりすることもある状態が、制度の一部とされていた。こうした不安な地位はひどい不況によって強められ、三〇年代には最もはげしい不況によっていっそう強いものとなった。当時の理論は不況を自然に回復するものと考えて片づけてしまったので、不況はとくに厄介な問題であった。自然に回復するとしても不況は不可避であり、また不可避であるとしても堪えがたいものであった。

生産性、不平等、および不安について人びとの注意をよび起こし、それらを第一次的な関心事とするような努力は大いになされた。主流派の経済学に、すべてが結局はうまくゆくだろうと結論するような傾向があったとしても、それに対して右翼と左翼からそうなる筈はないという声も出たのである。右翼からは、闘争は不可避であるばかりかよいことでもあるという社会進化論者の主張が出た。またマルクス主義者は、不平等と不安は次第にひどくなり、結局はその犠牲者が全体制とその受益者を破壊するであろうという自信満々たる警告を発した。

生産性、不平等、および不安は経済学の伝統的な関心事であった。これらは不況の底である三〇年代においてほど大きな問題となったことはなかった。しかし、そのとき前途には、誰にも見通せなかったのだが、生活のすばらしい向上が待っていたのである。われわれは今この向上の波に乗っている。しかし古い関心は依然として相当程度残っているのであり、その点はわれわれも不思議とは思わない。こうした事態こそ、じつは通念が現実から遊離するようになると考えてよい時であり、事実その傾向はあらわれている。

こうした変化が伝統的な態度に何らの影響をも与えなかったというわけではない。とくに平等の問題と不安の問題については重要な修正が加えられている。これらの問題を次章でとりあげることとしよう。

（1） Karl Marx, *Capital* (London : William Gliesher, 1918), pp. 660–661.

（2） *Capital*, p. 664における引用。

（3） 景気循環に関するマルクスの説明は彼の著作の中にちらばっていて、シュンペーター教授も指摘しているように、ある点ではおざなりである。本文の要約はジョーン・ロビンソン女史のすぐれた書物 *An Essay on Marxian Economics* (London : Macmillan, 1952) に負うところが大きい。

（4） ここで私の関心は、マルクス主義的な立場とその影響を特徴づけることであって、その批判ではない、ということを読者に注意しておきたい。マルクス主義の批判はもっと長い。

（5） カール・マルクス『共産党宣言』。

（6） 『共産党宣言』。

(7)　Joseph A. Schumpeter, *Capitalism, Socialism and Democracy*, 2nd ed.(New York : Harper, 1947), p. 21.

(8)　John Strachey, *The Coming Struggle for Power*, 4th ed.(London : Gollancz, 1934), p. 8.

(9)　Arthur Salter, *Recovery : The Second Effort*(London : G. Bell & Sons, 1934), p. 209.

(10)　Schumpeter, *Capitalism, Socialism and Democracy*, p. 5. これとは対照的に、主流派ではこうした情熱的な信念は科学的合理性とは両立しないと考えられた。例外がないわけではないが、このとおりである。マルクスはかつて「経済学者は神学者みたいなものだ。……他人の宗教は人間の創作だが、自分の特別の宗教は神から生まれたものである。」と述べたが、これには一面の真理がある。(Strachey, *The Coming Struggle for Power* に引用された *The Misery of Philosophy* より。)

(11)　Joan Robinson, *An Essay on Marxian Economics*, p. 42. また別の修正については、Paul Baran and Paul M. Sweezy, *Monopoly Capital*(New York : Monthly Review Press 1966)を見よ。

(12)　この言葉が最近有名になったのはウィンストン・チャーチルによる。彼は、一九四〇年にドイツ軍のイギリス侵入の見通しがあるので心配でたまらなかったと述べている。

第七章　不 平 等

一

金持は何らかの方法で貧乏人にその富を分け与えるべきであるという提案ほど、古くから論争の種となったものはない。金持はいつもこれに反対してきた。例外があったとしても稀で、それはたいてい突飛なものであった。反対論の根拠はさまざまであるが、金持が現に享受しているものを捨てるのはいやだという最も重要な理由をきびしく除外していることが特徴的である。貧乏人は平等の度合が高まることに概して賛成であった。アメリカでは、貧乏人のなかにも、重い税負担にあえいでいるという金持の声に同情を示す人がいたし、また、いつかは自分も金持になれるかもしれないという希望をもつ人もいたので、平等化にたいする支持はこうした傾向によって幾分うすめられていたのである。

前諸章で述べたように、不平等に対する経済的、社会的な関心は深い根をもっている。競争的社会——リカードの流れをくむ主流派経済学が考えた社会——においては能率のいい者が得をすることが前提されていた。有能な企業家や労働者は自動的に報酬を受けた。無能な者もやはり自動的にその無能あるいは怠惰の罰を受けた。もし労働と資本と土地が有効に使われていれば、その程度に応じて、短期的には生産の増加は不可能であろう。また長期的な進歩は必ずしも一般の人びとの利益になるとは限らない。初期の理論では進歩の果実は他の人びとのものとされていた。

したがって、もし人びとが貧乏であったとすれば、また事実そうだったのだが、かれらの唯一の希望は、所得の再分配、ことに蓄積された富の生産物の再分配でしかなかった。リカードやその後継者は異論を唱えるかもしれないが、再分配が可能であると信じた人はいつもいたし、またそのような人は次第に増えてきたのである。(リカードもその主流派の後継者も、かれらが特殊利益の擁護者であるという疑惑から免れることができなかった。)すべてのマルクス主義者は徹底的な再分配の必要性を当然のことと考えていた。したがって、急進論者は十九世紀を通じて富と所得を何らかの方法で再分配することを主張するほかなかった。変革を欲するならばこれが唯一のやり方であって、この問題を回避することはすべての問題を回避することにほかならなかったのである。

保守主義者はさまざまな方法で不平等を弁護した。どろぼう以外の方法で人が取得したものには所有権があるということが、自然法であり公平であるとして、いつも基本的な主張となってきた。リカードとその直接の後継者にとっては、地主と資本家のぜいたくな所得は必然的なものであった。それに干渉すれば、結局は制度をこわすことになり、貧乏人をも含めたすべての人の運命をいっそう悪くすることになるばかりだとされた。

これは本質的には消極的な弁護である。時とともに、煽動もまじって、不平等賛成論はもっとずっと機能的なものになった。所得を自由に享受できることは刺激として不可欠であると主張された。その結果としての努力と手腕が生産を増やし、万人の報酬を多くするだろうというのだ。最近では、労働所得にたいする税金に上限を設けることが、ほとんど聖典化されている。

不平等は資本形成のためにも同様に重要だとされるようになった。所得の分配がちらばれば支出されてしまうだろうが、もし所得が金持に集中的に流れこむとすれば、一部分は貯蓄されて投資されるにちがいないというのである。

ほかの議論もある。平等が行き過ぎると文化が一様で単調になる。教育や芸術を十分に補助する必要があるとすれば金持が絶対に必要である。平等は共産主義の臭がして、したがってまた無神論的で、それゆえ精神的に疑わしい。とにかく、ロシヤ人ですら平等主義はうまくいかないとして放棄した、というような議論である。

過度の平等から生ずる文化的な貧困はいくら強調してもしすぎることはない。トーネーが述べたように、「所得または富の平均化を懸念する人たちは……法律や秩序の平均化、生活や財産の保証の平均化を心配していないようだ。力、勇気、巧みさなどのすぐれた天賦の性質をもった人がこれらの利点から十分な収穫をあげることが妨げられるということに対して、かれらは不満を洩らさない。(1)」実際、通念によると、刺激としての、また資本の源泉としての不平等の機能的な役割に、不平等弁護論の主な根拠が求められているのである。

かくして、現在の連邦所得税制における限定的な平等主義は、個人の努力、創意、着想をひどくそこなっている、あるいはそのようになるおそれがある、という主張が多年のあいだおこなわれている。それは「野心を破壊し、成功を罰し、新しい職をつくり出すところの投資の意欲をくじき、リスクを敢えておかす企業家の国を腰抜け者の国に変えてしまうであろう。(2)」「それは人びとの労働意欲を破壊する。……人びとが貯蓄するのを、不可能とまではいかなくとも、次第に困難にする。……アメリカを作りあげた企業的精神を殺すような効果をもつ。(3)」

しかしこの主張が完全につじつまがあっているとはいいがたい。金銭的な刺激が不十分だから最善の努力を尽さないのだと自認する実業家は多くあるまい。典型的な重役は同僚を抜いて高い地位に昇進するのだが、もし彼が自分の税引後の所得の少ないことに憤慨して怠けているというような疑いをもたれたとすれば、昇進のチャンスを危くすることになるだろう。彼は自分の会社に最善をつくすものと期待されているのであり、また普通は期待どおりに働いているのだ。

貯蓄を奨励するために個人に大きな所得を与えるという主張にも非論理的な点がある。金持が貯蓄するのは、彼がすべての欲望を充たしても余分があるからだ。換言すれば、こうした貯蓄は奢侈的消費をしたあとの残りである。資本形成を促進する方法として、これが殊に有効だといえないことは明らかである。のみならず、資本形成に対する平等主義の効果は、経験的にみてどちらともいえない。イギリスが不幸な実例だとしばしば指摘されるが、イギリスよりもいっそう平等主義的なノルウェーの資本形成率と経済成長率は、第二次大戦後、非共産主義世界の最高の一つである。(4) また、所得分配がきわめて不平等なラテンアメリカ諸国で資本形成率が特に高いとは決していえない。

不平等に対する自由主義者の正式の態度は長年にわたってほとんど変っていない。金持からまきあげる政策を主張するのはやや荒っぽいという金持の見解を、自由主義者は部分的には認めている。しかし大体において、金持は貧乏人に対して当然の敵対関係にある。経済立法、ことに租税政策は、昔も今もこの両者の利害の争い——それがどんなに不平等なものであっても——のまとである。経済政策の問題のうちで、ある措置が所得分配にどういう効果を及ぼすかという問題ほど重要なものはない。人がよい自由主義者であるかどうかは、決してごまかされないことと、金持に有利な問題に対しては決して譲歩しないことが試金石になっている。ほかの諸問題が彼の活動的な注意をさらうことがあっても、このことだけはいつもかわらないのだ。彼がどんなことをしてもそれだけでは不十分だろうと暗示するマルクス主義の皮肉なささやきが、常に彼の背後で挑戦している。彼がどんなに努力しても、金持はますます富み、いっそう強力になるであろう。金持は部分的には負けても、大局的には勝利を収めるのだ。

二

けれども、経済問題としての不平等に対する関心が減退したことは、近代の社会史においてかなり明瞭な傾向である。このことはとくにアメリカにおいていちじるしい。また、西欧諸国のなかで、イギリスについては決してそうはいえないように思われる。不平等は、保守主義者および自由主義者の通念の中で儀礼的には大きな役割をもち続けてはいるが、人びとの最大の関心事ではなくなった。そして通念さえもこの新事態にいくつかの譲歩をするようになった。

不平等に対する関心が低くなったという事実については、すでに長年のあいだ現存の所得分配を変更しようとする真面目な努力は何らなされなかったということを見れば十分であろう。(5) これほど保守主義者を怒らせることはないので、アメリカの自由主義者は言葉遣いの上では如才なく沈黙を守ることが多いが、累進所得税は所得再分配のための主な公共政策となっている。しかし、第二次大戦以降の所得税は、所得再分配の手段としては、かなり逆進化した。

不平等に対する関心が薄らいだのは平等の勝利によるものだとはいえない。保守主義の通念ではいつもそういわれており、また実業家の不平からそう推察されることもできようが、不平等は依然として大きく、そしてますます大きくなっている。一九七〇年には、所得が最低であるアメリカの全所帯(独立の個人を含む)のうちの十分の一の所帯の税引前の所得は国全体の所得のほぼ二パーセントであった。所得が最高であるアメリカの全所帯のうちの十分の一の所帯の所得は全所得の二七パーセントであった。つまりかれらの所得は最低所得者の所得の平均十四倍だったことになる。全所帯のうち所得の低い方の半分がえた所得は、税引前で全所得の二三パーセントに過ぎず、所得の高い方の半分の所帯の所得は七七パーセントであった。一九七二年には、たった七パーセントの所帯しか二万五千ドル以上の税引前所得をえていないが、かれらの所得は全所得の二一パーセントに当る。これとは逆に、税引前所得五千ドル以下の所帯は一七パーセントあるが、かれらの所得は全所得の四パーセントに過ぎない(6)。それ以後の年代には、高額所得者の分け前は大きく増加した。現在の法律はまた、勤労所得者よりも資産家に対していちじるしく有利である。金持ば、少しばかり才がありさえすれば、資本利得の形で所得をえて、税負担をなにがしかおさえることができる。そればかりではなく、勤労所得者は、老年や家族のことを考慮して、または単なる満足感から、資本的なかけ金を積まなければいられないような不安があるが、金持はそれをはじめから持っているのでそうした必要がない。したがって彼は貯蓄する必要がない。それにもかかわらず、こうしたことはもちろんのこと、そのほか連邦所得税における数多くのいっそうひどいぬけあなも、単に言葉じりだけに終らずに行動を起こすほどの関心をよび起こしてはいない。

三

不平等があまり問題にされなくなった第一の理由は、不平等が継続し増大してはいても、それが予期に反して、過激な反応をもたらすほどにはひどくはならなかったことであるといってよい。かくして、マルクス主義の予言は、二十世紀のはじめ頃は全く事実と符合するようにみえたが、もはやその頃ほどの深刻な危惧をよび起こさなくなった。不平等について警告する声もないので、昔の社会改革者たちが考えたよりもはるかにたやすく不平等が容認されている。昔から広く一般に考えられているところでは、人間の行動を支配する動機の中で重要な役割を果たしているものに競争心があり、またこの競争に失敗した場合には羨望がある。(7) 他人が自分よりたくさん持っている限り、人は自分の運命に不満を感ずるものである。彼はその恵まれた人と同等になろうとして努力する。そしてそれに失敗すればひどく不満である。しかしこのような凡俗な性質は、普通に考えられているほどには一般的でない。羨望感が強くはたらくのはごく近い人に対してだけであろう。それは見ず知らずの金持に対してははたらかない。したがって、ある人の実質所得が向上しているときには、自分の知らないニューヨークやテキサスの人が極度に富んでいるという事実はそれほど重要なことではないであろう。そこで、アメリカの金持は社会的な機能をもっているのであり、しかも必要以上にいじめられている人びとだという通念の主張は、受け入れやすくもなり、また少なくとも受け入れるのが便利ともなる。のみならず、前に述べたように、金持の富をとやかくいい、それを減らすべきだと主張することは、悪趣味とみられるようになった。自分の所得が増加しつつある人は、こうした汚名を受けるようなことをしても何も得にならない。彼は何を好んで街頭演説家とか、不平分子とか、煽動家とか、共産主義者とか、その他の好ましからぬ人物とかいわれるようなことをするだろうか。

四

不平等に対する関心が低下したもう一つの理由は、金持の政治的・社会的地位が最近になってひどく変ったことである。一般的にいって、富からえられる利益は三つある。第一は、富が個人に与える力の満悦感である。第二は、かねで買える物を物理的に所有することの満悦感である。第三は、富のために金持は尊敬され、または普通の人とちがったものにみられることである。富が与えるこれらの報酬は最近七十五年間にかなり限定され、金持を羨んだり憤慨したりすることも少なくなり、金持がいるということさえ目立たなくなった。

一九二〇年代には、アメリカでは大会社の力は最高であり、そうした大会社はまたその長である個人の化身であった。モルガンとか、ロックフェラーの重役とか、ヒルとか、ハリマンとか、ハーストとかいうような人物は、本当に強大な力をもっていて、忠誠を誓う他の無数の人びとを従えて、その行動を指図することができた。

過去七十五年の間に合衆国政府の権力と威信が増大した。かくして権力が分かたれることになったという点からいっても、私的な富に由来する権勢が小さくなった。しかもそのことはある程度連邦政府へ権能を譲り渡したことにもなる。のみならず、労働組合が別の面から企業家の力に侵入してきたのである。しかし最も重要なのは、専門的な経営者が事業の経営権を資本家から奪ったことである。七十五年前には、モルガン、ロックフェラー、ヒル、ハリマンなどの人たちは、その所有する会社を議論の余地なく支配していた。あるいは支配するのが当然の権利であった。しかしかれらの息子や孫は、富をもっている点では昔と同じだが、会社の経営権はほとんど専門家に移ってしまっている。(8)

金持が単に金持であるばかりでなく、会社の指導権をもっていた頃は、富は現在以上の役得をもっていたわけである。まさにそのために、富は反感を買ったのである。J・P・モルガンは自分の私的な富に責任があったばかりでなく、彼が合併し、また結局は彼が支配権を握ったU・S・スティール会社の行動にも責任をもっていた。会社の力をバックにした人として、彼は誰の目にも明らかな存在であった。今日ではこの会社の罪がかれらに帰せられることはない。なぜなら、かれらが会社を経営しているわけではなく、またかれらが誰だか知られていないからである。会社を経営することに伴う権力が失われたので、反感もなくなったのである。

そのむかし富とともにあった権力は、今ではもっと直接的な人間関係の上でもそこなわれている。一一九四年に十字軍の騎士シャンパーニュのアンリーは、ノサイリ山のごつごつした峰のアルカフというところにある回教徒の城を訪れた。この回教徒は狂信的な連中であったが、キリスト教徒と概して仲がよかった。というのもかれらが、キリスト教徒間に喧嘩があったとき、その一人を予めの申し合わせで殺してしまうというやり方で、キリスト教徒の紛争解決に役立つことが多かったからである。アンリーははなやかなもてなしを受けたが、とくに印象的なもてなしは、一団の忠誠な家来が出て来て、首領の一声でつぎつぎと手ぎわよく自殺してしまうというものであった。取巻き連中がよろこんで服従するのは支配者にとっていつも満足なことであるが、富こそそうした服従を確保する最もすぐれた手段であった。しかし、アルカフの場合にもそうであったかもしれないが、それは必ずしも家来が主人を慕っているということにはならない。

とにかく、非常に従順な、あるいは卑屈な人びとがたくさんいるのでなければ、主人に対するこのような奉仕はありえない。こうした人びとが少なくなると、富を失ったのと同様に、富の力はなくなってしまう。アメリカの下層階級の所得が上り、その生活の安定度が高まったので、卑屈な人びとは少なくなり、あるいは多くの卑屈なサービスはなくなったのである。そしてその反面に、もはや金持のために働くことをやめた人たち(または以前には金持のために働いていた人や、金持のために働かざるをえないのではないかと危惧する人)は、そのような従属の結果である恨みを感じなくなるのである。

五

富があれば物の所有を享受できるという特権は、ほとんどそこなわれていないようである。レンブラントの絵を買ったり、蘭の花園をもったりするほどの金持は、相変らずそういうことをしようと思えばできる。しかし物質的な享楽は、それがもたらす差別性という富の第三の特権と常に結びついている。大部分の人びとが貧しかった時代には、この差別は非常に大きかった。金持は稀な例外なので差別性が目立ったのは当然である。イギリスで貴族の家族が一様にすぐれているわけではないことは一般に認められている。利口な人もいれば馬鹿な人もおり、趣味のいい人もいれば悪い人もおり、道徳的な人もいれば不道徳な人もおり、同性愛や近親姦通もある。しかし公爵とか公爵夫人は非常に数が少ない。(もっとも、最近は離婚法が緩和されたので、公爵夫人は若干多い。)したがって、かれらは本質的には普通の人と違っているわけではないけれども、残り少ない者としてある程度の畏敬の念をもってみられるのである。金持についてもこれと同様のことがいえた。公爵の数が多ければ、その地位はとりかえしがつかないまでに低下するであろう。金持の数が増えるにつれて、金持であることの価値が低下したのは当然である。

さらに、富はそれ自体で名誉を生み出すようなものでは決してない。富を名誉とするためには宣伝が必要であり、ぜいたく品がその宣伝の普通の手段である。十九世紀後半のアメリカではこの宣伝が巧みにおこなわれた。邸宅、馬車道具、女性の飾り、娯楽などが宣伝の用に供された。高価であることが強調された。「グールド氏の『五十万ドルのヨット』がある港に入ったとか、モルガン氏が『十万ドルの特別車』で旅行に出たとか、ヴァンダービルト氏の『二百万ドルの邸宅』の完成が間近かで、そこには『五万ドルの絵画』と『二万ドルの青銅のドア』があるとか、そういうような話をきかされる。(9)」人邸宅、大きなヨット、大舞踏会、厩舎、宝石をちりばめた胸などが、富の光栄は我にありといわんばかりに用いられたのである。

こうした見せびらかしは今や過去のものとなった。それには偶然の原因があった。アメリカの金持は昔から財産の没収を不思議に恐がる傾向があった。ごく温和な改良主義的な措置でさえも保守的通念からすると革命の前ぶれとみられるような傾向に関連した恐怖である。三〇年代の不況ととくにニュー・ディールはアメリカの金持に深刻な恐怖を与えた。その結果、個人的支出をひどく慎む時代が来た。とくに住宅、ヨット、女性などに対する純然たる虚飾的な支出は、大衆を暴力に駆りたてるものと信じられ、いっそう慎重な人からは愚かでたしなみのないものとして斥けられた。有用な市民、勤勉な政治家、さらには凡人のようなふりをしている方がずっと賢明だとされた。(10)

しかしもっと深い原因も働いていた。最近二十五年間に、富を示すための高価品のみせびらかしは次第に俗悪だとされるようになった。俗悪とは、文字どおり「普通の人びと、または普通の集団や群衆に関する」という意味である。この言葉が事態を説明している。非常に多くの人びとがぜいたくな支出をすることができるようになったので、ぜいたくは差別性を表わすものとしては有効でなくなったのである。長々とした、装いをこらした、馬力の強い自動車が何千台も大量生産される時代には、こうした自動車は富の象徴にはならない。マイアミ・ビーチに無数のホテルができ、その部屋の料金が別荘の一日の維持費に匹敵するようになると、パーム・ビーチの別荘もさほど目立たない。昔は、ダイヤモンドを派手にかざっていれば、特権階級の一員であることがわかり、身体は肥っていやらしくても、人目を惹いたものであるが、今ではテレビ・スターや腕ききの売春婦も同じダイヤモンドをつけることができるのだ。近代のマスコミ、とくに映画とテレビのおかげで、大衆は、金持の娘ならぬ炭坑夫や旅商人の娘がきらびやかな装いをこらしているのをみることができる。かれらは、自分の才能によって、あるいはそれらしきものによって、うまく山をあてたのである。南米や、中東や、またある程度はインドにおいて、またそうしたところからニースや、カンヌや、ドーヴィルなどにやってくる旅行者たちのあいだで、金持の虚飾が相変らずおこなわれている。これは誰しもそう思っているとおりである。これらの国では、大衆は概してまだ貧しく、富を宣伝する物を買う余裕がない。したがって虚飾は相変らず目的を達している。少数の人しか虚飾に近づけないので、虚飾はまだ俗悪化していないのである。

アメリカの金持は、人目を惹こうという場合に、金持なりの有利さが全然ないわけではない。富が文化的・技術的な研究や有益な趣味に供せられれば、注目の的となることに変りはない。裕福なアメリカ人は、すばらしく手のこんだ所有地をもっているということでは尊敬されなくても、すばらしい農場を経営しているというのであれば尊敬をかちうることができよう。富は公的な地位を得るのに役には立つが、露骨にそれにたよる人はくだらない奴だと思われる。政府の重要ポストに選挙されるロックフェラーとかケネディという類の人は、オルドリッチやアネンバーグというような人よりもずっと威信をもっている。この後者のような人が大使級のポストに任命されることは、彼らの功績からみて当然のような場合であっても、かなりの選挙資金を寄付するのでなければ容易でないかもしれない。要するに、虚飾的な支出や凝った支出は、そのもとになる富との関連で、昔は確実に人目を惹いたものだが、今はそうではなくなった。不平等に対する態度にこれがどう影響するかは明らかである。虚飾的な支出によって貧乏人の注目が金持の富に集中されたが、これはまさに虚飾が目ざすところであった。虚飾が少なくなり、あるいは虚飾が俗悪化するにつれて、富と不平等は誇大に宣伝されるようなことがなくなった。宣伝が少なくなれば、注目されることも少なくなり、恨みを買うことも少なくなる。昔は金持が不平等を問題化させるようなことをしたけれども、今ではかれらはそうした立場にないのだ。

今では金持でも尊敬をかちうるために競争しなければならないという事実からも、同じような結果が生まれている。昔は、知識人や政治家や野心家は、自分たちが大変な努力をしているのにくらべて、金持が労せずして顕職につくのをみてきた。かれらはこれに対して社会全体の恨みを結集するというような態度を示したものだ。今では金持も名誉のために競争しなければならない。この競争で金持の方が有利なことは間違いないが、金持だからといって自然に競争に勝てるわけではない。さもなければ、金持でない有能な人はあとを断って、不平等を攻撃することを売物にするようになってしまったであろう。野心のある人は、専門的経営者の仲間に入り、近代法人のヒエラルキーの中を昇進して、会社の創立者の孫と結構同じような条件で競争することができるのだ。

金持が現代の社会では何ら特別の有利さももっていないというのはたいして根拠がないことである。かくいうことは、かつての通念の一時的な奇論であったのであり、またそういう人は社会の預言者として、一時は人をはっとさせても、一時の評判をとるだけである。それはある程度の罪悪感をやわらげることにはなる。しかし、現代の社会では、個人的な富のいかんにかかわらず、生産活動を管理している人が威信と権力をもっていることは明らかなようである。会社の高級役員は必ず重要人物であるが、金持は必ずしも重要人物とはかぎらないし、また多くの場合重要人物とはいえないのである。金持が表向きだけは人目につきやすい公職に就いて成功する必要を感じていることは、はなはだ示唆的である。

六

前に述べたように、リカード的な世界では、進歩のためには利潤が必要であり、また進歩の果実は地主に帰するものとされた。経済の進歩――生産の拡大――は一般の人びとの助けにはならないものであった。凡人にとって唯一の希望は、リカードやその後継者からかなり破壊的とみられた改革か、さもなければ制度の革命でしかなかった。多くの国においては、経済の進歩は一般の人びとに向上の希望を依然与えていない。アンデスの農場では、耕作農民にとっては生産の増加はほとんどどうでもよいことである。彼の分け前は少ない。生産が増えても、その大部分が他人にとられてしまうのであれば、生産の増加は重要ではない。その都度規則が変更されて、地主や商人や金貸しに最低限以下の余剰生産物が吸いとられてしまうこともあるので、事態はもっと悪いこともあろう。これはいまだにリカード的世界であって、そこでの改善の希望は、ちがった社会構造に基づく所得分配の変更にほかならない。同じ理由によって、生産に対する一般人の分け前が増加するのでなければ、生産増加の刺激――例えば耕作方法の改善――は僅少である。多くの後進国の人びとは、先進経済国のおそらく進歩した指導者から、社会を混乱させるような革命的なニュアンスをもった社会改革についてはもっと辛抱して、生産の増加に専念すべきである、という説をしばしば聞かされるのであるが、これは全く不当な助言であろう。改革は生産の増加をまって初めておこなわれうるものではなく、生産増加の前提条件であるかもしれないのだ。

これと対照的に、先進諸国では生産の増加は再分配の代替物である。それは不平等に伴う緊張をほぐす偉大な解決策だったのだ。不平等が続いても、不平等を改める際に生ずるであろううるさい矛盾を避けることができる。生産増加に専念する方がはるかにましである。金持も貧乏人もその利益にあずかるので、双方とも合意できる方策である。

再分配の結果、損をするような立場にある人びとにとって、生産増大論が天啓に近いものとして歓迎されたとしても、それは無理からぬことであろう。アメリカでは、実業家と経済学者との関係は長年の間いらだたしいものであった。経済学者は、低関税、所得税、独占禁止法、さらには労働組合に好意的な態度を示してきたので、実業家にとっては、せいぜいよくいってもつき合いにくい友達であった。しかし生産の増加が平等化に代るものとして現われるに及んで、これが両者の和解の基礎となった。「長期的には、所得の再分配をどんな方法でおこなうにしても、むしろ高い成長率の方が貧乏人にとってさえも有利であるということは、純経済的にはきわめて明瞭である。(11)」

こうした議論は、いまもっていくらか疑惑の念をよびおこしている。富に恵まれた人は、過去何世紀もの間、その富を正当化するためにいろいろ手の込んだ尤もらしい議論を展開してきた。こうした議論に対して自由主義者は本能的にきびしい態度をとってきた。しかし、最近の何十年かの間に大衆の物質的な生活が非常に向上したのは、所得の再分配ではなくて生産の増加によるものであって、先進国に関するかぎりこの事実は何とも否定しようのないことである。そこで自由主義者も、半信半疑ながらも、この事実を受け入れるようになってきた。その結果、経済の拡大という目標がアメリカの左翼の通念の中に深く織り込まれることになった。しかも拡大する経済はひろく福祉的な効果をもつという主張がおこなわれている。一般の人びとの生活がかなり向上するばかりでなく、すべての人にとって貧乏がなくなるというのである。この後者の命題は真でない。総生産が増加しても、所得階層別の最低の部類に属するごく少数の人びとについては貧困が永続する。これが声なき少数者の宿命なので、このことはほとんど気づかれない。[12] しかも自由主義者は、貧乏人が圧倒的多数の声として発言するよう期待することに慣れきっている。この点は後にまたふれる必要があろう。

ここで注意すべきことは、経済的・社会的な問題として不平等はそれほど重要な問題ではなくなってきたこと、そしてそれが通念にも反映しているということである。不平等に対する関心が薄らいだことにはさまざまな原因があるが、すべての原因が生産の増加という事実に何らか関係がある。不平等に伴う強い緊張は生産によってとり除かれたのである。そして、生産の増加が、再分配、さらには不平等の縮小の代案であるということが、保守主義者にも自由主義者にも同様に明らかになってきた。かくしてこの最も古く最もうるさい社会問題は、解決されたとはいいきれないまでも、少なくとも一段落したのであり、また論者は生産性の向上という目標に注意を集中するように変ってきたのである。この変化は非常な重要性をもっている。最近、生産に対する関心が高まってきたということ自体が注目すべき事実であるが、かつては再分配を云々した人びとによって占められた分野がそのためにふさがることとなったのである。

(1) R. H. Tawney, *Equality*, 4th ed., rev. (London : Allen & Unwin, 1952), p. 85.

(2) 一九五四年十二月一日に全国工業者連盟でおこなわれたフレッド・メイタグ二世の「租税とアメリカの将来」と題する講演。

(3) 一九五六年十二月六日に全国工業者連盟でおこなわれたアーネスト・L・スワイガートの「租税と経済成長との関係」と題する講演。

(4) Alice Bourneuf, *Norway : The Planned Revival* (Cambridge, Mass. : Harvard University Press, 1958).

(5) ジョンソン政権のいわゆる「貧困に対する戦い」は示唆的である。すなわち、所得再分配は極貧者に限られるべきであって、貧しい人びとの所得の向上は、より多くかれらの生産性の向上に期待すべきだという考えであった。この政策のこうした側面がどんな政治的見解からも支持されたことからみて、この政策がきわめて穏和なものであったということがわかる。

(6) 米国商務省 *Statistical Abstract of the United States.* 一九七〇年の数字は一九七二年版の三二四ページからとった。一九七二年の数字は一九七四年版の三八二ページからとった。

(7) 第十一章を見よ。

(8) もっと正確にいえば、私が別のところでテクノストラクチュアと呼んでいるところの、技術的・企画的手腕をもった人びとの総体、というべきであろう。*The New Industrial State*, 2nd ed., rev.(Boston : Houghton Mifflin, 1971)第六章、第七章および *Economics and the Public Purpose*(Boston : Houghton Mifflin, 1973)参照。

(9) Matthew Josephson, *The Robber Barons*(New York : Harcourt, Brace, 1934), p. 330. ジョゼフソンは、一八八五年にW. A. Croffut が書いたコモドア・ヴァンダービルトの伝記を説明している。

(10) C. Wright Mills, *The Power Elite*(New York : Oxford University Press, 1956), p. 117 参照。不況期にこうした自衛的な見せかけをする努力がおこなわれ、技師や経営者を前面に押し出して、そのかげにかくれて金持が安楽に生き延びることができたのだ、とミルズ氏は暗示している。こうした変化の中にミルズ氏は作為的なものを読み取りすぎたのではないかと私は思う。もっともミルズ氏はそうした性質の人なのだが。

(11) 一九五七年一月十五日、U・S・スティール会社取締役会会長ロージャー・M・ブロウの「増やして分けることを学ぶこと」と題する講演。イェール大学のヘンリー・C・ウォリッチ教授(のちに連邦準備制度理事会に入った)を引用している。

(12) もっとも、これが人種問題に関連するとすれば、その度合に応じて、本文で述べた少数者は、もっと勇ましい少数者であるといわねばなるまい。本書の初版が刊行され、またその後にマイケル・ハリントン、ロバート・ランプマン、チャールズ・C・キリングズワース、および Office of Economic Opportunity 関係者の労作が出て、論議がおこなわれた結果、この種の貧困を一九五八年当時よりはもっとあらわなものにすることができたのだと思う。しかしながら、一九七〇年代において貧困は憂慮されるべき問題としては明らかに後退したのであって、これはあまりたのもしいことではない。

第八章　経済的保障

一

経済生活に関係する問題の中で経済的保障(economic security)の問題ほどひどく誤解されてきたものは少ない。そしてこの誤解は今日でもかなり残っている。

競争的社会の模型においては、経済的保障がないこと(insecurity)が本質的なこととされた。個々の生産者や労働者はいつ破滅するかもしれなかった。それは怠惰や無能のために顧客や職を失う結果でもある。しかし、消費者の嗜好が突然変ったために、最も有能な人でも損することがありうる。あるいはまた、自分の無能のせいではなく、雇主の無能のせいで、そうなることもある。こうした予想しえない変化が自分の運命に見舞うのは、避けられないことであり、また有益なことでもある。避けられないというのは、それが変化に対する制度の適応能力の一部であるからである。人びとの要求や希望が変れば、新しい分野で雇用が生じ、古い分野で雇用が減る。新しい産業では資本が必要となり、古い産業の資本は損失として帳消しにされる。経済的保障の欠如が有益であるというのは、そのために実業家も、労働者も、自営業者も、最も能率的な最善のサービスをしようと努めざるをえないからである。そうしなければ、ひどい目に合ってしまう。

しかし、経済的保障の欠如は原則的には重要なものと思われるが、それが尊重されるのは第三者によってであるか、または抽象的にであるか、ほとんどそのいずれかに限られている。つまりそれは、他人または人びと一般の努力をふるい起こすのに必要と考えられているのであって、本人にとって重要なのではない。競争や価格の自由な変動は企業にとっての不確実性の最大の原因であるが、それらに対する制限を遺憾に思うのは主として無期限にその地位を保障された大学教授である。かれらの身分保障は、有益で辛抱強い思想を生むのに欠くべからざるものとされている。また、労働者が失業保険や老齢年金に熱心であることは、企業経営者から怠惰で堕落したことだとみられているが、そうした経営者自身は、勝手に首をきられたり、十分な年金制度もない会社には関心がない人たちである。さらに、農民は自由価格制度を尊重しないといって企業家はたえず非難するけれども、そうした企業家の製品の価格は何年ものあいだ下落したことはない、といった具合である。

保守主義者の通念においては、最近になって経済的保障に対する要求が出てきたことは経済の進歩に対する最大の脅威であるとされている。こうした危惧がいちばん強かった時期は、経済の非常な拡大とならんで社会保障も非常に進歩したときであった。古い自由主義者にとっては、広く大衆にアピールする新しい社会保障制度をみつければ、社会の進歩のためにも、また政治的な成功のためにも、最もよいことだという期待がある。アメリカの政治家は新しい着想がないといってよく歎くが、そういう場合にかれらがほとんどいつも言及するのは政治的に魅力のある新しい社会保障制度の欠如である。これは保守主義者にとっては迷惑なことである。かれらも、経済的不幸から個人を守るための新しい構想が身近かに数限りなく待ちかまえていると思っている。ところが、何年もの間、本当に新しい提案はほとんどなされていないのである。

二

こうした混乱をとくためには、主流派の考えた経済社会にはリスクが内在しているが、ほとんど誰しもそれに平然としていたわけではない、ということを認識することが必要である。そして不安(insecurity)にさらされている人はすべて、その影響を受けると、おそかれ早かれ、それを取り除こうとした。その努力は概して成功した。その方法はさまざまであった。その結果、ある方法を用いる人は、それを必要な予防策だと考えながら、他人が考えた措置は間違っているといって歎く、という有様であった。そして、不安は、現実の世界ではなくなったけれども、通念の思想的な土台にはほとんどそのまま残っていて、そこでほとんど不可欠ともいえるような役割を果たしている。このことは、以上に述べたところからして、とくにおどろくには当るまい。

経済的な不安を取り除くことに最初に着手したのは企業がその運営に関してであった。前に述べたように、競争と競争的市場価格の自由な予想し難い運動とが不安の最大の原因となっている。近代資本主義社会のそもそものはじめから、実業家はこの不安の除去または緩和にとりかかった。独占、すなわち一社による供給と価格とに対する完全な支配が最終的な保障であった。しかしそこまで行く間に、適当な中間的な場所もたくさんあった。カルテル、すなわち生産や価格に関する協定、法律による価格設定、新企業の参入を制限すること、関税や割当制による保護、その他の多くの措置は、すべて競争的経済に内在する不安を緩和する効果をもつものであった。近代産業において特徴的な寡占の場合に、企業の相互依存関係が認識され尊重されて、どの企業もすべての企業にとっての不確実性を高めるような価格政策を決してとらないように努めていることは、とくに重要なことである。

こうした努力は以前から広く注目されていたが、これらの措置が不確実性の最大原因である価格を直接・間接目あてとする傾向があったために、経済学者は価格操作をとくに重要なものと考えるに至った。そして経済学者は多くの場合、価格操作はリスクの軽減よりも利潤の極大化にかかわるものだと考えた。大衆の犠牲において暴利をむさぼる独占は経済学者をおびやかす妖怪であった。こうした思想が支配的であって、競争的経済の浮き沈みから自己を防衛することを考える実業家といったような影のうすい人物は、経済学者の念頭から忘れられがちであった。これは不幸なことである。なぜなら、近代企業の発展はリスクを軽減しようとする包括的な努力としてのみ理解しうるからだ。それ以外に理解のしようがないといっても過言ではないであろう。

とくに近代の大企業は、昔の企業がさらされていた主なリスクの多くを軽減または除去することができる。消費者の好みや需要は変るかもしれないが、近代の大企業は宣伝によってこれに抵抗する。消費者の好みはそれによって少なくとも部分的には支配される。企業が大規模なので、生産部門を多様化することが可能になり、これが次の防衛策になる。技術的変化のために製品や生産方法が陳腐化される危険があるが、近代企業は、その研究や技術のための資力が豊富なので、そうした変化について行ける。したがって技術的変化は自分が起こすものであるか、またはそうでなくても手のとどく範囲で起こるものとなる。価格を支配することができれば、収益を支配することもできる。そのため資本市場からある程度独立した資金をもつことができる。さらに、規模が大きいために、資金調達の面でいろいろの可能性ができてくる。大きな組織にあっては、最高幹部の人選に伴うリスクが軽減される。組織が個人的な権威にとって代る。一個人が会社に大きな損害を与えうるほどの強い権限はもてない。さもなければ、株式市場は大会社の重役の退職、死亡、更迭をいつも注意していなければならないだろう。実際にそうした細かいことまで注意していな

いのは、組織が個人から独立しているという暗黙の認識があるからである。(1)

近代法人の発展によってリスクが大幅に減ってきたという事実は十分に評価されていない。このことは、労働者や農民やその他の市民とはちがって、法人は公然と政府の援助を求めなくてもその不安を軽減することができるという事情にもよる。そのためには手の込んだ組織が必要であるが、企業家的企業が発生して以来、そうした組織はひき続いて進化してできたものである。これに対して、農民や労働者やその他の市民は公然と政府の援助を求めるか、それとも(労働組合の場合のように)不安を軽減するための特別の組織をもつかしなければならなかった。したがって彼らがより大きな保障を求めるやり方は悪名高いほどであった。それに対して法人の役員は、保障とは労働者や農民だけが熱中することだとたかをくくっていることができる。それは、保障の欠如に対する対抗策を最初にとったのが彼らの会社であったからにほかならない。

近代法人が不安を最小限にくい止めようとする努力をかくすのに、神話が一役買っている。最大の法人企業の重役でさえも、その生活が危険であるという確信をもち続けている。アメリカの大会社で、その産業の中でも大きな企業が、失敗したり破産の危険を生じたようなことは長年にわたってなかった。こうした危険があると、政府が助けに出た。会社の重役の地位もかなり安定している。重役の報酬についても同じである。こうしたことは競争的モデルの企業家の立場が不安定であるのとは似ても似つかない。会社経営の個々の決のとはちがって、間違った決定が致命的なものになることはごく稀である。

　近代法人にはリスクが多いというのは、実際には近代法人経営者の無害なひとりよがりであって、かれらがこのことを強く主張しているのはそのせいである。かれらは用心深い生活をしているので、経済の文献に出てくる大胆な企業家と自分が同じだというような気になってしまう。トレーラーに乗ってガソリンの供給に気をくばる機械化部隊の隊長が昔の騎兵隊の隊長のようなつもりでいるのと同じような理由によるものだ。昔の企業家がさらされていたと想定される不安を少なくし取り除くことは、ジェネラル・エレクトリックやジェネラル・モーターズなどの大会社にとってはいちばん重要なことである。これらの大会社の重役にとって、市場調査もしないで新製品を作ったり、技術的発展の不意打ちを喰らったり、原料の供給が不安定であったり、ばかげた価格競争にひきずりこまれたりすることほど、自分の名声を傷つけることはない。こうしたことは昔は企業家にとってありふれたリスクであったのだ。

　しかし大企業はリスクの軽減について率先的な立場にあったというだけのことである。それ以外のほとんどすべての人も、できる限りリスクの軽減に加わっていて、一九三〇年代には一般の人びとの経済的な危険を緩和するためのとくに広い努力がおこなわれた。個人を経済的不幸から保護するために、連邦政府ははじめて救済・福祉資金をもって介入した。それに続いて失業保険、老齢年金、遺族年金などの社会保障制度ができた。農民は、競争的市場価格に関連した不安から、政府支払や支持価格によって部分的に保護された。この三〇年代には労働組合が急速に発展した。組合は交渉力をととのえるとともに、勝手なまたは偶然の首切りや格下げから労働者を守り、労働者の職の安定度を高めた。年金、健康保険、補足的な失業手当が労働者の保護をさらに増大した。小企業家さえも、ロビンソン＝パトマン法や、公正取引法や、ダンピング防止法や、同業者組合によって、誰しも嫌う競争の不確実性からある程度守られることになった。

以上に述べたいろいろの措置はミクロ経済的なものであった。それらは、個人や企業や集団をそのさらされている特別な不利から守ることになった。しかし保障の欠如を有効に緩和するためには、もっとずっと一般的な別の努力を並行的にする必要があった。健全な優先制度によって労働者が勝手な首切りから守られているとしても、もし彼が作る製品に対する需要の不足のために全く無差別的な首切りを受けるとすれば、その労働者の地位は決して理想的なものではない。しかも需要の一般的不足のために新しい別の職を求めることができない場合にはなおさらそうである。失業手当はないよりはましだが、職があればこれにこしたことはない。差別価格――すなわち、大企業がその規模を利用して小さな競争者にはできないような差別的な価格をおしつけること――を法律で有効に防いだとしても、小さな小売商の競争的な地位は不況の場合にはよくない。競争の条件がどうあろうとも、すべての商品に対する需要が盛んである方がずっとよい。農産物の価格支持は、価格が急落した場合には便利な保護措置であるが、農産物に対する需要が盛んで支持価格以上の価格が保たれた方が、合理的な農民ならば誰にでも好かれるであろう。

三〇年代におけるように、保障を高めるためのミクロ経済的な措置に大きな関心が寄せられたときに、同じ目的のためにずっと効果の大きいマクロ経済的な努力がなされなかったとすれば不思議であろう。これらの二つの努力は高度に補完的である。事実、マクロ経済的な措置による不安の減少は当時の経済政策の中心であった。景気循環を緩和ないし除去し、完全雇用にほぼ近い水準に経済を安定させる努力が、公共政策の主要な目標となった。当時、そしてそれ以後、経済の安定はそれ自体が目的であると考えられたが、それが経済生活に内在する保障の欠如からのがれるための広い努力の一環にすぎなかったことは、今や明らかであろう。三〇年代においてマクロ経済的な保障に対する考え方はいちじるしく変った。三〇年代のはじめには、価格と雇用の不確実性を伴う景気変動は避けられないものだと誰しも考えていた。その変動が烈しくなければよいと多くの人は考えた。けれども、景気の自然回復的な面をなくしたり、事態を悪化させたりするようなリスクをおかすことなしに、政府の政策によって不況を緩和しうる、という自信は一般的にはなかったのである。三〇年代の終りになると、ジョン・メイナード・ケインズの影響と、ニュー・ディールが生み出した明るい実験的な気分の影響とによって、不況は少なくとも部分的には防ぎうるものだという信念が拡がった。不況を放任すべしという考えはほとんどなくなったのである。

三

一九三〇年代は注目すべき時代であった。その頃おこなわれた保障を高めるための変化は、今になっても考えてみる価値がある。これらの変化は数多く、大きな効果があった。これらの変化はほんの数年間に集中しておこなわれた。(三〇年代というのは便利だが、経済的保障を高めるための努力の大部分は一九三三年から三八年に至る五年間におこなわれたのである。)保守主義者も自由主義者も、これらの措置と、それが大衆の賛同をえたこととを眼のあたりに見て、経済的動機に今までにない新しいものがつけ加わったと結論した。ひどく驚いたのは保守主義者である。かれらは、一方では保障の欠如は競争的社会につきもので、また必要不可欠と思われるということと、他方では保障を求めるこうした努力がなされているということとを何とか調和させようとして、苦労した。かれらが、大衆の騒々しい野心ではなく、平和と満足への憧れについて心配したのは、おそらくこれが史上最初のことであったろう。自由主義者は、保障を求めるこの要求の中に政治的な魔術をみてとったので、それを受けいれ、正当化した。かれらの結論は、近代の産業生活は高度の危険をはらんでいて、労働者はかれらが奉仕する社会機構がますます複雑化することによっていつ吹きとばされるかわからないような生活をしている、ということであった。こうした社会観をもっていたので、かれらは次のように論じた。初期の経済学者が考えた単純な経済社会におけるよりはずっと手の込んだ保護が今の労働者には必要である。昔の経済学者は進歩した産業資本主義のリスクを予見しえなかったのだ。経済がもっと進歩すれば、いっそう多くの保護が必要であろう、と。

今や、われわれは事態をもっと明らかに認識することができる。この変化のはげしい時代において普通の人びとは競争的制度の不安に対して平凡な反応を示していたにすぎなかった。その態度は近代の企業がとった態度に似ていた。つまり、以前と同じように、保障の欠如は他人にとってしか大切でないという態度を示したのである。

農民や労働者が保障に比較的関心がうすいのは当然であった。人は守るべき財産をもっているのでなければ、経済的運命の突然の変化から自分を守ろうとはしないであろう。経済社会に対してまず最初に賭けたのは実業家であった。その結果、その賭け金を守るための明示的・暗黙的な手段に関心をもったのも実業家が最初であった。リカードやマルサスの暗い世界においては、普通の人は近代的意味における社会保障に関心がもてる筈はなかった。賃金がやっと生存を維持するに足るほど低いものであれば、人は失業というういっそう大きな苦しみをそれほど気にかけないであろう。いずれにしても人生は重荷なのだ。毎日生存競争に追われている人は、長生きするとは思っていないので、老後のことは考えない。生存期待年齢が低い場合には、病気や死は特別な危険ではない。八十歳の人は生命保険に入らない。彼はいつ死んでもいいような心掛けを作ろうとする。インドの土地なき農村労働者にとっては、失業も不幸ではない。それは普通の運命なのだ。

生活が向上するにつれて、すべての人が、守るべき何物かをもっていることにおそかれ早かれ気づくようになる。企業の初期の発展段階においては、企業家は保障に対してそれほど関心がなかった。彼は維持すべき財産を少ししかもたなかったからである。後の段階になってから、企業家やその子孫たちは、株主に対する自分の責任を云々するようになった。ヘンリー・フォードやジェームズ・クーゼンスは、大衆のための最も安い自動車をただ一つの型で作ってみようという、誰も考えたことのない着想に賭けることができた。それは突飛な試みだった。しかし、かれらは失敗しても失うものは少なかった。フォードの孫の代ともなると、フォード自動車会社の現在の資産を祖父がしたのと同じように賭ける試みをしたとすれば、怠慢といわざるをえないであろう。リスクを最小限にとどめようとする近代法人の努力を非難することはできない。もしそうしないとすれば、責任を果たしていないことになろうし、また、確実にやれる筈のことについて冒険をおかすことになろう。

労働市場の動向についても同じことがいえる。労働者の実質賃金が上り、雇用がいっそう確実になるにつれて、失業と無収入とは対照的におそろしいものになる。所得が増えるにつれて、老後を考えることもできるようになる。労働者は長生きを考えるので、無収入の老後は以前とちがってひどくいやなものに思われてくる。また健康上の危険と事故の危険が少なくなるにつれて、人びとはそれらの危険を異常な災いと考えるようになる。市場の不確実性をわずらわしく思うのは、貧乏な農民ではなくて裕福な農民である。ケンタッキーやテネシーの山国では、不況は深刻な危険ではない。農民はもともと売る物をたくさんもっているわけではないし、財産の価値も小さい。したがってかれらは、物価の低落の影響を少ししか受けず、また財産価値の下落もそれほど苦にならない。裕福な地方では事態は異なる。三〇年代に抵当流れの裁判で裁判官をなわで脅したのはアイオワ州の富裕な農民であった。これらの農場から農村救済の要求がもち上ったのだ。アパラチア高原の農民とはちがって、これらの農民は失うべき物をもっていたのである。

保障に対する関心が最近つよくなったのは近代の経済生活の特殊な危険に対する反応であると通念では考えられているが、こうした考え方は完全に誤っていることになる。それはむしろ経済の向上の結果である。人びとの財産が少なかった時代が過ぎて、守るべき財産がたくさん増えた時代へと変ったことの結果なのだ。はじめの時代には不幸や災害は地方的で不可避的であった。のちの時代にはそれらは偶然的で避けうるものとなった。そしてそのように変ったのにつれて、合理的な人びとは、それらを防ぐ措置の効果を知り、またそれらを防ぐことができることを知ったのである。

経済的保障に対する関心が高まった原因は経済生活の向上ばかりではない。それぞれの国の国民性や政治情勢のちがいも考慮しなければならない。こうした事情を考慮することによって、なぜ総合的な社会保障制度がドイツ帝国に最初に現われたのか、また非共産圏ではスカンジナヴィアとイギリスで最もよくそれが発達したのかがわかるであろう。アメリカとカナダをとくにひどく襲った三〇年代の大不況のため、これらの国における経済的保障に対する関心はヨーロッパの工業国なみになったのである。

三〇年代の大不況は近代産業生活の不安の増大の証拠であり、産業革命以前にはこれと比較すべき危険はなかった、というようなことがよくいわれるが、こうした見解が表面的であることは今や明らかであろう。三〇年代の大不況がひどかったこととの一半の理由は、失うべき富と所得が多すぎたからである。危険がいちばんひどかったのは、一人当りの富が最も多いアメリカとカナダであった。不況が経済的保障に対する関心を刺激したのは、火災が火災保険に対する関心を刺激したり、洪水が洪水防止に対する関心を高めるのとまさに同じようなものであった。これらが個人に及ぼす影響は、火災や洪水で損を受けそうな財産の価値にほぼ比例しているのである。

四

財産のある人びと——世界のフォーサイト家の人びと——は、その富を守ることが増やすのと同様に重要であることをいつも知っていた。しかしかれらはこの二つを区別していた。財産は際限なく増やすことができるが、それを守る努力は収穫てい減的である。火災、盗難、暴風などについて保険をかけてしまえば、財産に対する主な危険をなくしたことになる。地震や飛行機の墜落に対して防衛措置を講ずることは無駄ではないが、同じくらいの必要性をもっているわけではないし、安心感を同じ程度に高めることにもならない。

経済的保障の問題もほぼ同じようなものだ。危険には深刻さの強いものも弱いものもある。深刻な危険をカバーしてしまえば、それほど深刻でない危険や、そもそも経済的保障のすべての問題についての切迫感は減退するであろう。昔の労働者にとって最大の危険は失業と無収入であった。老後の心配、病気、事故、死がそれに次ぐ重要な危険であったろう。こうしたリスクが軽減されれば、残っている他のリスクのうち、これらと同じくらい重要なものは何ひとつないのだ。農民にとっては、農産物価格の暴落に対する保護が最も必要なことであったし、今でもそうである。暴落は農民の所得にも財産にも悪影響を与える。それに次ぐ危険は、地域にもよるが、旱害や不作であろう。これと同じほど重要なほかの危険は存在しない。実業家にとっても状況はほぼ同じである。製品の価格と市場に関する心配がいちばん大きい。経済学者がそれに注目した理由もここにある。そして経済学者が、その市場行動の理論において、この種のリスクをなくそうとする努力を多少とも特殊なものと見てきたこと、ないしは時として特に非難の対象としたことの理由も、そこにある。それ以外にも、コストの変動、原料の供給、労働関係などの危険があり、それらの危険をなくすのは望ましいことにはちがいないが、それらの危険による損害の程度は小さい。その他の不確実性はずっと重要度が低い。

以上のことは、経済生活における不安を除去する仕事は限りがあるということを意味する。経済生活は無限に、そして本質的に不確実なものだというきまり文句が、通念には完全に受け入れられている。ところが実際は、原始的な経済生活の主要な不確実性は(不況とインフレーションの防止については若干の注意を要するが)もはや取り除かれてしまっている。まだ残っている不安は緊急度のずっと低いものである。

政党や政府が新しい保障を「発明」し続けることを通念は期待しているが、それが不可能であることは以上のことからして明らかであろう。それが単なる発明の問題であるか、または近代の経済生活の危険が増大するというのであれば、それも可能なことであろう。しかし危険の数は限られており、また人びとの失うべきものが多くなるという意味においてのみ危険の増大を云々しうるにすぎない。このことは経済的な不安がすっかりなくなってしまったというわけではない。アメリカで働く年齢にある普通の市民にとって病気は一つの危険である。病気をすれば所得がないときに一時に巨額の支出をする必要があるかもしれないからである。小企業や農業は相変らず不安な職業である。しかしながら、不況と激しいインフレーションとが防止されるという大前提に立つかぎり、新しい形での経済的保障に気を使うことはほぼ過去のものとなっている。すでに防止された危険と比較しうるほどの重要性をもった危険は一つも残っていない。そしていったんでき上った保護はすぐに当然のこととされてしまって、議論の種にもならず、反省されることもない。したがって、経済的保障の増大という目標を追求して行けば、完全な機構に到達するのであって、しかもそれは主要な点では現にでき上っているのである。

しかし、もし経済的保障をほぼ完成された仕事だと考えるべきなら、不況とインフレを防止しなければならない。この点はいくら強調しても過ぎることはない。不況が起これば、実業家や労働者や農民やその他の市民によって(またはそのために)精巧に作られたミクロ的な保護措置はいつもこわされてしまう。市場安定のために競争を制限する企業間の協定はこわれて、過当競争に陥る。失業保険は、職を変える労働者のための臨時の保護ではなくなり、生計の足しにもならなくなる。農産物支持価格は、高い最低価格ではなくて、低い最高価格になる。同様に、インフレーションは各種の貯蓄の購買力を低め、人びとがその将来の所得の保障のために用いた他の手だてをほりくずす。不況とインフレーションの防止は経済的保障の必須条件なのである。

五

経済的保障に対する欲求は生産増大に対する敵であると、昔から考えられてきた。この態度の確実な基礎となったものは、競争的モデルにおける保障の欠如が能率にとって不可欠であるという信念である。金銭的報酬という飴のほかに、個人の経済的不幸という鞭がなければならぬ。この二つとも必要なのだ。経済的保障を高めれば鞭をなくすことにならざるをえず、そうなれば人を奮起させる刺激の半分をなくしてしまうことになる、というのである。

しかし、経済的保障の欠如が能率と経済的進歩にとって不可欠であるという考え方は、明らかに大きな誤算であり、経済思想史における最大の誤算の一つであった。この誤算はマルクス主義経済学者にも正統的経済学者にも共通している。マルクスとその後継者たちは、資本主義をおとなしくさせる努力は資本主義を無力化させるだろうと信じていた。例えば、失業手当は、産業予備軍が賃金を規制するはたらきをだいなしにするであろう、とかれらは考えていた。実際には、経済的保障に対する関心が高まった時代は、同時に生産性の未曾有の増大の時代であった。保障を求めることが経済を萎縮させる効果をもつということについて最も警戒した論者は、同じ頃に起こった生産性向上について最も息をはずませて論評するのがしばしばであった。

保障の時代には、生産も非常にめざましかった。一九三〇年代に至る二十年間に保障の問題がはじめてきまりきったように関心をひくものとなったのだが、その頃の労働生産性についてみると、一人一時間当りの国民所得は一九〇〇年の八九・六セントから一九二九年の一一三・三セントへ増大した。これは二三・七セントの増加で、年間平均一・二セントの増加である。一九四〇年代には一三二・五セントから一七九・二セントへと、四七・七セント増加した。この年間増加率は四・八セントで、前期の四倍である。こうした増加は五〇年代および六〇年代にも続いた。保障に対する関心の増大は生産性向上と矛盾するどころか、高い成長率とも明らかに両立しえたのである。(2) アメリカその他の西方の国々における史上最高の生産増加がみられたのは、人びとが競争的制度のリスクをへらすことにとりかかってからのことである。

しかし通念ではこのような経験的な証拠は必ずしも決定的なものとされていない。通念が正しく予想している事態はかくれてみえないだけなのだと主張されている。証拠を尊重するのは頭脳が粗雑であることを示すだけだ、というわけである。しかしこの場合には、現実から目をそらすわけにはいかない。経済的保障の増大と生産の増大とは既成事実である。保障と進歩との矛盾は、昔は世紀の社会的矛盾といわれたものだが、今では架空の存在なのだ。

六

不安の緩和と生産の増大とは矛盾しないばかりでなく、両者は密接に結びついている。高度の経済的保障は最大の生産のために必要不可欠である。また、高水準の生産は経済的保障のためになくてならないものである。われわれは生産と経済的保障との相互関係をさらにつっこんでしらべなければならない。

今日では、生産を大きく脅かすものは、通念の懐古的な主張者が相変らず盲信しているような怠け者の労働者でもなく、また企業心に欠けたボスでもない。このような浪費的な人びとがいることはたしかである。非自発的失業の時期をつなぐための失業手当をもらいながら、そのかねでフロリダでのらくらしている人もいる。過剰雇用を強いる労働組合や、ぜいたくな労働者や、怠惰な余計者もいたるところにいる。労働をいとう昔ながらの手管が、今日におけるほど、たくみにとはいわないまでも、極度に手のこんだものになっているときはあるまい。それは特定の階級や職業や専門によって作られたわけではない。うまくごまかされた上品な怠惰は、それが学者として当然だとされている大学は別として、近代法人の最高幹部において最も発達した形をとっているといってよいであろう。

しかしながら、不況の結果として労働者が非自発的失業に陥ったり、企業意欲がひどくまひさせられたりすることの損失にくらべれば、このような昔ながらの怠けによる生産の損失は僅かなものである。同じ理由で、労働意欲を極度に高め、経営者の精力を極度に出させるために、個人をどんなに鞭打ったとしても、それよりは、このような非自発的失業を除去し、市場拡大によって企業の機会を大きくすることの方が、生産の増大にとってはずっと大きなプラスになるのだ。

一九二九年から三二年にかけて、一国の総生産のおおよその表示であるところの国内総生産は、一九五八年の不変価格で表わすと、一九七一億ドルから一四三〇億ドルへと五四〇億ドル減少した。(3) これは、サボるよりも仕事をしたいと思っている人が失業せざるをえず、その失業が大量に増加したことを意味する。労働者や雇主の精力や創意が減ったとしても、これほどの効果はもちえないであろう。(一九二九年から三二年にかけて、失業は一五五万から一二一〇万へ増加し、非農業雇用は三五一〇万から二八八〇万へ減少した。(4))不況の非能率さがどんなに大きいものであるか、これがその歴史的証明である。しかし最近でも、これほど深刻ではないが、それでもいちじるしい例がある。一九五三年末から一九五四年頃に小さな不況があったが、五四年の生産は五三年を若干下廻った。(不変価格で、三六四五億ドルから三六〇五億ドルへの減少。)失業は一九五三年の一六〇万から五四年の三二〇万へ増加した。もしこの小さな景気後退がなく、労働力が支えうる前年なみの上昇傾向が続いたとすれば、生産は二〇〇億ドルほど大きかったであろう。これは当時の連邦政府の支出の約三分の一に近く、また地方財政支出の総額に匹敵する大きさである。この生産はなくても惜しいと思われなかったし、またその損失はあまり注意されなかった。一九七〇年代の中頃の不況の時代に同じ経験がくりかえされたけれど、歎かわしいと思われることがなかったのもまた同様であった。こうした平静さにそれなりの理由があることはのちにみるとおりである。すなわち、犠牲となった物資は緊急度の高いものではなかったという理由である。しかし以上の数字は、ちょっとした不況でさえも非能率的なものであることを示している。

不況の終局の原因とはいえないまでも、直接の原因は、経済の生産物を買うための総需要の減退、すなわち利用可能で現実に使われる購買力の減退である。失業保険は、人が失職したときに彼の購買力を部分的に保護するものである。失業者の購買力は減っても、もはやゼロにまで減ることはない。したがって、失業に伴う不安を軽減するための措置は、不況に伴う生産の損失という経済の非能率を相殺するようにも作用する。この点で通念は混乱するのだが、それは、失業保険によって奨励されたとも思われる個々の怠けなどよりずっと重要な、非能率の最大の原因に対して作用するのである。

この効果が失業保険だけの特殊な効果でないことはいうまでもない。農産物支持価格も同じ効果をもつ。それは、農産物の価格や農民の所得と購買力が下落したときに、補整的な公共支出を義務づけるからである。公共福祉支出も同じである。老齢保険と遺族保険は、働くことのできなくなった人びとの購買力が細々なりとも着実に流れることを保証する。この購買力の流れは、経済活動の高低には影響されないので、安定化の効果をもつ。不安を最小限にとどめるためのこれらの措置は、概して、経済学者が経済の「ビルトイン・スタビライザー」と名づけるようになったもののかなりの部分を占めている。このように、通念からすれば生産性に有害と思われる措置は、最も決定的な点で生産性を支えるのだ。

生産と保障との相互的な効果も同様に明らかであり、その背後にはもっと強い力がはたらいている。前に述べたように、高水準の生産は労働者や農民や実業家の経済的保障に不可欠である。生産が高水準にあれば、あらゆる人にとって一応の保障が与えられる。高水準の生産がないとすれば、少なくとも現行の形でのミクロ経済的な措置は次善の策にすぎない。それればかりでなく、失業手当や老齢年金やその他のミクロ経済的な保障措置によって経済の安定性が高められることが、ある程度それらの措置のメリットになったとしても、それはその中心目的ではない。これらの措置の主な目的はあくまで個々の受益者のためということだ。

それと対照的に、とくに最近では、関係物資のためではなく経済的保障に対する効果のために、生産の増加が要求されるようになってきている。生産される物資に対する必要や希望がどうあっても、その生産が保証されれば、それを生産する人びとの所得が保証されることになる。これが経済的保障という目標に役立つわけである。これほど役に立つものはほかにない。生産につまずくことは、たとえその生産が必要度の点でとるに足りない重要性しかないとしても、誰かが雇用と所得を失う危険をもたらすわけで、これを放置することはできない。

こうした事実は各国で広く認められている。アメリカ、イギリス、旧英連邦諸国、西ヨーロッパなど、西方諸国の政治においては、不必要な失業を許すことは政府の最大の黒星とされている。生産の損失ではなくて失業がいつも云々されるのだ。この対策はもちろん雇用の増加と生産の上昇である。このように、経済的保障を高めるための努力は、生産を背後から押し上げる力となる。

本書がここで到達した一応の結論を繰り返すにも及ばないであろう。経済生活について昔の人が最も関心をもったもの、すなわち平等と保障と生産性とは、今や生産性と生産とに対する関心に集中されるに至った。生産は、不平等に関連してかつて生じた社会的緊張の解決策となり、また、経済的保障の欠如に関連する不満、心配、窮乏を解決するために必要不可欠のものとなったのである。生産が増大した近年において生産に対する関心も高まったのはなぜであるか、という近代的逆説を説明するもの、あるいは、もっと正確にいえば、説明する端緒となるものは、このような事情である。昔は平等と保障とに並んで問題にされた生産が、今や中心問題となったのだ。生産がリカード的な貧困な世界で与えられた優位を今でも少なくとも表面上はもち続けているのは、こうした理由と、またのちにみるような大がかりな人為的手段の支えによるものである。生産に対する現代の関心の性質と、この関心を支えている方策とを、次に問題としなければならない。

（1）第一版で私は、「これらのことは、法人と法人格に関する著者の近著でもっとくわしく取り扱いたいと思っている」と述べた。*The New Industrial State*, 2nd ed., rev.(Boston : Houghton

Mifflin, 1967 およびその後の版)で私はこれを果たした。

（2） *America's Needs and Resources, A New Survey*, by J. Frederic Dewhurst and Associates (New York : Twentieth Century Fund, 1955), p. 40 による。本文の数字は一九五〇年価格である。

（3） U. S. Department of Commerce, *Historical Statistics of the United States* (Washington : U. S. Government Printing Office, 1961), p. 139.

（4） *Economic Indicators*, Historical and Descriptive Supplement, 1955. Joint Committee on the Economic Report.

第九章　生産の優位

一

何年か前のこと、アメリカの為政者は、その施策に対する野党のはげしい攻撃に対して、今年は史上で二番目によい年だといって反論した。これは必ずしも適切な弁護論とはいいかねる。多くの人は、二番目によいというのでは不十分ではないか、とくにアメリカ人にとっては不満だ、とすぐにやり返したものだ。しかし、ある年がほかの年よりもよいとする基準に対しては、どちらの政党でも批判的な態度を示す人は誰もいなかった。またその基準についての説明も不必要であった。二番目によいというのは芸術と科学の進歩の点で二番目によいという意味だ、と考えるほどの変人はいないであろう。また、健康や、教育や、未成年者の非行あるいは暴力的な犯罪の対策についてであると考える人もいまい。世界の放射能の中で生存する可能性が高くなるか低くなるかによってその年の良し悪しが決まると考えることもできない。当時宗教心が表面的にもせよ盛んだったとはいえ、その年が精神の平安をえた人の数からみて二番目だったと考える人もいない。

二番目によいとは、財の生産が史上二番目に高いということを意味するにほかならない。生産がもっと高く、したがってもっとよい年がほかに一つあったわけである。業績をはかるこの基準は誰にも受け入れられている。党派をこえて議論の余地なく認められている結論がうまくみつかるのは楽なことである。成績の基準としての生産の重要性については、共和党も民主党も、右翼も左翼も、白人もどうにかうまく暮している黒人も、旧教徒も新教徒も、ちがいはない。それは、共産党書記長、ADA(アメリカ民主化連盟)議長、アメリカ商工会議所会頭、全国製造業者連盟会長にとって共通の地盤である。

生産がすべてではないとよくいわれる。人生には精神的な面もあるという注意が軽視されているわけではなく、そうした説教は、必ずしも謹聴とはいえないまでも、いつも尊敬をもって聴かれている。しかし、それはいつも注意にすぎない。つまり、普通忘れられているものを思い起こさせるだけのことである。普通の人生においては、物わかりのよさと実際的であることとが必要であるが、アメリカでは、生産が、この物わかりのよさと実際的であることとに結びついて考えられていることからみても、生産がどんなに尊重されているかがわかる。実業家の利口さをほめる言葉にしても、彼は生産を理解しているというのが最大の讃辞となっている。今日では科学者も威信をもっているが、生産者の指導の下にあるのでなければ本当の役には立たないと考えられている。「よりよい物をより多く供給するのを妨げるような、または妨げるおそれのあるような方策や規則は、理屈なしの嫌悪をもって反対される。それは信仰のあつい人が冒瀆を憎み、好戦的な人が平和主義を嫌うのと同じだ。[1]」

生産の重要性は国境を越えている。アメリカの生活水準は「世界の驚嘆の的」であるとよくいわれている。たしかにそうであろう。そして通念によれば、それがわれわれの文明、ひいては存在を正当化するものとして最もひんぱんに援用されている。

二

トーネーが述べたように、われわれは呼吸する空気の性質を意識することはほとんどない。しかしロスアンゼルスでは空中にたくさんたまっている塵埃を空気がかろうじて支えている程度なので深刻な事態になっている。開拓されたばかりの砂漠に住む人にとっては、運河の水は自然に対する文明の勝利の証拠である。フロリダのサラソタに行ったシカゴの人は、陽やけした自分の身体をみると、暗くて寒いシカゴから逃れて来たのは利口だったと思う。しかし日光と雨に恵まれているところでは、その重要性が少なくなるわけではないが、日光と雨は当り前のこととされる。リカードの世界では物資は稀少であった。また物資は、人の生存に関係するとまではいかなくても、少なくとも人の基本的な必要に関係するものであった。物資が衣食住を保証するのだ。こうした物資を入手するための生産が人の最大の関心事であったのは無理もない。

ところが今では物資は豊富である。世界に栄養不良は多いけれど、アメリカでは食料不足のために死ぬ人よりも、過食のために死ぬ人の方が多い。大型の自動車をつくるのに用いられる鋼鉄のすべてが緊急に必要であると真面目にいう人はいない。今ではむしろ、自動車の大きさが遺憾とされている。多くの婦人や一部の男にとって、衣服は身体の露出を防ぐためのものではなくなって、羽毛と同じようにほとんど全くエロティックなものになった。それにもかかわらず生産は依然としてわれわれの最大の関心事である。生産を日光や水と同じように当然だと考える人はいない。それどころか、生産は依然としてわが文明の進歩と質の尺度である。

生産に対するわれわれの関心は歴史的・心理的な強い力の結果であって、そうした力から逃れるには強い意志が必要である。昔不平等とその対策の不十分さから生じた緊張が、生産性の増大によって解消されたことは、さきにみたとおりである。生産性は不安を軽減するための努力の中心となった。そして、かなり疑わしいが広く認められかつ強力に弁護されている消費者欲望の理論や、強力な既得利益が、生産の重要性を支えている。この点については次章以下でみるとおりである。このようにあらゆる観点から生産が一つの目標として重要視されているので、こうした態度を疑問視すると、「生産以外に何があるのか」という反論がまず出てくるであろう。生産はわれわれの思想の中で非常に大きな地位を占めているので、生産の役割が小さいとされるならば、大きな穴があくとしか考えられないほどである。幸いに生産以外に重要なこともある。この点については本書の終りの方の諸章でみるとおりである。ここではまず、生産に対するわれわれの関心をもっと詳細にしらべなければならない。生産に対するわれわれの態度は全く因襲的である。とくに生産増大のための種々の方法を強調する場合のわれわれの態度は伝統的で非合理的である。生産に対する関心がいかに伝統と社会的神話に基づいたものであるか、こうした態度がいちばんよく示している。

三

経済組織における生産増大の方法は、原則として次の五つである。これらを列挙するのは無駄ではない。それは次のとおりである。

(1)　利用しうる生産資源、ことに労働と資本(利用しうる原材料を含む)をいっそう十分に用いることができる。言いかえれば、資源の遊休を除去することができる。

(2)　技術を与えられたものとすれば、これらの資源をいっそう有効に使うことができる。労働と資本を相互に最も有効に結合して用いることができる。消費者の好みを考慮して、これらを種々の財貨とサービスの生産のために最も有利に配分することができる。

(3)　労働の供給を増やすことができる。

(4) 労働の代替物にもなる資本の供給を増やすことができる。
(5) 技術的革新によって技術を改善することができる。この結果、労働と資本の供給が一定でも生産を増やすことができ、また資本の質が向上する。

生産増加のためのこれらの方法のうち、どれかが最も有効であると考えるべき理由はアプリオリには存しない。(2) 生産を増加させるための真面目な努力にとっては、これらの五つはすべて重要である。しかし、われわれが公式の経済学でこれらのうちの一つだけを考え、ほかの二つ三つの方法にはほんのわずかの注意しか払っていないのは、全く注目すべき事実である。

通念においても、利用しうる資源から生産を増大するために(また生産物の数を増やすために)技術の向上が重要であることを疑う人はいなかった。こうした利益は、大きな、過大ですらある誇りをもって、いつもみられたのである。技術の改善は偶然に起こるのではない。それは高度に組織された科学的・技術的な知識と手腕への投資の結果である。しかしわれわれは、軍事的必要というような口実でもなければ、この種の投資を大きくするための組織的な努力はほとんどしていない。むしろわれわれは、技術に対する現行の投資をそのままに受け取って、その結果に拍手を送っているだけである。

投資をいっそう大きくし、より合理的にすることはたしかに可能であろう。ごく表面的にみただけでも、近代技術の向上のもとになる科学的・技術的資源の各産業への配分は非常に不釣合である。企業が少数でかつ大きい産業――石油、冶金、自動車、化学、ゴム、重機械など――では、技術の進歩のための投資は相当なものである。技術的進歩のもとになる研究・開発事業は、資金が豊かで、また総合的である。しかし、多数の小企業から成る多くの産業――住宅建設、衣類製造、天然繊維、サービス業など――では、技術革新のための投資はわずかである。どの企業もそれを大規模におこなうかねがあるほど大きくない。こうした企業にとってそれが価値のあるものかどうかということさえ疑問とされている。(3) 革新が連邦政府や州政府の大きな援助を受けている農業とはちがって、こうした部門では研究・開発のために政府資金を受けることはほとんどない。技術革新のための投資がなされている他の産業ではその成果が重んじられているのに、こうした産業でこの種の投資が欠けていることはほとんど注目されていない。われわれは一部の産業の進歩を重視するのに、ほかの産業が進歩しないことをほとんど無視している。

ある産業でめぼしい進歩がないことは容易に見逃されてしまう。発明がみられないことは、生まれない赤ん坊と同じように、ほとんど遺憾とされない。新しい発展がない場合には、古いものがかなり長い間、相当なものであるようにみえる。コンバインが現われないうちは自動束《そっか》禾機が四十年間も農業機械工業における驚異であった。しかしもしわれわれが生産増加に真剣であったとすれば、これらの事柄をもっと研究することであろう。そしてある産業で技術革新のための投資が欠けていることを堪えがたく思うにちがいない。けれども事実は、多くの産業がそうした投資をほとんど自分でもせず、ひとにもしてもらわずにいるのに、われわれは平然としているのだ。

四

日常の経済論議において、経済成長の指標として最も頻繁に利用されるのは資本形成の大きさである。これは経常的消費から節約された生産物であり、投資のことである。資本形成に対するわれわれの態度は、技術的進歩に対するのと同様に、現行の投資の大きさがどうであろうと、それに満足している。われわれの投資は不十分であって、一部の諸外国の方が経常的所得に対する投資の割合が大きい、というようなことを時折学者ぶって述べる人がいる。われわれはまた倹約の美徳についてありきたりのお説教をきかされる。しかし、こうしたことはどれも具体策を要求するものだとは考えられていない。それどころか、アメリカ経済における現行の投資額は決して不十分ではなく、めざましいといってもよいほどだ、という確信が一般的となっている。

労働力についても資本についてと同様である。昔の王侯貴族は、領地の生産的な富を増すために、当然のこととして職人を輸入した。アメリカ経済の成長率を制限しているものが今あるとすれば、それは労働力の大きさと技能の構成である。(労働に代えて資本を代替することもできる。その場合、かなり大きな幅の生産量に対してコスト面の影響は少ないが、ある程度の期間が必要である。）潜在的な労働力は非常に多い。しかし、こうした方法で生産を拡大することは最もひどく疑問視されるであろう。国内の出生率を高めることによって生産を増す努力をすべきだと主張することさえ、いささかひねくれているように思われるであろう。反対論の理由の一つは、必ずしも正しいとはいえないものだが、人口の増加は総生産を増やすことにはなっても、一人当りの生産を増やすことにはなるまいということである。人は、生まれれば物を消費したであろうが、生まれなかったからといって消費の喜びを損したことにはならないではないか――という割り切った考え方が通念となっている。しかし、人口増加の生活水準に対する影響は別として、われわれが、労働量の増加によって生産の増加を求めるほどには、生産増加について十分な関心をもっていない、あるいは生産増加の方法について十分に合理的ではない、ということは明らかである。

不況による生産の損失でさえも、経済学者はもっともらしく或る程度は問題として採り上げるけれども、決して一般的な関心事とはならない。しかも、前章で述べたように、小さな景気後退によってもかなり大きな損失がもたらされるのだ。不況をおそれるのは、生産が犠牲にされるからではなく、職と所得が失われるからである。要するに経済的保障がおびやかされるからである。

他方、同じ生産の損失であっても、労働や資本をわざと生産に供しないことから生ずる損失、あるいは労働と資本の結合または使用が非能率であることから生ずる損失については、われわれはひどく真剣に考える。われわれはサボる労働者を遺憾に思い、不必要な雇用を強いる労働組合に憤慨する。理論上、独占の結果としてその産業における労働と資本の使用量が最適規模に達しないので、製品の価格は必要以上に高くなる。独占化された産業で使われない資源は他の産業で必要以上に多く使われることになるので、資源の配分は独占のない場合よりも不利となり、理想的な資源配分がおこなわれない。独占の排除によって生産を増大させようとする措置に対しては、今でもある程度の関心をよび起こすことができる。経済学者たちはこの努力においていつも先頭に立ってきた(4)。本質的にコスト高の産業に対する過剰投資や保護関税、非能率的な特恵産業または企業に対する補助金、宣伝費や販売費やその他の浪費的と思われる費用がかさまざるをえないような産業組織――こうしたものから生ずる資源の非能率的な使用に対しては、同様な反感と一般的な関心とが向けられている。研究をしないために毎年の技術的進歩がほとんどみられないような産業に対しては、不思議にも特に関心が払われていないが、発明をしたのにそれを使用しない会社はひどく憤慨されている。

以上のことは、独占、関税、補助金、組織的で無反省の怠惰などに対する心配を非難するものではない。また、生産の能率が中心問題ではあるが、以上の事柄については生産能率だけが問題なのではない。むしろ私は、生産増加に対するわれわれの関心がいかに的はずれで片寄ったものであるかということを示そうと思ったのだ。その原因を示すのはむずかしいことではない。百二十五年前、十九世紀中頃のイギリスの経済学者がイギリスにおける生産増加の可能性を研究していたと仮定すると、おそらく彼は一つの重要な方策と二、三のそれほど重要でない方策とを勧告したであろう。明らかに最も重要な勧告は、独占を排除し、関税を引き下げ、労働と資本の自由な移動と競争とを促進することによって、労働と資本の使用効率が高まる、ということであろう。これよりもずっと重要性の低い勧告は、倹約して貯蓄すれば資本形成率が高まる、ということであろう。彼はいつも労働者の勤勉を促したであろうし、労働者の努力を制限したり労働意欲をそこなうようなことをすべて非難したであろう。

このようなことは生産増加の近代的方法とはほとんど無縁である。マルサスの影響下にあった当時では、人口増加による生産増加を提案することはほとんど不可能であったろう。食料の供給によって人口が決まると考えられていたのだ。当時は巨大な産業会社の時代よりはるかに以前の時代であった。大企業の時代になるまでは、無数の独立の企業家が市況に応じて個々バラバラに投資を決定していたのだが、大企業の時代になると投資決定は法人経営者の措置に委ねられるようになった。そしてこのような時代になってはじめて、投資率やしたがって成長率が、社会的な関心をひき、また社会的に決定しうるものと考えられるようになったのである。

十九世紀の学者は、ある産業における研究・開発費の大きさなどという問題を考えることはまずなかったであろう。これは近代的な現象であって、近代法人企業の成長と関連している。十九世紀には、発明は、特許庁の奨励でもあるのでなければ、概して冒険的なことであった。（特許が非常に重要視されたのは無理からぬことである。）失業統計や生産統計もいい加減なものしかなく、どんな不況も仕方がないものだと思われていたような時代には、不況時における生産の損失が問題になろう筈はなかった。

以上のことから何が引き出せるか、明らかであろう。生産増大に対するわれわれの関心のうちで実行性のあるものは、資源利用の能率化とか倹約と勤勉の奨励とか、一世紀以上前に意味のあったような措置に限られている。新しい次元に沿って考えれば進歩もみられたであろうのに、それに対して実行性のある特別の関心はほとんど払われていない。ここに大きな欠陥や機会があることは疑いないのに、それは通念において生産増加に対する形式的・伝統的な関心から見逃されているのだ。

この点については興味のある証拠がある。過去において、戦争中または準戦体制の下で、われわれはいつも生産の増加を達成してきた。このような緊張した状況の下では通念は受けつけられなかった。われわれはあらゆる方法で生産を増大させようとした。労働力を増やすための真剣な努力がおこなわれた。難解な言葉を話す膚の黒い労働者を輸入することも許されるようになった。貯蓄増強運動が真剣におこなわれるようになった。投資が不足している分野では、投資が増加された。非自発的な遊休はなかった。第二次大戦中の合金鉄鋼、合成ゴム、造船などの例にみられたように、利用しうる資源で生産を増やすような技術の利用が意図された。資源利用の能率化のための伝統的な方策である独占禁止法の施行が第一次大戦中にも第二次大戦中にも停止されたことは面白い。(もっとも、このことをとくに重要視すべきではない。) 生産に対する関心が合理的であったために、戦争は驚くべき生産増加をもたらした。しかもそれは、労働力の一部が軍事目的のために引き抜かれたにもかかわらず達成されたのである。

こうした成果にわれわれは驚いたが、これは驚くべきことではなかったのだ。平和時における生産に対する関心は、中心問題ではあるが、包括的なものではなく、また因襲的である。そのために、どんな時点をとっても、総生産もその増加率も、最大可能量をかなり下廻っている。また、労働力の増大、資本形成率の上昇、そして最も重要なこととして後進産業の技術の向上などのために必要な措置は、われわれの経済・政治制度の革命的な変化を必要とするわけでもない。資源の利用と結合という伝統的な面で現在生産に与えられている優先性をあらゆる公共政策に及ぼすだけで十分なのである。

五

さらに別な点でも、生産に対するわれわれの関心は伝統的で非合理的である。われわれは各種の財貨とサービスについて不思議にも不合理な差別をつけている。われわれは全然くだらない物資の生産を誇りとしていて、その反面最も重要で文化的なサービスの生産を遺憾としている。

経済学者が経済の総生産——国内総生産といわれているもの——を計算する際には、あらゆる財貨とサービスの価値を総計し、それらの種類や生産者は問わない。サービスを生産するものが政府でも民間でも、その間に区別はない。教育関係のサービスの増加も、テレビ受像機の生産の増加も、国内総生産の中では同じに扱われている。しかしこれは伝統的な態度とはひどく矛盾している。かなり多くの人は、国内総生産の計算方法をよく理解すれば、政府支出も計算に入っているのをけしからぬことと思うであろう。このような人が経済学者を非難しないのはむしろ不思議であるといってもよい。

民間の生産だけが重要であると一般に考えられている。民間の生産は国の福祉を増進する。その増加は国富の増加の尺度である。それに対して公共のサービスは重荷である。それは必要であり、またかなりの額が必要であるかもしれないが、実際は民間の生産の負担となる重荷である。この重荷が大きすぎれば、民間の生産は停滞し、減少する。

公共のサービスはせいぜい必要悪にすぎない。悪くすると、これは有害な傾向であって、社会はいつもこれに対して注意深く警戒していなければならない。公共のサービスは、最も重要な目的に奉仕する場合にも、非生産的である。「事業が富を生産するという意味においては、政府は何も創り出さない……(と主張されている)。[5]」

こうした態度は面白い矛盾に陥る。電話業の拡張は一般の福祉を増進するものとして歓迎されるが、時には郵便業の削減は必要な節約であるとして認められている。われわれは民間の富の増加を重要視するが、それを保護する警察力のための支出を増やすことを遺憾とする。家をきれいにする真空掃除機は尊重され、われわれの生活水準に必要なものとされているのに、道路をきれいにする道路清掃機は不幸な支出だと考えられている。だいたいわれわれの家がきれいで道路がきたないのも、一つにはこの結果であろう。通念の中でも、もっと手の込んだ段階においては、民間のサービスと公共のサービスをこれほど差別していない。そして、前に述べたように、この差別は国内総生産の中には現われていない。しかしこの差別が消え失せたわけではない。経済学者や政治哲学者でさえも、公共のサービスが重荷であるというニュアンスをもち続けている。公共のサービスが弁護されることはあっても、その大きさが誇りとされることはまずないのである。

六

こうした態度の理由はいくつか挙げられるが、ここでも伝統の役割が圧倒的に強い。経済学が誕生した世界で人間が最も必要としたものは、衣食住と、それらが提供される秩序的な環境の四つである。そのうち衣食住は市場めあての民間の生産に委ねられた。よい秩序に恵まれたので、この過程は通常はかなり能率的に進んだ。しかし、政府によって保たれる秩序は、ほとんどいつも信用のおけないものであった。しかもそれは、稀な例外はあるが、ひどく費用のかかるものであった。そして秩序を保つためという口実のもとに、人民の生活手段を奪って私腹をこやす機会が与えられた。

したがって近代の経済思想が政府に対する強い不信を含んでいるのは驚くにあたらない。十九世紀の経済的自由主義の目標は、安価で信用のおける秩序を提供し、それ以外のことはできるだけしないような国家であった。マルクスでさえも国家の死滅を意図した。こうした態度が通念に強く残っている。そしてここでも、それは事実によってこっぴどくやっつけられたのである。私的に生産され売買される衣食住が十分になると、人びとはほかの物を欲しがるようになる。これらのうちかなり多くの物は、私的な生産や売買には適当でない。それらは、誰かに提供しようとすればすべての人に提供しなければならないようなものであって、またそれに対する支払も、集団的にする以外には方法がない。きれいな道路、警察、教育、衛生、疫病対策、軍備などがそれである。これらの集団的サービスは、すぐに必要な物よりも必要度は低いかもしれないが、富の増大につれてますます多くその重要性を高めるであろう。富の増大とともに人口や人口密度が増大する場合には、とくにそうである。しかしながらこれらのサービスは、その必要性は次第に高まっているのに、昔ながらの悪評を蒙っている。王侯時代にも似て、不信用、無能、濫費、差し出がましい干渉というような悪評を受ける。酒類や漫画の本、ねり歯磨などは自由市場という美名のもとにぬくぬくとしているのに、学校、裁判、パトロール、市営水泳プールなどは、専制君主時代そのままの悪評をえているのだ。

のみならず、貧しい時代の悪い君主は、物を生産する人民と資本を破壊することによって、私的な物の生産をそこなう力をもっていた。今では経済はそれほどもろいものではなくなり、政府はそれほど無知ではない。近代の西欧諸国では、経済の成長と公共活動の拡大とは手をたずさえて進んでおり、それに対する例外は稀である。これらの二つは補完し合うべきものであって、事実補完し合ってきた。しかし通念はこの点で決して譲らない。通念によれば、公共的サービスの拡大は本質的に悪い傾向の現われである。国民の活力が危険にさらされるというほどではないにしても、個人の自由が脅かされる。経済の構造が脅かされることもあるかもしれない。通念の一部では、アメリカ経済は社会主義から遠いとはいいきれず、公共支出の増大が社会主義への接近の尺度だとされている。かくして、人口の一部にたいして与えられる最もつきなみの公共的サービスでさえも、社会革命だというレッテルをはられてしまう。

最後に、これと関連したことであるが、公共的サービスに対する支払は、以前から不平等の問題と結びついていた。金持に余計負担させれば、サービスの提供とともに平等化を促進することにもなる。共同の目的のためにということは、平等化を強いられる金持には、不評判なことであった。このような反対論の一部が公共的サービス自体にも向けられたのは無理からぬことである。公共的サービスを攻撃することによって、かれらは租税による平等化の傾向を攻撃することができたのである。このことは、かれらが負担している公共的サービスは私的に生産される物よりも本質的に劣等であるという観念が生き残るのに役立っている。

公共的サービスがこのような否定的な態度でみられているのに対して、私的に生産される物はそうした態度でみられていない。それどころか、近代的な宣伝によってうるさいほど賞讃されている。それらは社会の終局的な富だとされている。公共的サービスと私的なサービスとの競争は、それらがもたらす満足の問題を別にすれば、明らかに平等な競争ではない。この差別——私的な物を尊重し、公共的なものを劣等視するこの傾向——の社会的影響は大きく、また深刻であるとさえいえよう。

七

以上を要約する。生産はわれわれの生活において最も重要な目標とされるようになったけれども、その目標へのわれわれの努力は包括的とはいえないし、合理的でもない。われわれは生産をわれわれの成果の尺度として考えているが、そのためのわれわれの努力は思慮深いとはいえない。生産増大のためのわれわれの努力は因襲にとらわれている。われわれは怠惰と資源の配分方法の悪さとを強調するけれども、そうしたことが生産増大にとって重要な意味をもっていたのは一世紀も前のことである。投資率を高めたり、後進産業における技術水準を高めたりすることによって、生産がかなり増大することが明らかにわかっているのに、われわれは平時においてこうした努力をほとんどしていない。不況時における生産の損失を嘆かわしいとも思っていない。不況時における生産の損失の防止は、生産自体に関する配慮よりも、むしろ不況は経済的保障を脅かすという視点からなされている。最後に、因襲的な理由で、われわれは重要な生産の一部、すなわち公共財を第二義的なものとして扱っている。

読者は、現在無視されている生産増加方法をぜひやってみるべきである、とおそらく考えられるであろう。しかし、もっとくわしく検討する必要がある。この点についてなぜわれわれが消極的であったか、という理由を理解することが必要である。過去の緊急事態に際して、われわれは生産増加のための措置に真剣に取り組んだ。現在同じことをしようと思っても、おそらく失敗するであろう。それは無知や惰性のためというよりは、むしろ無理な努力をしてまで生産を増加する必要は認められないという理由によるものである。換言すれば、生産に対するわれわれの関心はそれほど重要度の高くない問題に対する関心なのかもしれない。生産増加のための有効な手を打とうと考えるほどには生産増加に熱心でないのだ。われわれは生産の現状に満足している。ということは、問題がひとりでに解決するかぎりにおいてしかわれわれは生産に関心をもっていない、というのに近い。われわれが重要視しているのは、いわば自然にそうなるということをすることだけである。

しかし、もしわれわれが生産する物が非常に重要であるとすれば、このような呑気な態度は許されない。その場合には、自然に生産が増加するのをみてよろこんでいる現状とは反対に、供給を増加させる方法を熱心に探求することになるであろう。このことは、商品にたいする需要にかんしてわれわれがつくりあげた念入りの神話を考えれば理解できようし、ある程度は自明でさえある。この神話によってわれわれは現にある物の重要性をいやというほど知らされるが、ない物に対しては全然関心をもたない。そして、欲しいか欲しくないかという欲望の境い目にある物については、その欲望が人為的に合成されるにつれ、その物を欲しいと思うだけなのである。われわれは、生産されない物について欲望を喚起することはしないのだ。

(1) Geoffrey Gorer, *The Americans* (London : Cresset Press, 1948), p. 121.

(2) 変化をもたらすこれら五つの途の効果の比較を研究しても、そこから明確な成果が出てくるわけではない。諸変化は密接に相互関連している。しばらく前の研究によると、一八六九―七三年と一九四四―五三年との間の期間に、国民純生産の増加率は年平均三・五パーセントであった。そのうちの半分(一・七パーセント)は資本と労働の供給の増加に起因するものである。残りが技術上の改善によるものと考えてよい。ここで技術上の改善とは、資本の改善とともに、改良された資本設備を考案し運転する人びとの改善をも含む。最近では，技術上の改善による分が次第に大きくなっており，資本と労働の単なる供給増加による分は次第に小さくなっている。Moses Abramovitz, *Resources and Output Trends in the United States Since 1870* および John W. Kendrick, *Productivity Trends : Capital and Labor*, Occasional papers 52 and 53 of the National Bureau of Economic Research, New York, 1956 を参照。

（3） この点については，私の著書 *American Capitalism : The Concept of Countervailing Power* (Boston : Houghton Mifflin, 1952, 1956), pp. 84–94 で，ある程度くわしく述べた。

（4） 独占による損失については有力な疑問が表明されている。とくに，"Monopoly and Resource Allocation," by Arnold C. Harberger, *American Economic Review*, Proceedings, Vol. 44, No. 2 (May 1954) および "The Social Cost of Corporate Monopoly Profits," by Henry H. Villard, *Political Science Quarterly*, Vol. 72, No. 3 (September 1957) を参照。

（5） Francis X. Sutton, Seymour E. Harris, Carl Kaysen and James Tobin, *The American Business Creed* (Cambridge, Mass. : Harvard University Press, 1956), p. 195.

第十章　消費需要の至上性

アメリカ経済のように、暇であることがほとんど不道徳とされるような経済においては、生産能力を吸収するに足るだけの……十分な欲望をどうしてつくり出すかという問題が、近い将来に慢性的な問題となるかもしれない。このような状況にあっては、経済学者は人目を忍ぶ存在となりかかっている。

W・ベッカーマン(1)

一

昔は生産が第一の関心事であり、近代には保障が広く求められるようになったが、これらは現代では生産に対する関心に集約されることとなった。実質所得が増えれば、富の再分配にからむ昔の恨みを買わずにすんでしまう。高水準の生産は有効な経済的保障の基礎となった。しかし、その結果として生ずる物の流れをどうして正当化するか、という問題が残っている。生産は、不平等を緩和したり、職を与えたりすることの単なる付属物ではなく、それ自体の存在理由をもっている筈だ。経済学者や経済理論が登場するのはこの点においてである。また、端役ではあるが、生産増大に伴う国家的威信の競争もこの点に関係する。その結果、生産自体の重要性が巧妙に弁護されることとなった。この弁護論によると、生産の重要性は生産規模とは別個のものである。昔の世界では、生産の増加とは、飢えた人にもっと食物を、寒い人にもっと衣服を、家のない人にもっと家屋を与えることを意味したが、今の世界における生産の増加は、いっそう多くの優美な自動車、異国趣味の食事、エロチックな衣類、手のこんだ娯楽などの、あらゆる近代的な、感覚的な、不道徳な、危険な欲望を満足させるものである。しかし、生産規模が大きくなっても生産自体の重要性は変らないという理屈で、経済理論は、昔の世界で感じられた消費需要充足の緊迫感を今の世界になんとか移しかえたのである。

このような欲望とそれを満足させる生産とを弁護する経済理論は通念において無傷の(そして驚くべきほど絶対的とさえいえる)地位を占めているが、それは非論理的で、俗悪で、危険とさえいえるほどのものである。

二

通念が生産をどのように正当化しているかという事情を、社会に対する生産の特殊な重要性ではなく、経済学に対する生産の特殊な重要性という点からまず見ることにする。生産における既得利益についてはのちに考察することにして、ここで注目すべきことは、経済学者が特別な既得利益をもっていることである。生産の重要性は経済学者の経済計算の中心である。あらゆる既存の教授方法も、またほとんどすべての研究も、生産の重要性という基礎の上に立っている。与えられた資源からの生産を増加させる行為は善であり、重要とされている。生産を抑えたり減少させたりするものはどんなものでも、その程度に応じて悪であるとされている。二つの租税のうちどちらがよいかという問題になると、能率を害する程度が最も少ないものがよいという議論が圧倒的につよい。ここで能率とは、与えられた量の労働と資本からの生産を意味する。ある会社が、利潤増大などの目的で、生産を制限しているようにみられたとすると、その会社は反社会的であるとして非難される。同じことが労働組合についてもいえる。生産能率にどういう影響を与えるかということが、ほとんどすべてのことの尺度にされている。

ある行為または措置、たとえば組合の新しい規約が、生産にどういう効果を及ぼすかということを評価するのは、必ずしもたやすいことではない。原因と結果が複雑につながっていて、そのために意見が分かれることもあろう。また短期の効果と長期の効果も必ずしも同じではない。そして、各種の生産物に対する効果、または経済の総生産に対する効果を評価する必要がある場合には、たくさんの困難が生ずる。総生産は価値で計算しなければならないが、個々の品目の価値計算のもとになる価格は、所得分配の現状を反映するものであるか、または価格を支配する会社の勝手な決定を反映しているのかもしれない。(所得分配を反映するというのは、例えばミンクの毛皮の価格が少数の金持の需要を反映しているような場合である。）したがって、経済の総生産に各種の政策がどんな効果を及ぼすかということを比較検討するのはひどく複雑である。しかし、こうしたことがあるからこそ、経済学の興味があり、また経済学が用いられもするのだ。そして、生産という経済の目標とその目標の重要性についての意見の一致が、これらのすべてのことの基礎になっている。与えられた資源からの生産を増加させるものは、どんなものでも福祉を増進させると考えられている。生産の増加が重要であり、それがすべての基礎である。生産の重要性に対して疑惑を抱くのは、経済学の全体系の基礎に疑問を投げかけることである。その場合には新しい尺度が必要となるが、そうした尺度は困難で主観的なものにならざるをえない。これほど望ましくないことはない。少なくとも社会科学の分野では、なじみ深い、解決ずみの、安全なものに安住していられれば、たとえそれが古ぼけ、陳腐化し、不適当になったとしても、それは小さな犠牲にすぎないのだ。

また、経済学者という職業も自己保存本能をもっている。子熊が脅かされることは、親熊にとっては種族の生存自体に対する脅威と感じられる。だから親熊はものすごい怒りを示す。生産の重要性と消費需要の必要性とを正当化している体系が攻撃されると、経済学の通念の弁護論者は親熊と同じような態度をとるのである。

この母性本能との類似性が重要なのは、生産に関する現在の価値体系の弁護がほとんど直観的なものであるからだ。経済学者の価値体系からすれば当然その生産を極大化しなければならない筈の財貨について、最近の経済学者はほとんど誰しもある程度の不安を感じている。かれらは数多くのひどく軽薄な製品がなぜ必要なのか疑った。そのような財貨に対する欲望をかきたてるためにこれほどあくどい宣伝や売りこみが必要なのかどうかも、経済学者にとっては疑問であった。こうした疑惑はこの点について経済学の文献が致命的に弱いことを反映している。最終的な防衛であるとともに弱味でもあるのは消費需要の理論である。これはなかなか手ごわい体系であって、生産の必要性を弁護する点で、すでにその有効性を示した。そして、ゆたかになったために昔の観念が陳腐化した現代においても、それは新しい観念の貧困に対する防壁となるであろう。

三

現在広く承認されている消費需要の理論は二つの大きな命題の基礎の上に立っている。この二つの命題は、いずれも明瞭に表現されているとはいいがたいが、今の経済学の価値体系にとって非常に重要なものである。第一の命題は、次第に多くの欲望が充足されても、欲望感がひどく減退することはない、ということである。もっと正確にいえば、欲望が減退したとしてもそれを示すことはできないし、また欲望の減退は経済学にとっても経済政策にとってもどうでもいいことだ、ということである。人の肉体的な欲望が充たされれば、心理的な欲望がとって代る。心理的な欲望の充足は際限がなく、またそれがどこまで充たされたかを証明することもできない。充足という概念は経済学ではほとんど重要でない。肉体的欲望と精神的欲望の比較について考えることは、無用であり、非科学的である、とされている。

第二の命題は、欲望は消費者の個性に根ざすものであって、経済学者にとっては与件にすぎない、ということである。経済学者の仕事は欲望の充足を求めることにすぎない。欲望がどのように出来たかということについて経済学者がしらべる必要は全然ない。欲望を充たす財貨を最大限にすれば、経済学者の任務は十分に達成されるのだ。

これらの二つの結論を検討することが当面の問題である。消費者の行動の説明は、価格決定の問題という経済学の昔からの問題の中に起源をもっている。(2) 最も有用な物の交換価値が小さく、最も有用でない物の交換価値が大きいという不可解な事実は、価格、すなわち交換価値を説明する上において最初はいちばん厄介な問題であった。アダム・スミスが述べたように、「水ほど有用な物はない。しかし水の交換価値はゼロに等しい。それに対してダイヤモンドはほとんど使用価値がないのに、その交換価値は大変なものである。(3)」

価値の説明にあたって、アダム・スミスは「交換価値」と「使用価値」を区別するのがよいと考え、高い有用性と低い交換価値との矛盾をなくそうとした。この区別は、問題を解決したというよりむしろ未解決のことを前提とした議論であって、その後の百年間、経済学者は満足のいく解決を探求した。結局、十九世紀末に、オーストリアのカール・メンガー、イギリスのウィリアム・スタンレー・ジェヴォンズ、およびアメリカのジョン・ベーツ・クラークの三人の経済学者が、限界効用理論による説明をほぼ同時に提出した。もっとも、最近の研究によると、かれらよりも前に同じような考え方はかなりあったことが知られている。限界効用による説明は、今でも実質的には大体利用されている。欲望の強さは、その欲望を充たすために人が持つ財貨の数量の関数であって、その数量が多くなればなるほど、その増加分による満足の程度は低くなり、したがってまた対価を支払おうという気持の程度も小さくなる。ダイヤモンドは大部分の人にとって比較的供給が少ないので、ダイヤモンドがもう一つ増えることによる満足は大きく、対価を支払ってもよいという気持の程度も大きい。水の場合は丁度この逆である。したがってまた、ある財貨の供給をわずかの費用で増やすことができる場合には、その財貨の交換価値は、生産の容易さを反映し、またそれが満足させる限界的な欲望の低さを反映して、小さいのである。その財貨が(水のように)どんなに不可欠のものであっても、そうなるであろう。

経済学の教科書の中に祭り上げられている限界効用てい減の理論によれば、社会がゆたかになるにつれて生産の重要性が低下すると考えなければならないように思われる。一人当りの実質所得が高まると、人びとは新しい欲望を次々と充たすことができる。新しい欲望の緊要性は次第に低下する。したがって、強さの低い欲望を充たす財貨の生産の重要性も低下する。リカード時代のイギリスでは、多くの人がパンを十分にえられなかったので、パンの供給の増加は――それが、パンの価格は同じで貨幣所得が増えたことによる場合でも、また貨幣所得が同じでパンの価格が下ったことによる場合でも――大きな満足をもたらした。飢餓は少なくなり、いのちも延びたかもしれない。パンの供給を増やす措置ならば、どんなことでも、公共心のある人びとは真剣に関心をもったであろう。

現代のアメリカでは、パンの供給は依然として十分である。パンの供給の限界的な増加分がもたらす満足は小さい。したがって、パンや小麦の供給を増やす措置は、公共心のある人びとにとって社会的に緊要な関心事ではなかった(4)。工業諸国では、人びとはパンの限界効用が非常に低くなるほどパンをたくさん消費するようになっていて、今ではほかの物にその所得を費すに至っている。パンについでほかの物が消費されるようになったのであるからには、それらの物もそれほど重要ではないにちがいない、つまり、それらの物の消費についても、小麦と同じように、その限界効用がごく小さくなってしまった、と考えられている。したがって、あらゆる生産の限界増加分の重要性は低く、減少している、と考えなければならない。ゆたかさの程度が進むにつれて、経済の目標とされていたものの重要性は小さくなる。生産と生産性の重要性は次第に低下するのである。

限界効用てい減という概念は、昔も今も経済学の不可欠な観念の一つである。ところで、欲望の強さと生産の重要性がてい減するという考え方が強くなってきたことを思うとき、依然として限界効用てい減論が幅をきかしているのは、まさに注目すべきことといわねばならぬ。どのようにしてこの芸当がなされたかというと、欲望の強さがてい減するという考え方を否定することによってである。この考え方は精密な科学的方法からは許されないとされた。そしてこの科学的方法と称せられるものこそ通念の強力な防波堤なのであって、それはとくに高度の学術論議においてしばしばみられるところである。明瞭な証拠があっても、それが不都合なものであれば、それは科学的に理解しえないという理由で拒否された。更にすすんでは、不都合な現象を単に無視することも、必要に応じてなされたのである。

四

まず第一に、経済学は財貨に関するものだが、前にのべたように、その財貨について判断を下す権利はないとされた。財貨が必要なものか不必要なものか、重要なものか重要でないか、というようなことは、経済学の領域には入らないものとされた。アルフレッド・マーシャルがこの点に関して与えた規則は、ほかの多くの場合におけるのと同様に、それ以後の経済学者によって忠実に守られている。マーシャルは次のようにのべている。「経済学者は精神状態の現われを研究するのであって、精神状態それ自体を研究するのではない。経済学者は、いくつかの精神状態が同じような行動意欲を起こさせるものであることがわかれば、彼の目的上、まずそれらを同様に取り扱うのである。」(5) 彼はそのすぐあとで、このような単純化は「出発点」にすぎないと付言している。この単純化は経済学を科学的にする上において非常に貢献したのは事実だが、その後の経済学者はいつまでもこの出発点にとどまることに満足していて、またそれが学者的慎みであり、科学的な美徳であるとして満足していた。こうした慎みの必要は若い学徒の心の中に強くたたきこまれている。いっそう多くの食料がほしいという欲望は正しく、もっと高価な自動車がほしいという欲望は軽薄である、というようなことをいいたくなる人は、経済学の訓練が全然なっていないとされてしまう。

第二に、数限りない種類の物が消費者の目をひくという事実を、経済学は広く認めた。個々の物の限界効用は確実にていい減するけれども、新しい別な物の効用あるいはその満足は、その物に先立つ物の当初の単位から生ずる満足より低くない、という仮定が、経済分析の初歩的な(そしてまたやや主観的な)段階でなされている。新しい生産物が消費されているかぎり――すなわち消費者が数量ではなくて多様性を求めているかぎり――、消費者は、博物館が物を蓄積するのと同じように、その欲望の強さを減ずることなしに欲望を蓄積しているのかもしれない。普通の消費者は、彼が所有する可能性のある物のうちのほんの一部分しか現実には所有していないのだから、新しいいろいろな物を所有するチャンスはほとんど無限にあるわけである。供給が多くなれば、それに比例して所有者も得をする。こうした財貨およびサービスの効用は低下しないから、それらの生産の重要性が低下するということもありえない。

このような立場は明瞭な事実を無視している。それは、ある物は他の物よりもさきに入手され、またおそらく、より重要な物がさきに入手される、ということである。このことは、さきに見たとおり、必要の重要度が低下するということを意味している。しかし、このような結論は、もっと高級な理論では否定されている。この否定の中心となる論点は、異時点における心理状態の比較や消費者満足の状態については、何も意味ある結論はだせない、という形をとる。今では初等の経済学徒でさえも、与えられた消費行為からえられる効用の異時的な比較は誤りであるという警告を、いやというほど聞いている。昨日、ある人の実質所得は小さいながらも増加しつつあって、彼は、十分な食事をとり、屋根の洩れを防ぐことから満足をえた。今日、彼の所得は非常に増えたので、彼の消費は大きくなり、カラーテレビや常軌を逸した無駄使いにも及ぶほどになった。しかし、このようなたのしみやレクリエーションからえられる満足が、昨日の十分な食事と屋根の修繕からえられる満足よりも小さい、というのは全く不当である。事情は　変したのだ。彼は昨日の彼ではない。昨日と今日を比較する基準など存在しないのだ。もちろん、　定の時点においては、既にある物の量の限界増加分からえられる満足は低下するし、したがって、それに対して支払ってもよいと思う金額は小さくなるだろう。しかし、だからといって、その物の追加分または別の物を後の時期に得るときの満足が低下するとはいえない。したがって、結論は、個人の消費量が時間的に後に増加することからえられる満足が低下するかどうかは確かでなく、またそれ故に、そのための生産の重要性が低下するとはいえない、ということである。

このような議論によってどれだけのことが明らかになったのか、しばらく考えてみるのは無駄ではない。効用てい減という観念は、欲望の強さと一定量の物に対していくら支払ってもよいかという気持とを関係づける点で、依然としてなくてはならない観念である。一時点において、個人の所有量が多ければ多いほど、その物の増加分がもたらす満足は小さく、またそれに対する彼の支払意欲も小さいであろう。社会の態度は、その社会を構成する個人の態度の総計であるから、供給が多ければ多いほど、限界増加分に対する支払意欲が小さく、したがって、経済理論を少しばかりかじった人ならよく知っている需要曲線もそれを反映して右下りになる。けれども、同時に、消費の重要性が低下するという問題は省略されている。というのは、物の増加量に対する支払意欲の問題は一定の時点における物に対する消費者の行動に関する仮定を基礎としているのであるが、実質所得の増加の結果としての消費者の物の所有量の増加は、期間が経過しなければ起こらないからである。このことからどれだけの満足が生まれるかについては、経済学者は何らの断言もできない。科学的方法の名において経済学者は何らの発言権もないのだ。(6) しかし、消費者の目をひく財貨の種類は多く、またますます多くなっていくので、欲望の重要性には変りがないのだ、という大ざっぱな仮定を設ける余地はある。とにかく、財貨が少ない場合よりも多い場合の方がより多くの欲望を満足させるということはできよう。そして、財貨はいつも人類の窮乏を救ってきたのだから、財貨の供給は重要であり、緊要とさえいえるのだ、という仮定が無批判的におこなわれている。限界効用てい減という概念には経済学とその目標に対する危険が内在しているが、経済学がこの危険に巧みに処理したことは以上で明らかになったと思う。

もちろん反対意見もあった。ケインズは次のように述べた。「人類の必要には二つの種類がある。他人がどうあろうと自分はそれがほしいという絶対的な必要と、それを満足させれば他人よりも偉くなった気がするという意味で相対的な必要との二つである。[7]」しかしケインズはこの結論より一歩も先には出なかった。通念と闘うためには、ケインズもほかの人たちと同様に、客観条件の変化という味方をまたなければならなかった。そしてケインズは、不況対策についてはこの味方をえたが、この点ではまだ味方を得ることができなかったのだ。

(1)　"The Economist as a Modern Missionary," *The Economic Journal*, March 1956.

(2)　消費者行動の理論の起源を略述した興味ある論文として, I. D. M. Little, "A Reformulation of Consumer Behavior," *Oxford Economic Papers*, New Series, Vol. 1, No. 1 (January 1949), p. 99.

(3)　*Wealth of Nations*. スミスは工業用ダイヤモンドの出現を予見できなかった。

（4） 初版と第二版で私は、「世界的に不足する可能性もあり」、その場合にはこの関心が高まることもあろう、と警告した。これは私が常に示している以上の先見の明であった。世界的な必要については、世界的な食糧不足の可能性がたしかに関心を高めているのである。

（5） *Principles of Economics*, 8th ed. (London : Macmillan, 1927), p. 16.

（6） 消費需要のいっそう技術的な分析においては、分析の手段が効用の大きさから効用の順序へと移ったために、物の重要性のてい減の問題からさらに注意がそらされることとなった。効用の順序の分析とは、異種の財貨の間の選択という観点から消費者の欲望を取り扱うものである。しかしこれによって、財貨の限界効用てい減という観念や財貨の増加分の重要性のてい減という観念がなくなったわけではない。無差別曲線または無差別曲面において限界効用のてい減は、消費者が所有するある物の量が増えるにつれて、別の物の一定量を得るために提供してもよいその物の量が次第に増える、ということによって表わされている。レクリエーションは最小限の食料と結合されなければ消費者の選好体系に入ってこないが、食料はレクリエーションなしでも選好されうる。

しかし、このような考慮は経済分析やその教授方法を不必要に困らすことにはならない。食料とガソリンとパチンコは一定の比率で相互に交換可能であり、一定量の等価関係に立っている、という事実の方がずっと明瞭である。経済学を教えるに際していちばん強調される点は、消費者の最大の満足は彼の所得が許す最高の無差別曲線にあるということである。所得が増加したり、または物の価格の下落によってその物の数量が増加すると、消費者はより高い無差別曲線に移る。これが消費者の目標であることは、分析における暗黙の前提となっている。物の量の限界増加分の重要性に対して疑問を投げかけるかに思われた思考方法は、むしろそれを確証することで終ったのである。実際には、高次の無差別曲線へ移ることの重要性が低下するかもしれないということは、この分析方法では考慮されていない。

(7)　J. M. Keynes, *Essays in Persuasion*, "Economic Possibilities for Our Grandchidren" (London : Macmillan, 1931), pp. 365-366. ケインズはいつも通念にしばられなかったが、各種の欲望に差別を設けるという許しがたい罪を犯すのを躊躇しなかった、という点に注目せられたい。

第十一章　依存効果

一

個人のもつ物の量が多くなっても欲望の強さが小さくなるわけではないという考え方は、明らかに常識に反する。それは信じたいと思う人にしか信じられないことだ。しかし、通念と闘うには通念の中に攻め込まなければならない。個人の心理状態の異時的な比較は技術的に薄弱な根拠に基づいている。飢餓という欠乏感が隣人の新しい自動車に対する羨望という欠乏感よりもいっそう辛いと断言できる人はいないであろう。貧乏だった昔から今に至るまでの間に、人はもっと強い新しい欲望にとりつかれるようになっているかもしれない。そして、社会についていえば、貧困な時代とゆたかな時代とについて限界的な満足を比較しようとすれば、同じ個人の異時点における比較ばかりでなく、別な個人の異時点における比較もしなければならない。社会がますますゆたかになっても欲望の強さと財貨の重要性が低下することはないと信じたいと思っている学者に勝目がないわけではない。

反対論がどんなにもっともらしいものであっても、それは証明できないことである。このことは、通念を弁護するのに無類の強さをもっている。

けれども、こうした主張には欠陥がある。個人の欲望が重要であるというのならば、その欲望はその個人自体から生まれるものでなければならない。個人のためにわざわざ作り上げられたような欲望は重要であるとはいえない。欲望を満足させるところの生産過程によって作り上げられるような欲望はもってのほかである。なぜならば、もしそうとすれば、欲望が重要であるから生産も重要なのだという主張は崩壊するからである。もし生産が欲望を作り出すとしたら、欲望を満足させるものとして生産を弁護することはできない。

ある人が毎朝起きるたびに悪魔に襲われて、この悪魔は、ある時は絹のシャツを、ある時は台所用品を、ある時は装飾用の壺を、またある時はオレンジ・スカッシュをほしがる欲望を彼の心に起こさせると仮定すれば、その場合には、この欲望の焔を鎮めるための財貨を求める努力は、たとえその物がどんなに変なものであったとしても、賞讃に値する。しかし、もしその悪魔はそもそも彼によって育てられたものであり、その結果としてこの欲望が生じたというのであれば、そしてまた、欲望を鎮めるための努力が悪魔を動かして、ますます大きな努力をしなければならないというのであれば、彼の解決方法が合理的かどうか疑問である。通念にしばられていなければ、彼は、いっそう多くの物を求めるのと、悪魔を少なくするのと、どちらがよい解決方法であるか迷ったことであろう。

したがって、欲望を満足させるための生産によって欲望が作り出されるのであれば、あるいはまた欲望が生産と併行して現われるのであれば、生産の重要性を弁護するために欲望の重要性をもち出すことはできなくなる。生産は生産自体が作り出した空間をうめるにすぎないからだ。

二

この点が強調すべき中心問題である。消費者の欲望は、奇妙な、軽薄な、あるいは不道徳な源泉から生ずることもあろうが、そうした欲望を満足させようと努めることは社会にとって善であるとされている。しかし、欲望を満足させる過程自体によって欲望が創り出されるとすれば、こうした主張は成り立たない。なぜならば、もしそうだとすれば、これらの欲望を満足させるための生産の重要性を主張する人は、リスが自分で廻している車にくっついて一生懸命に廻っているのを拍手喝采している見物人と全く同じ立場にあるからだ。

欲望が生産の結果であるという事実を否定する真面目な学者は今日ではほとんどいない。かなり多くの経済学者はこの点を認めている。もっとも、このことの含む意味を十分に知っているとは必ずしもいいがたい。前章の末尾で引用したケインズの議論の中で、ケインズは次のように述べている。「第二の種類」の必要、すなわち他人におくれまい、あるいは他人の先を行こうという努力の結果として生ずる欲望は、「満足させようとしてもきりがないかもしれない、なぜならば、一般的な水準が高ければ高いほど、これらの欲望も大きくなるからだ。(1)」さらに、他の経済学者も、他人との張り合いということが欲望を作り出す上にかなりの役割を果たすものだと考えている。ある人の消費は隣人の望みとなる。このことは、欲望が満足される過程は同時に欲望を創り出す過程であることを意味している。満足される欲望が多ければ多いほど、新しく生まれる欲望も多いのだ。

しかし、議論はさらに前進する。消費者の行動に関する近代の理論家の第一人者であるデューゼンベリー教授は次のようにはっきりと述べている。「われわれの社会においては、社会の主な目標の一つは生活水準の向上である。……このことは消費の理論に対して大きな重要性をもっている。……よりすぐれた財貨をもちたいという欲望は、それ自体が一つの生き物みたいなものである。その欲望はいっそう大きな支出をしたいという衝動にかりたてる。しかもその衝動は、その支出によって満足される筈の必要自体から生ずる衝動よりも強いこともあるのだ。(2)」こうした見解は重要な意味を含んでいる。それ自体の必要という観念は今や背景に退いてしまった。社会は高い生活水準を生み出す能力を高く買っているので、個人はその所有物を標準にして社会から評価される。社会の生産能力を強調する価値体系によって消費意欲はさらに助長される。生産が多くなればなるほど、体裁を保つために所有しなければならない物も多くなる。この点は重要である。なぜならば、デューゼンベリーのように、ゆたかな社会では財貨は体裁の象徴としての役割しかもたないと極論しないまでも、彼の議論は、財貨の生産はそれが満足させる筈の欲望をつくり出す、ということを十分に示唆しているからである。(3)

三

近代的な宣伝と販売術は、生産と欲望とをいっそう直接的に結びつけている。宣伝と販売術の目的は欲望をつくり出すこと、すなわちそれまで存在しなかった欲望を生じさせることであるから、自立的に決定された欲望という観念とは全然相容れない。(4) これをおこなうのは、直接または間接に財貨の生産者である。消費財の生産費とその生産に対する需要を喚起するための費用との間に関係があることは、経験的にみて明らかである。新しい消費財を売り出すときには、それに対する関心を起こさせるために適当な宣伝をしなければならない。生産を拡張する前には、宣伝費を増大させておかねばならぬ。近代企業の戦術においては、ある製品の製造費よりもその需要をつくり出すための費用の方が重要である。このようなことはすべていい古されたことであって、どんな三流大学の経営学部のいちばん成績の悪い学生にとっても初歩的な知識である。欲望をつくり出すための費用はおそるべき金額にのぼる。一九八七年における宣伝費は約一一〇〇億ドルに達した。もっとも、それ前に述べたように、宣伝費のすべてが欲望をつくり出すためのものだとはいえない。それはともかく、それまでの数年間、宣伝費は毎年約六十億ドル増えていたと見積られる。このように無視しえないほど大きい支出は、消費需要の理論と統合すべきものである。

しかしそのような統合を認めると、欲望が生産に依存することをも認めなければならない。生産者は財貨の生産と欲望の造出という二重の機能をもつことになる。消費者どうしの見栄張り競争というような受動的な過程ばかりでなく、宣伝とそれに関連した積極的な活動によって、生産は生産によって充足されるべき欲望をつくり出す、ということを容認することになる。

実業家や一般の読者は、わかりきったようなことを私が強調するので、とまどいされるであろう。たしかにわかりきったことだ。しかしこれは不思議なほど経済学者が反対してきたことなのである。経済学者は、素人とはちがって、これらの関係の中に既存の観念をそこなうものがあることを感じていた。その結果かれらは、あらゆる経済現象のうちでもいちばん厄介なこの近代的な欲望造出という現象から目をそむけていたのである。

欲望が宣伝に依存することを確認する事実が全く無視されていたというわけではない。しかし、経済学者が昔から宣伝を心よからず思っていたのは、こうした理由にもよるのである。宣伝は既存の理論にぴったりしないものである。経済学者のうちでも透明な心をもっていた人たちは、大衆の注意をひくための高価な宣伝活動の明らかな所産と考えられる欲望がはたして重要といえるかどうかを思案した。消費者に欲望感をたたきこむためにそれほど費用をかけなければならないものだとすると、朝食用の新しい乾燥穀類《セリアル》や洗剤はそれほど欲しがられているものなのだろうか、と。しかし、消費需要の理論や生産と生産能率の重要性に対してこのことがどういう意味をもつか、というところまで検討するほどの気運はなかった。こうしたことは依然として神聖不可侵のものであった。むしろ、宣伝と宣伝屋はそもそも無用であるという意見が強く、そのようなことの中にこの不安感が表われていた。こうした意見は、宣伝と宣伝屋はなくしてしまえという主張を時には生み出したが、この主張は宣伝業界ではたいていは受けが悪かった。

このようにして、それ自体きまった欲望という観念は今でも生き残っている。近代宣伝術がどんなに盛んであろうと、この観念はほとんど汚されずに教科書の中で支配している。そしてまた、これらの欲望を充たす方法を無批判的に探求することが依然として経済学者の使命であるとされており、経済学を教えるにあたってこれほどはっきり教えられていることは少ない。というわけで、生産は相変らず最も大切なことだとされている。明瞭な事実に反抗した通念の最終的な勝利とはこのようなものだ。それは、次のたとえ話に出てくる人道主義者みたいなものである。この人道主義者は、町の病院の設備の不足が深刻であるということを昔きかされたので、今でも通行人からベッド増設のためのかねをせびっているが、医者が自分の車で歩行者を巧妙にひき倒しては病院があかないようにしているという事実には気をとめようとしない。

複雑な問題を解く際には、明白な事実を見逃さないようにいつも注意しなければならない。欲望が宣伝や販売術や外交員の巧妙な手管によって合成されうるという事実は、その欲望がそれほどさし迫ったものでないことを示している。本当に飢えている人は、食物の必要について聞かされる必要はない。彼が食欲を感じていれば、バテン、バートン、ダースティン、オズボーンなどの宣伝会社の影響に動かされることはない。不自由する物がなくて、何が不足しているかわからないような人に対してのみ、宣伝は有効にはたらくのだ。このような状態にある人だけが説得に耳をかすのである。

四

本章の一般的な結論は本書にとって非常に重要であるから、ここでやや公式的に述べておくべきであろう。社会がゆたかになるにつれて、欲望を満足させる過程が同時に欲望をつくり出していく程度が次第に大きくなる。これが受動的におこなわれることもある。すなわち、生産の増大に対応する消費の増大は、示唆や見栄を通じて欲望をつくり出すように作用する。高い水準が達成されるとともに期待も大きくなる。あるいはまた、生産者が積極的に、宣伝や販売術によって欲望をつくり出そうとすることもある。このようにして欲望は生産に依存するようになる。専門的な用語で表現すれば、全般的な生産水準が低い場合よりも高い場合の方が福祉はより大きい、という仮定はもはや妥当しない。どちらの場合でも同じなのかもしれない。高水準の生産は、欲望造出の水準が高く、欲望充足の程度が高いというだけのことである。欲望は欲望を満足させる過程に依存するということについて今後もふれる機会があると思うので、それを依存効果(Dependence Effect)と呼ぶのが便利であろう。

以上の分析の結論を簡単に考察することとしたい。

消費需要の理論は経済学の現在の目標にとって、あまりあてにならないおかしなしろものである。一見したところ、それは、生産が相変らず重要性を失わず、目標としての生産がわれわれの最大の関心事であることを弁護しているようである。経済学者は、充足されるべき欲望の重要性や美徳に関するいかがわしい道徳論には入らない。経済学者は、人びとの心理状態の異時的な比較をして、どちらがより重要であるかを示唆する、というようなことはとてもできないといった顔をしている。欲望が存在するということだけで経済学者には十分なのだ。経済学者は欲望充足の方法を職人的に求め、そのための生産を重んずることになる。経済学者の仕事は、婦人の仕事と同様に、はてしがない。

しかしこうした正当化がどんなにもっともらしくみえても、欲望を充足させる過程自体が欲望を受動的・積極的につくり出すということになれば、議論は台なしになってしまう。そうとすれば、物の生産が満足させる欲望は、その物の消費がつくり出した欲望であるか、またはその物の生産者がつくり出した欲望なのだ。生産はより多くの欲望をもたらし、さらに生産の増加を必要とする。これまでのところ、このことの意義は巧妙に無視されていた。しかしこれは明らかに危険な解決である。それはまもなく議論に堪えなくなるであろう。

昔から理想の社会についていろいろの説があったが、リスの車輪のようなタイプの社会を提案した人はいなかった。しかも、のちに述べるように、この車輪は完全にスムースに廻っているとはいえない。いかがわしい文化的な魅力を別にしても、深刻な構造的欠陥があり、これがいつかはわれわれの悩みの種となるであろう。しかしここでは今までのむずかしい議論をふりかえってみるだけに止めておこう。第八章では、経済的保障という理由から、われわれにとって生産がどんなにのっぴきならないものであるかをみた。生産がもたらす財貨でなくて雇用こそ、われわれにとって結局のところ必要なものであった。ところが財貨に対する関心は、今またさらにそこなわれることになったのである。財貨に対する関心は消費者の自発的な必要から起こるのではなく、むしろ依存効果によって生産過程自体から生まれる。生産を増加させるためには欲望を有効にあやつらなければならない。さもなければ生産の増加は起こらないであろう。すべての財貨についてこういえるわけではないが、大部分の財貨についてそういえるということで十分である。このことから考えると、このような財貨に対する需要は、あやつらなければ存在しないのだから、それ自体の重要性または効用はゼロである。この生産を限界生産物と考えれば、現在の総生産の限界効用は、宣伝と販売術がなければ、ゼロである。生産こそをわれわれの社会の中心的な業績とみなす態度や価値観というものは、まさにひどく歪曲された根の上に立っているといわなければならない。

リカードの著作と縁を切って、現代のゆたかさの経済学に直面するとき、われわれが考えるべき問題がいかに新しくなり、また変化したか、ということは誰の目にも明らかであろう。今までの通念がこうした変化に頑強に抵抗したのもうなずける。厄介な思想の海に乗り出すよりは、無意味さの中にいかりを下している方がずっとよいことであるし、またはるかに安全なのである。

(1) J. M. Keynes, *Essays in Persuasion*, "Economic Possibilities for Our Grandchildren" (London: Macmillan, 1931), p. 365.

(2) James S. Duesenberry, *Income, Saving and the Theory of Consumer Behavior* (Cambridge, Mass.: Harvard University Press, 1949), p. 28.

(3) 消費需要にかんする明確な研究が最近おこなわれたが、この研究は本文に述べたことにたいしてさらに大きな支持を与えるものである。すなわち、ハウタッカー教授とテーラー教授が需要の決定要因について統計的に研究した結果では、大多数の財について、決定要因としてふつう認められている価格と所得は、その財の過去の消費よりもはるかに重要性が小さい。二教授はこれを「心理的ショック」と呼んだが、これは伝統的な理論の弱点を認めるものである。現在の需要を説明するには過去の需要に頼らざるをえない。こうした需要はそれ自体の増加の必要をはぐくむのだ。H. S. Houthakker and L. D. Taylor, *Consumer Demand in the United States*, 2nd ed., enlarged (Cambridge, Mass. : Harvard University Press, 1970).

（4） 宣伝は単純な現象ではない。それは競争の戦術においても重要である。ある企業にとっての需要曲線を他の企業の犠牲において動かしたり、あるいは(重要性はそれより低いと私は思うが)製品の差別化の程度を高めることによって需要曲線の形を変えたりする努力を競争的な企業はしている。欲望造出は、通常は、そのような努力の補完的な結果である。宣伝が欲望造出のはたらきをしていることを経済学者が見逃した理由の一半は、宣伝が競争の戦術としてのみ用いられていることに過大に注目したからであろう。しかし、消費者の欲望を競争的にあやつることは、とくにそれをかなり大がかりにすることは、消費者の欲望感が強くない場合にのみ可能である、ということに注意すべきである。

第十二章　生産における既得利益

一

既得利益という観念はわれわれの社会的な慣習において面白い伸縮性をもっている。普通それは、この言葉を使う人自身が属していない政治上の少数派が享受している不当な利益のことである。この言葉を使う人もそれを享受している場合には、それは既得利益ではなくて、苦心して獲得した報酬とされる。また既得利益を享受する人びとが少数派ではなくて大多数である場合には、それは人権とされる。このような言葉の魔術はあるけれど、生産に対する現在のわれわれの態度における既得利益をこれから検討することとしよう。

現在の幻想に最も多く依存しているのは誰であるか？　観念や客観情勢や時の攻撃に逢ってこれらの事柄が明るみに出たときに、いちばん被害を蒙るのは誰であろうか？　将軍が敵の兵力を偵察するように、著者もそのかくれた敵を知るべきである。

現在の経済の目標にいちばん大きく賭けている人が実業家であることは疑いない。もっと正確にいえば、重要な会社重役であろう。生産が何よりも重要であるとすれば、生産者という肩書に対する伝統的な確固とした権利は彼にあり、したがって彼は社会の星座における重要人物であろう。社会は彼が果たす役割に相応した威信を彼に与えるであろう。また、さして重要なことではなかろうが、彼はその威信にふさわしい所得を得ることができる。これはたやすいことで、また批判を受けるわけでもない。経済に対するわれわれの態度がほとんど生産だけに独占的に向けられるようになるにつれて、会社重役に対する敬意も大きくなった。不平等が深刻な関心事であったうちは、実業界の大立者《おおだてもの》の地位は漠としたものであった。彼は明らかに重要な役割を果たしていたのであるが、彼の仕事に対して受け取る報酬が多すぎるとしていつも非難されていた。不平等に対する関心がうすらぐにつれて、このような態度も消滅した。実業家はもはやどんな深刻な非難をも受けないですむようになった。大会社の階層組織内での彼の役割において、個人的にも制度的にも経済的な保障を確立したということほど彼にとってうまくいったことは少ないのであるが、それでも彼は、リスクを負っている人、危険な生活をしている人というレッテルを持ち続けている。アメリカの社会における実業家の優越的地位を疑問視する人はいない。しかしそれは、生産を最大の関心事とする態度が続くかどうかにかかっているのだ。

水がたくさんある場合と不足する場合の例については前に述べた。何年も前の話だが、ニューヨーク市は水が不足して、厄介なことになりそうな状況にあった。人びとは心配そうに雲を眺め、雨を降らす薬を雲に撒くのに期待した。水の保全計画がはなばなしく始められた。自動車洗い、水道の栓の洩れ、道路の水まき、冷房装置などはみな禁止された。こうしたことを実行するには人びとに周知徹底させる必要があるが、それを指揮したのはニューヨーク市の水道監理官スティーヴン・J・カーネー氏であった。彼は一時はニューヨークで最も重要な人物であった。彼の名前は誰の口にものぼった。カーネー氏は公共的な人物であった。やがて雨が降り、貯水池はいっぱいになった。カーネー氏は忘れられた。ある日彼はこっそりと左遷されたが、それに気づいた人はいなかった。

われわれの社会において生産者という肩書は確実に尊敬されている。酒屋の主人も、カジノの主人も、ドッグレース場の主人も、生産者である。彼は、もっとましな基礎的な生産者ではないが、とにかく生産者であることに変りはない。生産者としての彼は、社会の支柱、社会の富の源泉としての地位を享受している。そのような地位を中学校の校長や教区の牧師は必ずしも享受しているとはかぎらない。ジェネラル・エレクトリックの社長がアメリカ合衆国大統領を訪問するのは生産者としてである。生産者が政府の省を掌握するのはだいたいよいことだと思われている。人をほめるにしても、彼は生産を知っているというほどよい言葉はない。しかし生産者の威信は生産の威信にほかならない。生産が当り前のこととされるようになれば、生産者もある程度は当り前の人間とされるようになるだろう。カーネー氏の例はその警告である。

人は自分にとって重要なもののために闘う。自分の利益を感じとっている実業家は、生産の重要性を強調する価値体系を守るために精力的に闘うであろう。そして多分に直観的に、彼はそのために闘っている。生産の重要な役割に関する鳴りひびくばかりの主張は、実業界によって今や重要な地位を与えられるならわしになっている。「生産的なものだけが強く、強いものだけが自由である。」「アメリカは生産によって築きあげられたのだ……。」「口論をやめて生産しようではないか。」

二

実業家というものは、多くの例外はあるにしても、昔から国家に対して懐疑的であった。少なくとも、国家の活動のうちで、国防は例外として、実業家の役にたつ市場を提供しないものや、彼が必要とする研究・開発に対する補助にならないものについては懐疑的であった。実業家は重要な納税者であり、また政府の規制に対して弱い立場にある、ということがその理由であり、またこうした事情はいつも当然のこととして前提されてきたのである。しかしわれわれは、社会問題を論ずるにあたって、この種の機械的な経済的決定論に溺れすぎている。近代の政府は実業家の威信に大きな脅威を与えている。資源の保全、教育、社会福祉などの問題をわれわれが重要視している程度に応じて、行政官、教員、その他の専門的な公務員は人気ある英雄となっている。かれらの威信が高まり、また同時に対外政策上の問題や事件に関係する人たちの威信が高まるにつれて、それに対する実業家の反応は、政府は何ものをも生産せず、不妊の売笑婦みたいなものだ、と指摘することであった。「事業が富をつくり出し、個人が観念と発明をつくり出すというような意味では、政府は何ものをもつくり出すことができない……。(1)」この主張はやや不自然な議論をも含んでいるが——教育は非生産的で、学校の机の製造は生産的だとされている——、それにもかかわらず、とくに実業界の古い正統的な思想の中ではかなり著名な地位をえているのである。

実業家と知識人とは昔から緊張関係にあり、それは結局においてはいっそう重要なことであろう。「いくたの軽薄な知識人が現われたことは、近代資本主義の時代の最も望ましくない現象の一つである。かれらの出しゃばった動きは見識ある人の反感を買う。かれらは厄介ものである。(2)」政府の場合と同様に、この緊張関係の基礎は経済的なものだと昔から考えられてきた。「新しい生産方法を生み出すような研究にたずさわっている人は、その研究の金銭的価値にしか関心のない実業家を憎んでいる。研究にたずさわっているアメリカの多数の物理学者が社会主義と共産主義の同情者であることは意味深長である。……大学の経済学教授も、かれらが軽蔑的に利潤制度と呼ぶものに反対している……。(3)」しかし、知識人が社会的な急進主義者であり、またはそうと疑われていることが、知識人と実業家との敵対関係を強めているといえるだろうけれども、別な原因もあるのだ。すなわち、科学者、作家、教授、芸術家も、公衆の尊敬という点で実業家と重要な競争関係にある。

この競争は、経済政策、外交、公衆の道徳や行動に及ぼす政府の措置の影響などの、公事に関する論評においてとくに顕著にみられる。現代では社会的予言がとくに尊敬に値する役割をもっている。将来を予見し、特定の事柄を促進あるいは阻止するには何をなすべきかについて勧告することを公然と認められている人ほど、このような敬意をもって遇されている人はない。知識人はこうした事柄については当然自分に権威があるのだと思っている。知識人には実業家以上の博学と表現力の才があるようである。実業家は、自分は生産と一体であると強調することによって、知識人のおめでたさを反駁する。彼は「理論家」ではなくて実際家である。彼は物事の処理方法を知っている人として直截な態度で事に臨む。彼は自分の仕事場で人生について学んでいる。これによって彼は国の内外の事情について独得の洞察力をえている。生産の威信がおびやかされるようなことになれば、生産との一体化をきめ手にしている実業家が社会的予言の役割に関する知識人との競争でひどい打撃を受けるであろうことは明らかである。実業家が彼の現在の役割について自己を防衛したいと思えば、生産の重要性を弁護しなければならない。彼は当然そうすると考えてよい。

現代の尊敬をかちえようとする実業家と知識人との競争については、のちにまた触れる機会があろう。

三

政治においては不似合な者どうしが仲間になるということは昔から知られている。しかし、そうした仲間どうしが、その親しくはあるが奇妙な関係にほとんど気づかずにいることは稀である。しかもこの稀なケースの一つが生産における既得利益について見られる。すなわち、アメリカの自由主義者は、ごく最近まで、財貨の生産の第一義的重要性について実業家を支持していた。生産に由来する実業家の威信は、アメリカの自由主義者の論評がほとんど全力をあげて補強していたのである。この同盟がなぜ成立したかについては、ある程度の説明が必要であるが、根本的には決して複雑な理由があったわけではない。人命救助のいかだにしがみついている人は、見知らぬ岸に打ち上げられて、見知らぬ人びとの中にほうり出されることを予期しているであろう。潮流が変化する中で一つの観念に長い間すがりついてきた人もこれと同様である。多くの場合にそうであるように、イギリスにおける事態の動向は、少なくとも大まかなところでは、アメリカにおけるのとほとんど同様である。

三〇年代の十年間に至るまで、自由主義者は、経済の総生産に関するかぎり、資本、労働、原料の面での資源の有効利用の問題に取り組んでいた。この目標は、独占、関税、労働または資本の不可動性、最適利用に対するその他の障害物によって決してくつがえされるべきものではないと、彼は強く主張した。投資率の増大、総労働力の拡大、あるいは技術革新を速めるための真剣な努力によって生産を増加させることは、彼の関心事ではなかった。[4] 不況による生産の損失という最も重要な問題は、とくに自由主義者が関心をもっていたわけではなかった。この問題について政治上つよく公約をしている人はいなかった。保守主義者も自由主義者と同様に景気変動を「なめらかにする」ことに関心をもっていた。一九二〇年代に景気変動の緩和策に関する議論について政界で指導権をもっていたのはハーバート・フーヴァーであった。

一九三〇年代以前のアメリカの自由主義者の古典的な綱領は、現在の所得の再分配、経済的保障の向上、そして経済力の不平等な分配に対して個人と組織の自由と特権を守ることであった。こうした目的に役立つものとしては、累進所得税、政府サービスの拡張、公共の資源を私的な利用から守ること、社会保障の拡大、農民その他のとくに不利な立場にある集団に対する援助、労働組合の強化、法人に対する規制などであった。これらの措置は一つとして経済の総生産物に大きな影響を及ぼすとは考えられていなかった。

このような事情はすべて三〇年代に非常に変った。大不況の結果生産は非常な低水準に下った。一九二九年から三三年にかけて、民間の経済は三分の一ないし二分の一縮小した。変動がこんなにもはげしかったので、人びとの注意はそれまでとちがって、経済の総生産の動きと、政治的・経済的運命に対するその大きな影響とに向けられた。人びとが生産の増大よりも失業の減少を重要視したのは特徴的である。ローズヴェルトははじめて大統領に就任したときに、「われわれの第一の大仕事は人びとを職にもどすことである」といった。しかし、直接的にせよ、または経済的不安を軽減する努力の副産物としてにせよ、生産の拡大はアメリカ的意味における政治上の急進主義にとって次第に重要性を増し始めたのである。

そして一九三六年にジョン・メイナード・ケインズが現われた。ケインズ的体系の中心は、経済の生産物に対する総需要が経済の総生産を決定するという考え方である。いろいろの要因がはたらいて、生産が高い水準で均衡するか低い水準で均衡するかわからない。労働意欲のある労働者がすべて雇用にありつけるという特定の水準で生産が均衡するという不変の傾向があるわけではない。そして政府は総需要の水準を操作することによって生産水準を動かすことができる。その操作の最も明瞭なやり方は、税収以上に政府支出をして需要をふやしたり、政府支出よりも多く税金をとって需要をへらすことである。

生産水準をうまく操作することができれば、その効果はめざましいものである。生産を増やすことは同時に、失業、農業の不安、小企業の破産のおそれ、投資家のリスク、州や市の財政的困難などを改善し、さらには、人びとが自分の家を持つことも借りることもできずに同居して暮さなければならないような場合の混雑をいくらか改善することにもなる。社会問題はほとんどすべてこれに関係してくる。ケインズののち数年もたたないうちに、われわれの準備は主に生産の増加によっておこなわれたのである。第二次大戦の軍事的必要に対する生産水準は戦時動員における決定的な要因となった。

その結果、生産は自由主義者を感銘させたにとどまらなかった。生産は自由主義者の綱領となり、彼の心をほとんど独占するにいたった。これは政治における錬金術みたいなものである。生産の増加によって、当時のほとんどすべての社会問題は解決された、あるいは解決されるように思われたのである。

さらに、一時的なことであったにせよ、経済の総生産に対する実際的な関心は自由主義者の独占権であった。保守主義者は均衡予算を放棄することをためらった[5]。通念の規範はそれほど強かったので、それは当然のことであったろう。生産水準を操作することはまた政府の役割の拡大をも意味する。このことも保守主義者にとっては不愉快なことであった。というのは、以前には民間の生産に対してのみ与えられていた威信が政府にも与えられるようになるからである。

自由主義者に対する最も大きな影響として、生産増大と失業減少の公約は選挙での勝利をもたらした。三〇年代後期から五〇年代初期にかけて、高水準の生産および雇用を維持するという公約は、アメリカの選挙における自由主義者の得票の主要な源泉であり、それを打ち負かすことはできなかった。イギリスの左翼についてもほとんど同じことがいえる。「この国をふたたび前進させる」という約束、すなわち生産増加率を高めるという約束は、ジョン・F・ケネディが一九六〇年の選挙戦をかちとるのに貢献した。この約束はまだ続いている。

自由主義者の地位についてもう一つ奇妙なことがある。失業をなくす生産増大という公約によって、自由主義者は三〇年代に勝ち、また次の十年間も勝利を収めた。これは非常に重要なことであった。しかし自由主義者は、生産の問題を発見してから、相変らずそれにとどまっていた。生産の増大が失業の除去を意味するのではなく、就業者の生産物の増大を意味するような時代になっても、自由主義者は依然として生産増大の重要性を強調し続けた。要するに自由主義者は、生産増加がすでにあり余っている物資の供給をさらにふやすことを意味するにほかならないような時代になっても、生産増大が政治的成功の試金石であることに変りはないと信じていた。広汎な失業をなくす生産増大と豊富につけたすだけの生産増大との間の差異は、程度の差ではなくて質的な差である。自由主義者は昔は大問題をかかえていたのだが、生産増大を強調し続けることによって、知らず識らずのうちにごく小さな問題しかもたないような状態に陥ってしまったのである。しかしこれはおどろくに当らない。われわれは手のこんだこじつけの理屈によって、消費財の供給の増加が相変らず重要だと自らにいいきかせているのだが、自由主義者もほかの人と同様にこのような理屈を受け入れていたのである。

しかしこれは議論の脱線である。ここでは、ケインズが自由主義者の関心を生産に集中させたこと、そしてかれらの政治的成功の結果かれらはそれに既得利益をもつにいたったことに注目すればよい。ケインズ的な態度は新しい通念となったのだ。(6)

四

近年まで押しも押されぬ知恵とされていたのはこのようなものであった。ブラウニングは、「ジュピターがタイタンを打ち倒したのは、タイタンが山を築き始めたときではなく、もう一つ岩を積めば仕事が完成されるときであった」とうたった。生産についても同じことがいえる。その地位がゆるぎないものにみえたときに、すなわちそれが保守的な経営者と自由主義的知識人の深い既得利益によって支持されたときに、建物の正面にひびが現われつつあったのである。最近このひびはますます大きくなった。生産としての生産に対する先入主が今でも大変に強いということについては疑いをいれない。それは、かつて平等と貧困に対して与えられた関心を継承している。それは、経済的保障に対するその効果によって今でも強力に補強されている。それは、けばけばしいながらも精巧で伝統ある消費需要の理論によって今でも正当化されている。しかし、実業家にとって、生産はもはや確固とした威信を意味するものではない。自由主義的政治家にとって、それはもはや公職を約束する確実な処方ではなくなっているのだ。

生産の威信は財貨の威信にかかっている。アメリカの社会における比較的批判好きの人たちの間では、機械(gadgetry)を嫌う気分がかなり以前から流行している。(機械(gadget)という言葉自体、耐久財を軽蔑的にあらわす用語である。)こうした人たちの間では、光り輝いたパーティ室や、バーベキュ用の幻想的なかまどや、テレビの広い画面や、豪華な自動車などは、もうもてはやされてはいない。それらのものは社会的な悪評をさえいくぶん買っているかもしれない。ときにはいささかみすぼらしい衣服を身につけることも、今では好かれていて、殊に若者の間ではほとんど全面的な流行となっている。今日では、生産や雇用の増大に対して、環境に及ぼすその影響が対置されている。ときにはその影響が支配的なこともある。このような点で、財貨に対する小さいながらも意味深い反抗がみられる。また見栄張り競争を欲望の源泉にするのはやめようという気分がみられるのだ。

さらに示唆的なのは、実業家たちが社会における彼らの地位が滑りつつあると信じていることである。(7) 宣伝・広告業は経営者たちをその主な顧客としているが、このような産業の勃興は、事業の成功だけでは賞讃をかち得ることができなくなったということを示している。成功をどうしても宣伝する必要がある。しかし宣伝する人は、顧客を引き受けると、財貨の生産のほかに何かをとり入れるように考えを「ひねくる」ことをまずしなければならない。たとえばその顧客が政治家であるとか、教育後援者であるとか、あるいは公民事業での功労者であるとかいったぐあいの宣伝をしなくてはならない。芸術的なものや知的なものを次第に多くとり入れたり、つくり出したりしなくてはならない。『ビジネス・ウィーク』誌を読むような実業家ではダメであり、プルーストを読むというのであれば大物だ、といった調子である。

尊敬をかち得るためにこうしたことまでも必要になったのは、財貨に対する態度が変化したことと疑いなく関連している。自動車時代の初期には、ヘンリー・フォードやR・E・オールズは自動車のメーカーであるというだけで十分であった。これほど賞讃に値することはとても考えられなかった。今や自動車はありきたりのものとなった。そしてもっと気取った態度をとるなら、自動車は今やその形も装飾もやたらに大きく不恰好で非実用的であるとさえいわれる。してみると、近代の自動車メーカーがフォードやオールズのような高い地位を享受していない理由を理解するのはむずかしくない。

前に述べたように、知識人は、官僚や政治家とともに、社会の厳かな賞讃というようなものをめぐって、実業家と自然な競争関係にある。(8)(これらの人は、ハリウッドや、野球や、テレビ評論家や、国際的な上流の社交界などとは競争関係にない。この場合の競争の的は、社会の軽薄な喝采と認められるようなものだ。)実際のところ、今では知識人の地位は実業家の地位よりもはるかに確実である。成功している会社の社長が宣伝屋なしですますのは賢明であるとは思われないが、成功している詩人や科学者は宣伝屋を雇うなどとは思いも及ばないであろう。実業家は考え方の上でもすぐれていることを示さなければならず、またその必要の程度が高まっているが、哲学者や芸術家は、彼が立派な実業家であることを示すべきだとは考えていない。アメリカの知識人は、経営者の知的な努力は二流のものだと、昔からきめてかかっている。これは最も示唆的なことであろう。知識人は、実業家の演説をきき、実業家の書いた本を読み、また実業家の考えを尊敬をもって注意深く認めている。しかし知識人はそれらをそれ自身よいとか悪いとか判断しない。それらは実業家にとってよいこと(あるいは場合によっては悪いこと)である。これが程度の低いものであることはよくわかっているのだ。

最後に、現代の自由主義者は、もはや生産とあらゆる政治的成功とを同一視することはない。国内総生産の満足な増加が業績の第一の試金石であることには変りない。主観的なことばかり多いこの世界で、単純な算術を成功の尺度に使うことができる便利さを疑う人はいない。しかしながら、生産の量ではなしに生活の質はどうかと問うことは、もはや異常なことではなくなっている。そして若い世代は、人種的平等であるとか、環境の質とか、われわれの信念や生存の見通しを形作る上で、またわれわれの生活において、政府や民間の大きな官僚制度が果たす役割であるとか、などの問題に関心をもつようになってきている。また芸術的表現や知的表現の正直さに対して沸き立つような興味がもたれるようになっている。

こうしたことはまだ何一つ決定的なものではない。社会の目的はまだ生産である。生産はまだまじめな仕事である。生産者であることは、今もって、有用な人間であることだ。経済上の成功は、その人がワシントンで、さらにはまた大学の理事会で、完全な信頼に値するか否かの試金石であることに変りはない。生産の既得の地位がもはや完全には安泰でなくなったとしても、それが近代における財貨の生産の莫大な増加にもかかわらず生きのびたことは、依然としておどろくべきことといわねばならぬ。現代の人間は、リカードの時代の貧弱で飢死しそうな生存とは、ほとんど共通するものをもっていない。しかし、何が重要かということについてのかれらの信念は同じである。自分が重要と思う信念を守り続けるということは、人間の能力に与えられたすばらしい賜物である。生産の至上の力を疑うことは、今もって、英雄的な力をもつ神話に挑戦することなのである。

（1） Francis X. Sutton, Seymour E. Harris, Carl Kaysen and James Tobin, *The American Business Creed* (Cambridge, Mass. : Harvard University Press, 1956), p. 195.

（2） Ludwig von Mises, *The Anti-Capitalistic Mentality* (Princeton, N. J. : Van Nostrand, 1956), p. 107.

（3） *The Anti-Capitalistic Mentality*, p. 20. 故ミーゼス教授は今日の多くの実業家から極端とみられている。このことは公平を期するために述べておく必要があろう。

（4） 一七〇ページをみよ。

（5） もっとも、同様にためらいがちの自由主義者も多かった。この中には疑いなくローズヴェルト自身も含まれる。また、この問題について保守主義の立場をとることを選んだ自由主義者もいた。

(6) やがて共和党の大統領にとってさえそうなったといえよう。一九六九年にニクソン大統領はケインズに改宗したと宣明した。その後のロナルド・レーガン大統領も、名目ではないにしても政策ではこれと同じであった。

(7) また彼は古い意味でのボスとはもういえない。むしろ彼は、私が別のところでテクノストラクチュアと呼んだものの議長というべきである。重要な決定をおこなうのはこのテクノストラクチュアである。エクソンやＩＢＭの社長がいま誰だか、その産業の外ではあまり知られていない。ロックフェラーやワトソンについては全世界が知っていたのに。

(8) ほぼ同じような結論として、Russell Lynes, *A Surfeit of Honey* (New York : Harper, 1957) をみよ。

第十三章　集金人の到来

一

現在の状況は次のようなものである。生産は、生産される財貨のためにはもはや緊要ではなくなった。大部分の財貨の供給の限界的な増加分(または減少分)の重要性は、大部分の人びとにとって小さい(1)。われわれが生産は重要だという感じをもち続けているのは、現代ではなくて経済学が誕生した時代に根ざす態度のせいである。この態度を補強しているものとして挙げられるのは、根拠のない消費需要の理論、そして、生産の重要性に対して自由主義者と保守主義者の双方を結びつけている既得利益の体系である。

しかし同時に生産は、経済的保障に対するその影響という点で重要性を失っていない。失業のために財貨が作られなくても社会は困らない。この損失は限界的なものである。しかし失業した人は、所得がえられなくて困る。この効果は限界的なものではない。失業した人の所得の全部または大部分が失われ、したがって彼が買うことのできる物の全部または大部分が買えなくなるのである。また高水準の安定した生産は、労働者以外のほとんどあらゆる集団——農民、サラリーマン、大小の実業家——の経済的保障の基礎である。需要および生産の後退は、近代の大会社にとってまだ防衛策がとられていない主要なリスクである。[2]生産能力いっぱいの生産をする必要があるのは経済的保障の理由によるものである。

通念はこうした単純な結論を心よく思っていない。経済的保障に対する生産の関係の故をもって生産の重要性を主張し、生産物はたいして重要ではないのだというのは、通念にとっていやらしいことである。このような主張に従えば、経済社会は、役にも立たない仕事を作るだけのいかがわしい世界になってしまう。こうした結論を避ける一つのやり方は、すべての欲望を重要だとすることである。ここに、消費需要を正当化する馬鹿げた主張のいま一つの理由があるのだ。社会の福祉と満足のためには、働く意志のある労働者に所得を与えるに足るだけの生産が必要である、という肝心の点を強調するよりも、財貨はわれわれにとって必要であるという方がまだましなように思われている。しかし、何が本当に第一義的な問題なのかという点に疑問をもつ人がいれば、次のような簡単なテストをしてみればよい。労働時間当りの生産性が非常に高まって、その結果、総生産と失業とが同様に非常に増大していると仮定すれば、大統領、あるいは主要な公的地位への再選をねらう候補者は、この生産性の向上を弁護することもできるし、またその代りに、生産性は変らないが失業もない状態の方がいいともいえよう。このような場合には、どんなに単純な政治家も、またどんなに詭弁好きの政治家も同様に、失業を伴った生産増大よりも完全雇用の方が望ましいというにきまっている。

以上の議論は本書の以下の議論の基礎となるものである。それは、低所得層の本当の改善がないとして、財貨と供給それ自体にあまりこだわる必要はないということを示している、その重要性の論拠は現実ではなくておとぎ話にすぎない。そして本書の最終的なねらいは、このおとぎ話が駆逐されたあとに現われる機会をみることである。しかしその際にも、個人の経済的保障に関する生産の重要性について、われわれは極度に留意しなければならない。人びとにとって所得の源泉となる生産の重要性は変らないのだ。生産の機能を慎重に防禦しなければならない。

しかし、おとぎ話というものは概してむごいものである。われわれが生産それ自体をかくも重要視する原因となっている幻想の体系は、それ自身危険な、害悪のあるものである。さらに、現在の態度によって、われわれが、あらゆる財貨とサービスではなくて民間の財貨とサービスの供給を強調しているのも、いっそう深刻な社会的危険の源泉となっている。これらの問題にこれから入っていくこととしよう。そのうちでまずとりあげたいのは、現在のようなやり方で欲望が造出されていることに内在する危険についてである。

二

今日の欲望造出方法における一つの危険は、それに関連した負債発生過程である。消費者の需要は、消費者の借金する意志と能力とにますます依存するようになる。今日の欲望造出過程はおのずから消費者の負債を増やすような仕組みになっているといってよい。宣伝と虚栄とは欲望を他律的に生み出す二つの源泉であるが、これらが社会を風靡している。これらは、おかねのある人にもない人にも働きかけている。経常的な支払能力の足りない人にとっては、宣伝によって喚起された欲望を借金によって実現するのは簡単なことである。虚栄と負債との関係はいっそう直接的である。支払能力は人によってさまざまである。支払能力のある人が何かを買えば、それは支払能力のない人にすぐに影響を及ぼす。かれらが肩を並べるためには、借金しなければならない。現代における消費者負債の大きな増加は、一般の態度あるいは行動の独特の変化を反映するものと広く考えられてきた。負債に対する人びとの考え方が変って、貯蓄がさきで享楽は後だとするピュリタンの教義が、なぜかよくわからないが、とにかく大きく後退してしまった、とみられている。しかし、じつは経済生活の断片は全体の一部である。何十億ドルものかねを使って人びとの欲望をかきたてているほどの社会が、これらの欲望のための金融までもみてやらないとしたら、むしろ不思議というべきであろう。そしてさらに、これらの欲望を実現するための借金が負担の軽い望ましいものであることを人びとに説得するとしても、それは当り前のことだ。事実そのとおりになった。消費者金融に関する宣伝と消費者金融の仕組みは、物資の製造や欲望の育成と同じく、近代的な生産の一部となっているのだ。ピュリタン的な精神が放棄されたわけではない。それは近代的販売の巨大な力に圧倒されたにすぎない。

この過程全体を眺めると、消費の増加は消費者負債の――おそらく比例的以上の――増加をもたらすと考えてよかろう。われわれの生活水準の向上は必然的に負債の増加というペースで進められている。この点についてはすでに明瞭な証拠があげられる。二〇年代における生活水準の向上は、消費者負債の比例的以上の増加を伴った。三〇年代の景気回復期についても同様であった。第二次大戦後の事態はもっとめざましかった。一九五二年から一九五六年までの間に、消費者負債(不動産貸付を除く)の総額は二七四億ドルから四二五億ドルへと五五パーセントも増加した。割賦信用は六三パーセント増加し、とくに自動車の割賦信用は一〇〇パーセント近くも増加した。この期間は繁栄の時期であったが、個人の可処分所得の増加は二一パーセントほどに過ぎなかった。一九五六年から一九六七年の間に消費者負債は四二五億ドルから九九一億ドルへとさらに一三三パーセントふえた。割賦信用は三一七億ドルから七七九億ドルへと一四六パーセントふえ、自動車の割賦信用は一四四億ドルから三一二億ドルへと一一七パーセントふえた。この同じ十二年間における個人可処分所得は二九三二億ドルから五四四六億ドルへと八六パーセントの増加だったのである。[3] こうした趨勢は一九七〇年代にももちこまれ、その後も続いている。一九七四年には消費者負債の総額は一九〇〇億ドルを超えた。このうち一五六〇億ドルは月賦の負債で、さらにそのうちの五二〇億ドルは自動車の月賦であった。可処分個人所得は八〇パーセント増の九八〇〇億ドルだったのに対して、負債総額は九二パーセント増であり、月賦の負債は一〇〇パーセント増であった。自動車の月賦の負債は、ガソリンの価格引上げと不足とに影響されて、六四パーセント増にとどまった。(この版が印刷にまわっている一九九八年までに、更に大きな増加があった。)

このように大がかりな負債造出に関連した緊張には全くおどろくほかはない。それ自体が外から刺激されて生じた欲望の遺産は負債のつけであって、それは月賦でものを買っている人の上に冬の雪のように落ちてくるのだ。このつけがくるとまもなく集金人がやってくるであろうことは、全国の何百万もの家庭が知っている。集金人や破産事件の弁護士こそ、よい社会の中心人物なのであろうか？

一九五五年にアメリカの所帯の税引前平均中位所得は三九六〇ドルであった。三〇〇〇ドルから四〇〇〇ドルの所得をえているすべての所帯のうちの四八パーセントは月賦の債務を負っていた。そのうちの三分の一近くの所帯では、月賦の支払額は税引前所得の五分の一以上になった。次に低い所得階層——すなわち二〇〇〇ドルないし三〇〇〇ドルの所得をもつ所帯――のうち四二パーセントが月賦の債務をもっていて、そのうちのさらに四二パーセントの所帯は月賦支払に所得の少なくとも五分の一を当てており、また所得の四〇パーセント以上を月賦支払に当てている所帯は九に一の割合であった。[4] 一九六〇年から一九六四年の間に、アメリカの十の所帯のうち少なくとも一つの所帯は、その所得の五分の一以上を使わねばならぬ月賦支払をかかえていた。[5] これが望ましいことであるかどうかについては人によって判断が違うであろう。しかしそれに関連して、もっと客観的な経済的危険があるのだ。

三

巧みな宣伝が巧みな生産と歩調をそろえていかなければならないような社会では、宣伝が永久に生産をリードしていくことができるかどうか、疑わざるをえまい。というのは、生産はそれ自体の中に自己分解の原因を宿していないが、宣伝には自己分解の危険があるかもしれないからだ。たとえば、すべての人が宣伝戦に加わるので、個々の売り手の声は全体のやかましい声にかき消されてしまう日が遠からず来るかもしれない。徳行を奨励するお説教や、社会主義になるぞという警告と同じように、広告というものは人びとの耳にいやというほど吹き込まれるために、人びとは広告それじたいに不感症になってしまう。宣伝についても収穫てい減の法則が作用して、どのような種類の宣伝のための限界的支出も平均的な効果をゼロにするほどの点にまで達するであろう。すべての人が叫べば一人が叫んでもきこえないので、宣伝は無意味になる。その結果生ずる事態は沈黙であり、ときおり簡単でヒステリックな販売宣伝が突発するだけであろう。

こうしたとんでもない事態になったとすれば、経済の再調整という興味ある問題が生ずることになる。宣伝がなくなると、人びとは預金の増えるにまかせ、負債を返済するので、逆に消費者の貯蓄が増加する。この貯蓄増加が他の支出増加によって急速に相殺されなければ、経済の総支出が減り、総生産も減るであろう。しかも、宣伝屋の大声によって個々の宣伝の効果が全くなくなってしまうような時期は、実業界の自信も小さく、投資支出も不活溌であろう。さらにいっそうつらい結果は失業の増大と他の所得の減少である。要するに、生産が奉仕すべき社会保障がひどく害されることになるのだ。(6)

消費者金融に関連して起こるであろう危険はいっそうはっきりしている。この危険はすでに予見されている。それは、通念においてもある程度承認されていて、その場合に通常は、もうこれ以上心配する必要はないという保証の形をとって現われる。

欲望造出の過程で負債が増加すると、必然的にこの負債増加がたよりになってくる。したがって、この負債増加が中断されると、財貨に対する需要が減る。人為的に負債を増加させる方策がとられるにしても、それは本質的にいつまでも続けられるようなものではありえない。支払期限を延長するとしても、担保となる資産の耐用年数よりも支払期間の方が長くなるようなときがいつかは来る筈だ。頭金の金額を減らすとしても、それが行き過ぎると、買い手の持分が小さくなるので、面倒な負債を返済するよりも品物を返還する方がましだと思われるようなことになってしまう。貸倒れの危険をおかしても金融がなされるようになるだろうけれど、ついには支払を拒否する人が現われるようになるので、そのような人は除外しなければならなくなるにちがいない。

こうしたことから生ずる危険がどの程度のものになるか、誰にもはっきりとはわからない。しかし、負債造出は、それが生産者によるものにせよ、消費者によるものにせよ、経済行動における不確実性の主要な原因であって、このことは経済学の定説となっている。所得と雇用が高水準にあって一般的な見通しも明るい時期が、借り手にも貸し手にもたのもしい時期であることは、昔から認められている。このような金融取引から生ずる支出が一般の購買力につけ加わるわけだが、これは購買力の増加が少しも必要でない時期なのである。経済情勢がもう少し暗い時期には、貸付はもっと慎重におこなわれる。新しい金融による支出ではなくて、旧い債務の返済がおこなわれる。この返済は、繁栄時におけるのとは逆に、最も不都合な時に起こるのである。

昔、かねを借りるのは大部分は企業の投資のためであった。したがって、支出の三種類のうちで事業支出は最も変りやすいものとみられていた。それに対して消費者の支出と政府の支出は比較的変らないものとされていた。「雇用の全般的な変動が、投資、ことに建設工事用の投資のための労働に対する需要の変動の中にもっぱら現われる、ということは広く認められている。(7)」「……所得・生産・雇用の動きは、主として実物投資率の変動によって特徴づけられる。そればかりでなく、消費の増減も、主として実物投資の変動に対応する。(8)」消費者金融の拡大は、かつてはかなり安定していた消費者支出に対して、事業金融が事業支出に与えるのと同じような不確実性を加える効果をもつ。頭金の減額とか償還期限の延長というようなやり方で、消費者金融の条件を緩和するのは、競争的な販売方法の一面であるが、こうした条件緩和があるために、不安定性は事業金融の場合よりもさらに大きいかもしれない。事業投資については、このような緩和はまずなされないであろう。

とにかく、消費者は、最も不必要な時期に、借金による多額の支出を経常的所得からの支出につけ加えることになる。そして、所得の四〇パーセント、あるいは二〇パーセントでも月賦支払に当てなくてはならない状態にある所帯にとっては、もしその所帯の所得者の一人でも二人でもが失業し、破産には訴えたくないという場合には、経常的支出をかなり削減しなければならないであろうことは明瞭である。このようにして、失業が増加し、しかも事態がさらに悪化するかもしれないというおそれを人びとが抱く場合には、人びとは新しい負債を作るのを避け、旧い債務を減らそうと努力するようになるであろう。消費者支出と雇用とに対する第二次的効果は、さらに借入を減少させ、負債返済のための努力を強めるのであって、大きな悪影響を生ずることになろう。

四

われわれの社会のある人びとは、特定の地位にあるということによって、本来わかる筈もないことを事実として述べる特権を与えられている。実業界の大立者や大学の総長はこのような公認の権利をもっている。公職への立候補者は、無限の繁栄をもたらす措置と全くの破滅をもたらす措置とを明瞭に区別することを許されている。国務長官はわれわれに、どうすれば生命と自由とを永く守ることができるか、そしてまたどうすればそれらが破壊されるかについて語ることを許されている。経済学者は、現在の社会的傾向がやがて深刻な困難をもたらすであろうことについて語るのを許されている。経済学者の社会的地位がそれほど高くないことを思えば、この点で経済学者に許されている範囲は相当に大きいものだということができよう。したがって、現在消費需要が消費者負債の非常な増加によって支えられていることが深刻な結果をもたらすであろうことを予見するのは十分許されることであろう。

一九五六年における消費者金融を研究した連邦準備制度理事会は次のように結論している。「消費者に対する短期または中期の月賦信用の安全度について確実なことはわからないが、過去何十年かの間に条件が緩和されてきたことから判断すると、安全度は昔よりも低くなっているといえよう。」そしてまことに注意深くも、「この信用の急激な累積的な整理が起こるおそれがあることを無視してはならない」と警告したのである。しかしその後で、実際の行動の上では、理事会はその可能性を無視してしまった。

実際、この危険がどの程度のものであるかはわからない。消費者負債が整理され、経常的支出が縮小したとしても、政府が減税や公共的支出の増加の措置をすばやく積極的にとって、他の種類の支出によって補整すれば、そのマイナスの効果を相殺することができるかもしれない。しかしこのような措置は心理的にも手続的にもおくれがちである。ほっておいて事態がよくならないかどうかしばらく待ってみようという傾向がわれわれの経済政策に深くしみこんでいるけれども、このことを経済学者はほとんど考慮に入れていない。所得が減退するときに所得税は自動的に減る。社会保障、農業その他に対する政府支払は同様に自動的に増える。しかし、これらの自動的安定因の範囲を越えるような租税や支出は行政府や議会の決定がなければできないのだ。このような決定や措置は、負債の整理や支出の減退にくらべてはるかに遅くなるであろう。

面倒の起こる可能性があるといっても、面倒が起こることを予言するわけではない。今後消費者負債がすごく増えるという話をきかされたとすれば、それが安全だと思った人はそう多くなかったにちがいない。消費者負債をさらに拡張し続けることもできよう。あるいはまた、おだやかな形で横這いになる日が来るかもしれない。しかしながら、欲望造出過程がわれわれを引きずりこむ消費者負債造出について警戒信号を出し続けておくのも無駄ではあるまい。財貨の生産・販売が神聖視される社会にあっては、消費財の金融と販売を抑制するとみられるような措置をとることは極度にためらわれるであろう。消費者信用を競争的に緩和することを防止する措置はひどい抵抗を受けるであろう。しかし基礎的な重要性をもつ安定と経済的保障の見地からみると、こうした予防措置はもっと注目されてしかるべきである。これらの措置は、需要とそれを実現する購買力とを合成する過程が生産・雇用水準の維持を害するのを防ぐ上で役立つのである。(以上のことを書いたのは四十年ほど前のことであるが、それ以来消費者負債(そしてまた市民の破産)は非常に増加した。これまでのところは無事にすんでいる。けれども、ここでの警告は今でも当を得ており、先見の明があるといえるかもしれない。)

こうした規制はイギリスではあたりまえのこととされており、アメリカでも過去においては戦時中に用いられたことはあるが、将来は惨事のあと始末以外には認められることはなさそうである。負債を伴う欲望を造出する過程に対して干渉するのは誤りであると考えられるであろう。

五

消費者負債および集金人の経済にはもっと深い社会的な側面がある。すべての財貨とサービスが直ちに月賦販売され、それに伴ってほとんど自動的な負債造出がおこなわれるわけではない。自動車、真空掃除器、テレビ、全室敷きつめのじゅうたんなどについてはそういえても、学校、病院、図書館、博物館、警察、道路清掃設備、高速交通路線などについてはそういえない。この第二種のものの資本費が経常的所得によっては容易にまかなえそうもない場合に、同じくらい容易に借金する方法はない。それどころか、この種の借入に対する統制――借入限度、公債発行に関する選挙民の承認の規定など――は峻厳をきわめている。自動車を買いたいと思う人や、旅行したいと思う人にさえ、社会は借金を奨励しているのに、それと対照的に、学校のために借入したいと思う地方政府はきびしい不信の目でみられているのだ。個人はよい生活に対する本能をもっており、それは奨励さるべきであるが、政府は浪費の本能をもっており、それに対してはすべての人が保護されなければならない、というのである。

その結果、金融の容易さに関して、異なった種類の財貨・サービスの間にいちじるしい差別待遇が生ずることになる。一部のもの、しかもどんな抽象的基準からしてもいちばん重要とはいえないものについては、負債が非常に奨励されている。決して重要でないとはいえない他のものについては、負債がきびしく統制され、けちな目でみられている。この点で、また本書のこれから先の部分にもみられることであるが、ゆたかな社会の最も奇異な特徴が姿を現わしてくるのである。それは、民間の財の生産に対して惜しみない配慮と奨励を与えているのに、公共部門に求めざるをえないものに対してはきびしい制約を課している、というこの大きな全面的な対照なのである。

(1)　ここで大部分の財貨とか大部分の人びとといっている点を強調しておく。もし所得が再配分されて、今のように消費が階層化されていることがなくなり、誰しも水準が上って最低限が高くなったとするならば、その結果ふえる需要をみたすための生産資源の利用度の増大は大幅なものであろう。この点について、以前の諸版でもっと十分に強調しておくべきであったのかもしれない。

(2)　のちに述べるとおり、大会社はインフレーションに対してははるかにたやすく適応できる。

(3)　*Economic Indicators*, Washington : U. S. Government Printing Office, June 1957. および *Consumer Credit*, Supplement to Banking and Monetary Statistics, Board of Governors of the Federal Reserve System, September 1965. さらに *Statistical Abstract*, 1968. そして *Survey of Current Business*, April 1975.

(4)　これらのデータはすべて *Consumer Instalment Credit*, Pt. 1, Vol. 1, *Growth and Import*, Board of Governors of the Federal Reserve System, Washington, D. C., 1957 からとった。

(5)　ミシガン大学調査研究センターのデータに基づく連邦準備制度理事会資料による。

(6)　通念においては、欲望造出における宣伝と販売術の役割を強調するのがためらわれたと同時に、われわれがこうした説得にどの程度依存しているかを探求しようという傾向はほとんどみられない。その例外は Paul Mazur である。彼の著書 *The Standards We Raise* (New York : Harper, 1953) は、俗悪なために学界の注目をひかなかったけれど、宣伝とそれに関連する活動の近代的な役割を生き生きと描いている。私は欲望造出と経営の機能的役割について、*The New Industrial State* (Boston : Houghton Mifflin, 1967) の中でもっと詳細に取り扱っている。

(7) A. C. Pigou, *Income* (London : Macmillan, 1946), pp. 89–90.

(8) Alvin H. Hansen, *Business Cycles and National Income* (New York : Norton, 1951), p. 17. ハンセン教授は、さらに進んで、自動車を含む耐久消費財が景気変動の源泉となりうることを論じている。これらは、負債造出に主に関連している消費財である。

第十四章　インフレーション

一

人類の歴史を通じてみて、戦争や内乱や飢饉やその他の大規模な災害に、大体において付随してきたのはインフレーションである。ところが最近の時代には、インフレーションは新しい習性をもつようになってしまい、平和の時期ないしは高度に繁栄の進んでいる時期においてさえ、しつこく居すわる傾向をもつようになってしまった。この傾向は、アメリカで特に強くあらわれている。六〇年代のはじめの数年間と、いささか議論の余地はあるにせよ七〇年代の初期とを除けば、インフレーションは第二次大戦後のアメリカの生活をひき続いて特徴づけてきた。七〇年代中頃の経験は、それ以前のインフレーションは軽微であったと思わせるほどひどいものだった。

インフレーションにたいする一般の反応というのは、なかなか興味深い。ともかくそれは、広く非難もされ、また好ましくないものとされてきた。共和・民主両政党の政治家いずれもが、インフレーションにたいしては強い反対の立場をとってきたのである。保守派は、むかしから「正直ドル」の守り主と自任してきたことだし、かれらの信念に基づく教理を強調しつづけているのは当然である。実業家や銀行家や保険会社の重役など、その他一般むけの職業的代弁者のほとんど誰もが、一度は必ず持続的インフレーションの危険にたいして警告を発してきた。他方、自由主義者たちも、自分ではなんら効果的な手段を提案しないながらに、そうした手段がとられないことを嘆いてきている。通念が完全に一致しているという点では、おそらく競争の美徳が第一にあげられようが、それに次ぐものは価格安定の重要性という点であろう。にもかかわらず、こうした信念はおどろくほどわずかの努力しか呼びおこしていない。特定の行動を提案するという段になると、ほとんどないに等しいのである。インフレーションの問題にかんするかぎり、ほとんど誰もがおしゃべりに終始することを徳としており、通念を構成する考え方のすべてが、どの効果的な対策をも好ましくないとすることにおいて一致しているのだ。

二

こうした不毛の立場がとられるについては、いくつかの理由がある。第一、一部の人びとは明らかにインフレーションを通じてなにがしかの物的利益を受ける。かれらとても体面上インフレーションに反対はするけれど、かれらの反対には、すこしも精神がこもっていない。第二に重要なのは、政策として何もしないこと――または遷延策にでること――の影響である。この策は、しばしば消極主義とみられ、時にはそういって非難されもするけれど、じつは単なる消極主義を反映するものではない。前にものべたとおり、十九世紀流の競争社会のモデルでは、経済活動における拡張と収縮のリズムが想定されていた。拡張は物価騰貴をともない、収縮過程ではそれが物価下落に変ると考えられ、いずれの方向への運動も自己制限的なものとみられていた。したがって、もしも物価が上りつつあるならば、ただ待っていればよいのであり、まもなくその傾向は逆転して下落しはじめることが期待されたのである。

ところが時がたつにつれて、こうした経済活動の自己制限的性格については、信頼をおけないということが判ってきた。この点は、収縮や不況の時期に特にそうであることがはっきりしたし、大不況は決定的にその信頼感をゆるがしたといってよい。一九三〇年代の初めごろでもまだ、通念の立場に立つものは、きびしい放任政策こそが不況時における唯一の妥当な策であると主張していたけれど、不況対策としての政府介入は、結局のところ不可避と見られるようになった。

しかし、逆のばあい、つまり物価騰貴やインフレーションがひとりでに止まるという古くからの信念にたいしては、不況時の問題について見られたような劇的なゆさぶりは、今までのところあらわれていない。ケインズは、経済が不確定数の失業をもったまま均衡しうるという可能性、いや蓋然性をえがきだすことによって、不況自動治癒説への攻撃をリードしたのであり、彼に続いて学者たちはその点をとりあげ、政治家や一般民衆を説得することにつとめた。ところで、平時の平常状態として物価が引きつづきいつまでも上昇しうるという考え方のほうは、いまだケインズに匹敵する学者を生んでいないのである。

そこで、平時のインフレーションはなんとかして自動的に止まるだろうという信念――もっと正確には希望といったほうがよいかもしれない――が依然としてのこっているのだ。この希望は、保守派の人たちといえども、あまり大きな確信をもっているものとはいえない。しかし、まじめで神をおそれる人物が陣頭に立っていさえすれば経済制度の働きぐあいは常にうまくいくのだ、という考え方が最近ははやっているけれど、それも手伝ってか、右のような希望があるために、物価が上れば自動的に下るようになるのを待てばよいとする根拠づけがなされるのである。自由主義者でさえ、元来はインフレーションを防ぐための行動を少なくとも提唱する――それを具体的に明示するといわないまでも――ことを期待されているのに、実際には静観の態度をとりがちである。

無策をもって上策とするこの傾向は、一九三〇年代以来つよくのこっている信念、すなわち不況こそがアメリカ経済にとっての最大の脅威であるという信念によって、いっそう強化されている。たとえぼんやりとはいいながら、もしも不況の危険が常に前方にあるというのであれば、インフレーションを統御するために行動をおこす理由は、ますますもって少なくなってしまう。なぜなら、インフレーションはいつ何どき、経済的崩壊の嵐とともに、何百万かの失業という伴奏的な不幸をもともなって、突然終止することになるかもしれないからである。不況とともにおこるこうした帰結は、物価騰貴よりもはるかに重大である。だからわれわれは、そうした帰結をもたらす危険のある方策を提案することについては、少なくともそれを承知でするというのには躊躇せざるをえない。ある種のインフレ対策はその危険をはらむだろうし、そうでなくても、そう非難される可能性は強い。

ところで、現在の時代にインフレーションを格別扱いにくい問題にするはたらきをもった諸力が、われわれの社会生活の機構そのものの中に深く根ざしているという点を、われわれは注意しなければならない。われわれは経済的保障のために、その経済が安定できないような生産水準、つまり価格が上る公算をもっているだけでなく、上ることが正常的であるような状態に保つことを余儀なくされる。そして、この価格問題について効果的な対策は、経済的保障のために生産をのばすという要求とは衝突するのだ。いいかえれば、そのような対策は、経済成長の重要性や、資源の効果的利用のために自由な市場を確保することの重要性などを強調する態度と衝突するのである。しかもこの衝突は、それが避けえられるだろうという考え、ないしは希望、ないしは信念のゆえに、いっそう複雑化されてきた。これは一種の逃避であるが、その逃避のための一つの主だった手段は、貨幣供給の操作、すなわち経済学者が金融政策《マネタリー・ポリシー》と呼びなれてきたものにほかならない。

われわれはまず第一にインフレーションの性格とその帰結とをしらべ、次の章で、それのもたらすさまざまの衝突が、なんとか金融政策によって解消されうるかもしれないという希望――それは最近特に強くなっているようだが――について検討する。そして次には、われわれが重要視している経済的保障、経済成長および自由市場が、金融政策以外のインフレ対策と衝突する問題点――それは、まだ未解決である――について考えてみたいと思う。

三

現代のインフレーションの問題(1)を理解するには、経済の二つの部門のあいだの基本的な区別と、その二つの部門における価格の態様のちがいとから始めなければならぬ。一国の経済でも、たとえば農業部門などのように、生産者が多数あって、経済学者のいう純粋競争に近い状態の存する部分では、どの売り手も、ひとりで価格を統御したり、それに影響を与えたりすることはない。そこでは、価格は需要増に反応して自動的にあがるということになるだろう。ところが、鉄鋼・機械・自動車・大部分の非鉄金属類・化学製品などのような典型的な工業製品市場では、比較的少ない数の大企業が、なんらかの方法で価格を決める力を相当程度もっている。この種の市場――それを経済学者はオリゴポリー(寡占)と呼んでいる――では、能力の限界が近づけば、価格を引上げることが可能となる。ここで、能力の限界が「近づく」という点が重要である。価格引上げの可能性は、能力いっぱいの操業となる以前に存在するのだ。すべての企業が能力の限界に近いところにあるなら、どの企業も価格引上げを遠慮することによって市場の分け前をふやすことはできないだろう。なぜなら、供給しようと思っても、それができないからだ。さらにまた、こうしたばあいには、より低い価格でえられるような余分の在庫が、どこかに隠れているという危険もない。

さてここで、インフレーション問題について、経済学者はよく理解しているけれど近ごろ一般には広くおかされる誤りを、あらかじめ指摘して、その誤りであるゆえんを明らかにしておかねばならぬ。それは、生産増加をもってインフレ対策と考えがちになる誤りである。誤りとしては、これはきわめて自然のものというべきだろう。事柄を深く考えないと、論理は非常に直截簡明だからだ。もしもインフレーションの起こる原因が能力いっぱいの生産という点にあるのなら、対策としては、能力をふやし、生産をふやし、かくしてその緊張がゆるむようにすればよい、と誰しもが考える。しかし、ここでもう一歩つっこんで考えねばならぬ。そうすれば判ると思うのだが、生産を全面的にふやすということは、たとえそれが現存能力でもってたやすくできることだとしても、その生産増加分に買いむかう所得を、賃金やその他費用の形で払いだすことを意味するだろう。しかも、前にも見たとおり、欲望の源は生産過程と独立のものではない。それは、生産が増加されるのと同じ過程をとおして拡大される。したがって現存設備能力を使って生産を増加させることの結果は、その生産増加分を買おうとする購買力をふやすとともに、その購買力が使われることを保証する欲望の拡大をもたらすのである。

しかも困難はこれだけにとどまらない。もしそのときの生産が能力の限界に近づけば、生産をかなりふやすためには能力それじたいの拡張が必要とされるはずである。能力の拡張は投資の増加を意味するが、投資の増加は、賃金・原料費・資本利子・利潤等の形で、購買力を付加し、したがって財にたいする経済的な需要をふやすことを意味する。しかもそれは、投資によってできる新能力が需要にこたえて製品を生みだすことができるようになる前に発動される。かくして生産をふやそうとする努力そのものが、現存能力にたいする圧力を大にし、インフレ的な価格上昇気配に拍車をかけることになってしまうのだ。

自分の尾をつかまえようとする猫は、猫族特異の器用さを発揮して、時にはそれに成功することがあるかもしれない。しかし、生産増加によってインフレーションを克服しようとすることは、皮相的には自分の尾を追う猫の行動に似ているけれど、猫のばあいほどには成功しないだろう。

四

経済が能力の限界に近い操業をおこなっているときに、需要の増加にたいして示す反応は、産業によって異なるのが常である。右でも指摘したように、価格が市場で第三者的にきまる競争産業では、供給がほぼ限界にきたときの需要増は、価格の上昇をもたらすだろうことが予見できる。同様に、需要の減退は価格の低下をもたらすだろう。ところが、典型的な工業製品市場——オリゴポリーや管理価格の現象が見られるところ——では、需要の増加に直面したとき、企業は製品の価格を変えるという決定を意識的におこなうよりほかない。そしてこの決定は、いろいろな理由で延期されうる。たとえば単なる惰性ということもあろうし、反トラスト法が企業間の公然たる連絡を禁じている状況の下で価格引上げの度合について何とか一致を得る必要もあろうし、価格引上げにたいする世論の反対をおそれるということもあろうし、長い目で見たとき価格の引上げはその企業ないしは産業の競争的地位をそこなう危険があるとして心配するばあいもあろうし、さらにはまた、価格の引上げが組合の注意を呼び賃上げ要求を刺激する可能性もあろうし、この種のことがすべて価格引上げの決定をおくらせる原因となりうる。（もう一度繰り返して注意しておくべきだと思うが、価格にかんするこの種の行動は、生産者の数が十分に少なくてその他の点でも生産者が自分の製品の価格にたいする影響力をもちうるような立場におかれている経済部門においてのみ、起こりうるのである。つまり、こうした行動は、農民や或いはまた市場の中で多数中の一人であるような企業家には許されない。）右にあげたいくつかの理由が、ほとんどそのまま、こんどは価格が現実に引上げられるときまったばあい、会社の短期の利潤または経常的な収益を極大化するところまでは価格を上げさせない理由ともなるだろう。株式会社というのは、長い目で生きていく。もしもその時現在の利潤を極大化するような価格が賃上げ要求をひきおこして会社の費用状況をのちのちまでも悪くする危険があるならば、或いはまた、会社の競争的地位を長期的観点からみてそこなうような見とおしがあるならば、さらにまた、会社の社会的な信用をおとす可能性があるならば、収益を短期の観点で極大化するという原則は、企業の私利と一致しない。この私利なるものを、できるだけ狭く金銭的表現に限って定義しても、そうである(2)。企業は、その長期の利益関係をそこなうことなしにできるというなんらかの事態が発生する——これは重要な点だが——のでなければ、その経常利益を極大化する行動にでることはないだろう。

そこで右の考察から次の二点を指摘することができる。需要水準が高く、しかもそれが上り坂にあるような時期には、価格引上げの短期的可能性は、長期的にそうあるべき価格の水準よりも先走る傾向をもつ。したがって、典型的な工業製品市場のなかの企業は、価格引上げを差しひかえたことからくる隠し財源の予備ともいうべきものを保有する可能性が強い。こうした機会からは効果的に遠ざけられている農民やその他の競争的生産者とはちがって、工業製品市場のなかの企業は、現にかれらがえているのよりも高い価格を、市場からひきだそうとすればできる状態にあるのだ。そして、もしも事情が変化して、企業の考えている長期の利益に短期の極大化がほぼ合致するようになれば、かれらは可能性の限度まで価格を引上げようとするだろう。

その結果、これらの産業における価格上昇は、能力いっぱいの操業と固く結びついているわけでもなく、また競争産業のばあいのように需要増加に依存しているわけでもないといわねばならぬ。たとえば鉄鋼業にたいする需要が能力水準より下のところまで落ちたとしても、そのばあいもしも先に言及したような隠し財源があって、短期の極大化と長期の極大化との関係を変えて前者をよりいっそう実現可能にするようななんらかの事情が起こるならば、その時には価格が引上げられることがありうる。いま述べたように、このことは需要が減退しつつある時に起こりうるのだ。利潤がへるために、どうしても価格を引上げざるをえないということもある。他方、競争産業においては、生産高を所与とすれば、価格は需要の増加という理由以外には上りえない。そして、需要が減れば、価格の下ることははっきりと見とおしうるだろう。(3)

管理価格制のある産業における価格が、余剰能力の存在にもかかわらず、また需要減退にもかかわらず上りうるといっても、こうした変動の範囲を過大に評価してはならない。余剰能力は、もしもそれが相当の規模のものであれば、統一行動から外れる企業がでたり、ばあいによっては、時を見て内々の価格引下げをする企業がでたりする危険を大きくするだろう。こうした危険は、短期の利得を極大化するために価格引上げをおこなうことの得失について疑問をいだかせることとなり、ひいてはそのような価格引上げじたいをやりしぶらせることともなる。ことに需要が減退しつつあるときには、そうした価格引上げの長期的帰結についての右と同様の心配は、いっそう強いものとなるだろう。たとえば逆の措置をとらねばならぬというおそれもありえようし、また価格引上げの故もあって、その間賃金が上ってしまっているということもありえよう。重要な点はつまるところ、オリゴポリーに特徴付けられた産業では、需要と能力と価格との関係が固定していなくて、或る種の自由度をもっているということにほかならない。需要が落ちても、ないしは余剰能力が生じても、ただちには価格は引締らないのである。

五

インフレーションのドラマにおいて、登場すべき残る役者はハムレットである。そして衆目の見るところ、労働組合こそがそのハムレットにほかならない。組合は、経済現象の中でもいちばん広く知られた例の賃金物価悪循環のそそのかし手と見なされているのだ。

インフレーション過程における賃金の役割は、ながい間、経済学者にとって厄介な問題とされてきた。たしかに賃金は、限界費用効果を通じて、価格上昇となんらかの関係をもっている。しかし同時に、賃上げのあとで価格を上げる企業は、賃上げ前にそうできたはずだ。賃上げ前のコストの低いときなら、価格を高めれば、それだけ余計の利潤がえられたはずであり、賃上げそれじたいは、製品をより高い価格で売りさばくことを可能にする役を、なんら果たしてはいない。たとえば鉄鋼労働者の賃金を上げたとしても、そのために鉄鋼製品への需要がふえうる度合はごく微細であり、しかもその需要の発現には時間を要する。いずれにせよ、このようなことは、鉄鋼会社が賃上げにたいしていつも直ちに反応するときの考慮事項の中には入らないだろう。(4)

では、賃上げに続いて価格引上げがおこなわれることの説明は何かといえば、それは、表に出さぬ利得財源の余裕があること、さらには賃上げそのものが長期極大化との関係で短期極大化をはかる可能性をただちに高めるという事実があることの中に見いだされる。この点がいちばんはっきりわかるのは、企業が価格引上げをすれば組合の注意をひいて賃上げ要求に見舞われるだろうことをおそれ、価格引上げをやりしぶってきたというようなばあいであろう。やりしぶってきたのに、今や組合の注意が公然と賃上げ問題に向けられる事態となったわけであるから、今までのような心配はいらない。そのようなときには、世論の反対にあうおそれも小さい。価格を引上げても、世論は通常それを組合の責任とするだろう。鉄鋼やその他の産業では、賃上げの機会を利用して製品の価格や企業の収益をそれ以上に高めることが、現在では常套の手段となっているのだ。(5)

価格にたいする賃金の関係でいちばん重要なのは、まさにこの点なのだが、問題はこれだけではない。この相互作用全体のイニシアティヴが組合の賃上げ要求にあるというならば、それは間違いであろう。生活費が上ることによって、一時期前の賃上げ成果は蚕食され、うめ合わせを求める努力を刺激するということがありうる。そして需要が高まり、それにこたえる生産が能力いっぱいの水準であるならば、利潤は通常高いにきまっている。これらのことが、はねかえって組合の要求を誘発するのだ。かくして問題の産業では、とっておかれてあった価格引上げ未遂の幅が、ここで利用される。そこからまた循環がはじまる、といったぐあいである。だから、車輪のいずれかの矢一つをとりだして、それに黒点(あるいはアカ印)をつけ、それが他のすべての矢を押しているのだなどということはできない。にもかかわらず、こうした試みは絶えない。インフレーションの内容をなす価格上昇について労働者と使用者とそれぞれの責任はどうかという問題は、それが社会的論争の課題としては無益であるにかかわらず、他のどのような問題よりもやかましく論議されているといえそうだ。

六

価格の動きが経済の中で自らを貫徹する形は、グループを異にするに応じて非常にちがった効果をもつ。企業がその市場において強力であり、しかも組合の影響力が強いばあいには、ほとんど誰もインフレーションの被害をこうむるということがない。インフレ問題にたいする関心も、そのばあいには、他人の悲しみをわれわれがどの程度まで堪えうるかという点を中心とするだけである。しかし、その他の分野ではインフレーションの効果は、きわめてさまざまである。たとえばそのためにいちばん苦しむのは、自分の価格や賃金を統御する力のもっとも少ないもの、したがって自らの収益を増すことによって自分を保護する能力をもつという点では、もっとも欠ける個人やグループであるだろう。あるいは農業のばあいのように、そうした統御力がきわめて小さいなら、インフレーションの効果がどうなるかということは、特定の製品にたいする需要の所得弾力性——大ざっぱにいえば、それは所得の増加がその製品にたいする需要にどの程度影響するかということを示す——が大きいか小さいかに依存するだろう。そしてある程度は、特定の生産者の費用が、ただちにか時をおいてか、価格の上昇によって影響されるかどうかにも依存するだろう。

つまり例をあげていうならば、農民は自分の製品を売るときの価格にたいして、ほとんど統御の力をもっていない。インフレーションがかれらに及ぼす影響は、第三者的な市場の動きを通じてである。小麦やじゃがいもを生産する農民にとっては、かれらの生産物にたいする所得弾力性が非常に低いという点が問題だ。すなわち賃金所得が上っても、人びとはパンやじゃがいものために今まで以上のかねを使おうとはしない。ときにはかえって消費が減ることさえある。他方、農民にとっての費用を構成するもののうち、経済のオリゴポリー(寡占)部門から供給される燃料や肥料やその他の要素は、その間、値段が上ってしまっている。農民の中でも、やや対照的なのは肉牛生産者であって、かれらの生産物にたいする所得弾力性は比較的高い。給与が上れば、人びとはそのお祝に牛肉を食べるというのは、統計的にも実証できる周知の性向であるが、肉牛生産者はこの性向の恩恵を受ける。その他の事情にして等しいならば(ただし肉牛生産業では、そうでないことがしばしばだが)、肉牛生産者の立場は穀物やじゃがいもの生産者のばあいよりも有利であるといってよかろう。

こうした差別は、じつはいたるところに見られる。個人または企業で、その事業の一部として、または投機的明敏さの結果として、大量の在庫を保有し、しかもそれが掛けつなぎのためでないばあいには、その在庫商品にたいする需要がふえ、したがってその価格が上れば、かれらは利益を受けることになる。

他方の極には、費用が上ることの被害者でありながら、自分が売るものの値段は法律か慣習か少なくとも他の誰かによって決められているためほとんど変らないままでいる人びとがある。インフレーション過程でこの立場におかれるのは、教師、宣教師、その他のホワイトカラー族、さらには社会への過去の奉仕にたいする報酬を年金またはその他の形で受け取っている人たちである。これらのグループに属する人たちのばあい、費用は上るのに収入のほうは比較的固定されていることの結果がどういうことになるかは、あまりにもよく知られていて註釈を要しない。最大の被害者は年金生活者であろう。国庫またはとくに地方公共団体から給与を受ける人たちも、インフレーションのときには特に被害をこうむりやすい。他の人々と同様に、かれらも物価騰貴を経験するが、かれらの所得の動きは、おくれやすい。このおくれじたいが相当の社会的な重要性をもっているのであって、この点については、あとでもう一度とりあげることとしよう。

自由職業者のすべてが被害者であるというわけではない。一部のものは自分が売るサービスの値段についてなにがしかの決定権をもっており、貨幣賃金や需要が一般的に高まれば、その機会をただちに利用して自分が課すところの料金したがって自分の収入を高めることができる。弁護士や医者は通常この範疇に属するし、そのほかにも例はあった。第二次大戦が始まってまもないころ、軍人の低い給与に心をいためていた国民は、感謝の意をこめて、陸海空の軍人給与を大幅に引上げることに同意した。そこで、軍人目白押しの都市となったホノルルでは、この給与引上げにたいする早速の反応として売春婦たちがそのサービスにたいする価格をつり上げることとなった。かれらの平均単位費用は、お客の増加のために下った筈なのに、値段は上ったのである。しかしともあれ、このとき軍の最高当局はこの値上げを不当にして不道徳にしてみだらな暴利行為であるとばかり、いたく立腹し、元の料金にかえることを命じたのであった(6)。

風土性をもってインフレーションがおこる時代には、自由市場であるかぎり、教師や宣教師や巡査になるよりも投機屋や売春婦になったほうが、金銭的に報われることが多いという点は、疑う余地がない。通念の体系で動機の構造(the structure of incentives)と呼ぶのは、まさにこの種のことを指すものらしい。

七

インフレーションを統御するのに何が必要かという問にたいする答は、その基本的輪郭にかんするかぎり、今や明らかになったと思う。経済が能力の限界ないしはそれに近い状態にあるときには、集中のすすんだ部門にある企業は、その価格を上げることができるし、また賃上げによってそれを誘発されるということにもなろう。この種の価格引上げは、それに続いておこる効果をも含めて、経済活動が不活潑になれば防ぐことができる。不活潑になれば、価格の上昇傾向にたいしてはさまざまの抑止因がはたらきだす。たとえば企業にかんしては、賃上げをみとめることにたいする抑止因、組合にかんしては、賃上げを要求することにたいする抑止因といったぐあいである。とはいうものの、企業は能力以下で操業しているときには表にださぬ利得財源をもっているだろうから、その他の手段を用いないでただ経済活動の停滞にだけ頼るというのなら、その停滞の度合は相当の規模のものでなくてはならないかもしれぬ。

インフレ統御の戦略にかんし、過去において特に議論されたのは、いったい需要水準(経済の能力や労働力との関係において)と取り組むべきか、それとも賃金物価の悪循環を問題とすべきかという点である。経済学者たちは大体において需要水準の重要性を強調した。他方、しろうとにとっては賃金物価悪循環の問題こそが明らかにもっとも注意を要する現象と思われるのが常であった。正しい答は、のちにみるように、両方の重要性をみとめることの中にある。需要の水準を十分大幅にちぢめることができれば、たしかにインフレーションを統御することができる。それほど大幅にちぢめなくても、もしも賃金物価の相互作用、もっと正確にいえば賃金・利潤および物価の相互作用を止めることができれば、インフレーションを統御することができるだろう。

ここには明らかに一種のジレンマがある。需要をおさえて経済活動を不活潑にするということは、特にその規模が相当のものでなければならぬとすれば、経済的安全という至上命令と衝突してしまう。そして、統制手段を使うということは、資源をその用途間に合理的に配分すべきであるという古くからの信条や、そうした配分のためには自由市場こそがもっとも能率的であり、おそらくは唯一の満足な手段であるという考え方と衝突することになる。われわれの社会が財の生産ということに重きをおいていることを思えば、右の点は統制主義にたいする決定的な反論のように見えもするのだ。

一つおいて次の章で、われわれはこのジレンマをもっと詳しく検討することになるだろう。しかし、とりあえずは金融政策だけを武器としてこのジレンマを避けようとする努力について、一瞥を加えておく必要がある。

(1)　私はインフレ問題のさまざまの局面にかんしては非常にたくさん書いてきたから、必要以上にここで同じことを繰り返さないようにしたいと思っている。たとえば大企業や組合の存在するなかでのインフレーション問題にかんしては、私は *American Capitalism : The Concept of Countervailing Power*(Boston : Houghton Mifflin, 1952, 1956)の最後のほうの章で初めて包括的にとりあげた。競争的な市場構造と寡占的な市場構造とが共存しているときの状態や後者において精一杯の短期極大化がおこなわれていないこと等の理論的意味については"Market Structure and Stabilization Policy," *Review of Economics and Statistics*, Vol. 39, No. 2(May 1957)の中で展開し、続いて同じことを、もっと非専門的な形で合衆国上院の the Subcommittee on Antitrust and Monopoly, Committee on the Judiciary のために用意した供述文(*Hearings*, July 11, 1957)の中で述べた。私のその後の仕事としては *Money, Whence It Came, Where It Went*(Boston : Houghton Mifflin, 1975)がある。インフレ問題についての私の考え方は、年とともに変化(望むらくは発展)してきている。以下のところで述べるインフレーションの原因についての私の考えは、*American Capitalism* で最初に描いたのと大体の輪郭は似ているけれど、いくらかなりとも精密さを増していると自分では考えている。

(2) 経済学者の多くは、価格政策におけるこの種の「抑制」の可能性を、それが私利と衝突するようにみえるという理由で、みとめたがらないようだ。しかし実際にはこのばあい、なんの自制も必要としないのである。私が *The New Industrial State*(Boston : Houghton Mifflin, 1967)で明らかにしようとしたことであるが、成長とテクノストラクチュアの必要とを極大化することもまたこうした「抑制」をもたらす。この『新しい産業国家』には私の熟した見解が含まれている。

(3) こうした変動は、需要の動きのこまかいちがいによっても影響されるし、またそれぞれの産業が需要の変化に応じて設備規模を変えていく速さのちがいによっても影響される。表にだされない利得財源の役割――これがなければ工業製品の企業が賃上げにたいして反応する仕方を満足に説明することができないのだが――を強調することは、右のようないいふるされた現象を除外することにはならない。Robert Solomon, "Galbraith on Market Structure and Economic Stabilization Policy" とそれにたいする私のコメント(共に *Review of Economics and Statistics*, Vol. 40, No. 2(May 1958)に所収)を参照されたい。

(4)　もちろんそれはインフレ的動きを支える貨幣所得累増の一部をなす。しかし、そうだとしても依然として、価格引上げが所得増に先行するのであって後行するのではないという点は正しい。

(5)　この説明は、この版になってみると、やや時代おくれとなっている。初版の時以来、労働組合の力はかなり弱くなっている。そしてまた、それに関連する要因として、鉄鋼業のような伝統的な大量生産をする大産業も力が弱くなっている。サービス業、専門職業、芸術、娯楽、そして需要造出――広告と販売術――がいっそう重要になっており、こうした部門では概して労働組合の重要性は小さい。

(6)　この例をここにもちだしたのは、単に次のような理由によるものである。すなわち、この命令は、物価統制局(もっと正確にいうとその前身)から軍当局に委譲された権限に基づいて出されたものである。私は当時物価統制局で責任ある地位にあった。私はこの措置について責任を問われるものと思い、ひどく心配した。私が関係した公務上の狂気の沙汰にしてはめずらしいことに、この措置は一般公衆の知るところとはならなかった。

第十五章　貨幣的幻想

一

十九世紀を通じてイギリスでは、英蘭銀行は公定歩合——それは原理的にいえば金貸しを業とするものにたいし英蘭銀行がその利率ならば貸付をする用意があるという意味の利子率にほかならない——の増減をとおしてある程度国内の銀行界や産業界にたいして影響力をもつことができた。そのためには、客観情勢もたしかに好都合であったと思う。世界は大体において平和を維持していた。資本の国際移動については何の抑制もなく、それはより高い収益をもとめてどこへでも自由に動くことができた。公定歩合を上げれば、資金は増収の機会を利用しようとして海外から入ってくる。下げれば、逆に借り手を誘発する。したがって銀行準備金の大いさはかなりの正確さをもってコントロールすることができた。それに、十九世紀後半のイギリス経済は自由貿易を通じて海外の競争にさらされていた。してみるとそれが、新投資のコスト増を意味した高利子ないしは拡張のための好機であることを意味した低利子にたいし、かなり鋭敏に動いたであろうことは、十分に想像できる。公定歩合がイギリス経済に及ぼした影響の度合、たとえばそれによってどの程度投資が刺激されたかまたは抑制されたかとか、おかげで物価がどの程度高められたかまたは下げられたかとかについては、議論の余地が相当ある。あるいはいずれにせよ起こったであろうことが、公定歩合の功績にされたのかもしれない。またおそらくはそれは、ヴィクトリア時代の流行話題であったことから威信をえたのでもあっただろう。もっとも、にもかかわらず重要であったという議論もできる。

　これらの点については議論の余地があるけれど、公定歩合となんらかの形で関係のあった人たちすべてにとり、それを使って経済をコントロールできるという考えが非常に強い魅力をもつにいたったという点だけは疑問の余地がない。このことは特に銀行業界においてそうであった。なぜなら、その意味するところは、銀行家こそが中央銀行を通じて経済的支配の頂点に立つということであったからにほかならない。しかも、かれらの権力は投票を請うてまわるというような露骨でやぼでしかも不確実な過程を経てかちとられたものではなく、金融界における業績や富の直接的報酬と見なしうるものであった。金融政策《マネタリー・ポリシー》は銀行業界の手中にあったというだけでなく、その権能の行使を政治家たちの仲介や干渉から守るために特殊の手だてがこうじられていたほどだ。中央銀行は政府から「独立」のものとされ、ある程度はその上に立つものとさえされた。英蘭銀行は二世紀にわたってそうだったし、アメリカの連邦準備制度は名目上は現在でもそうである。この独立性は通念的思想のなかでは広くもてはやされてきたけれど、アメリカでは行政府や立法府の主張にたいして強い反対を長くし続けるということはできない筈のものであった。ただそれが、金融政策こそ金融界の高度に職業的な特権であるという信仰を、少なくとも痕跡的な形で反映しているということはたしかだ。かかるものとしてそれは、民主主義的政府の露骨な圧力から守られなければならないとされる。

貨幣的な手段で経済を操縦することは、むきだしでない間接の力を使うことを意味する。どの企業家も、いや市民だれ一人としてさえ、何をすべきかということを命令されるわけではない。逆にかれらは、かれら自身がそのなんたるか十分には気がついていないような力によって誘導されるのだ。もしも経済が誘導を必要とするというのであるならば、それがこのように上品で思いやり深くおこなわれることほど喜ばしいことはないではないか。

その上さらに、多くの人びとにとって貨幣とか信用とかいうのは神秘をひめた謎のかたまりである。つくられたり消えてなくなったり、かと思うと、それじたい何の値打ちもないような一片の紙切れが非常に貴重でありえたりするのも、かれらにはわからない。金融政策についての決定は、常にいわば舞台裏でおこなわれ、世間の人びとには行動をとおしてのみ伝えられた。たとえば利子率の変動とか中央銀行保有債券の増減とかいった外面上の行動にほかならない。その神秘に内々あずかるとされた博識の文献は多数出て、さまざまの動きの背後にある動機について臆測をおこなってきた。その著者たちは、みずからが解明の任にあたった金融政策の効果について利害関係をもつようになる。判っているのは、かれらを含めてほんのわずかの人たちだけだ、という意識もそこにはある。政策決定に直接あずかるものだけが、かれらをしのぐ地位にあるとみなされる。金融政策の魅力は実に大きかったから、それへの愛着は、たやすくその効果の主張につながり、ついにはその効果が理屈をこえてまで主張されるにいたった。金融政策の力は神秘的であるばかりか、魔術的とさえされたのである。

もっとも、常にかわらずそうだったわけではない。一九三〇年代には金融政策の権威は一時非常に低かった。連邦準備制度は、その意図するところがぐらついていて、二〇年代後期の投機的なブームをおしとどめることができなかった。また同様に、大不況に対処するについて、低金利と金融緩和も効果をあげることができなかった。そのころの銀行家といえば、失敗もあり、不幸な偶然もあり、左翼評論家によるこの時とばかりのおとしめもあって、世間の評判をいたく失った。そして銀行家とともに金融政策への信頼感も地におちたのである。ケインズなどは、利子率を経済活動に影響を与える上では迂遠なもの、じっさいにはほとんど役に立たないもの、と主張するようになっていた。

このどん底から金融政策は、第二次大戦後の時期に強く息を吹きかえしたのである。銀行も銀行家もその威信をとりもどしたし、かれらときわめて密接な結びつきをもっている政策手段についても、そうだった。金融政策を信頼するということは、ケインズ的異端への反抗のしるしとなったし、またそうした信頼をもってさえいればその個人は、かねを扱う商売をしているからというので慎しみあり尊敬すべき人びとをおとしめようとするような過激主義とは無縁であることを証明できるとされるようになったくらいである。

それにもっと重要なことには、インフレーションをなんとかしなければならなかった。この不可抗とさえみえた現象と取りくむためのその他の手段は、アメリカ社会がもつ経済的目標と衝突するというので、いわば口に合わないというか、非現実的というか、さらには、価格統制と同様に非アメリカ的なことになるらしいという批判を呼んで、受け入れられにくかった。しかもインフレーションにたいしては、なんらかの手段をとらなければならぬ。とすると、のこる唯一の望みは金融政策である。それがかつて呼びおこした愛着や、その基礎であった信頼感に加えて、今や希望的観測の要素が大きく登場した。他に方法がないから、これが成功するはずだというのである。かくして金融政策は一種の経済的逃避主義の形をとるにいたったのであり、これなくしては現実はいかにもきびしいものと考えられた。

しかし不幸にして、信仰や必要だけでは実際上の奏功を保証することにはならない。たとえ金融政策にたいする疑念が銀行家にたいする疑念の不純な反映であるとしても——銀行家たちは昔からそう考えているらしいが——そうだからといって、金融政策が功を奏することの保証とはならない。第二章でも述べたように、通念の終局の敵は客観情勢である。通念がいちばんの危険におちいるのは、その熱心な主唱者がそれを実際にテストしようとするときにほかならない。金融政策は、通念の体系の中で不抜の地位をもっていながら、インフレーション問題とは二次的な接触しかもっていないのだ。それにもかかわらずそれは、不幸にも長期の実験にさらされてきた。

二

第一、金融政策は秘術的な効果をもたない点で弱い。以前からわかっていることだが、特にアメリカでは、経済の運営はときどき魔術的な手段を使ったほうがうまくいくらしい。中でもいちばん成功しそうな金融政策には、この魔術性がないのであって、この点を善良な市民は誰もが残念に思うよりほかないのである。

もうすこし地味ないい方をするなら、この政策は賃金物価の相互作用となんら直接の接触をもたない、というふうに表現することができる。この点は、その主唱者でさえみとめている。もっとも、すでに述べたように、賃金物価の悪循環は、かつては重要だったが、今ではそうでない。したがって、もしこの政策が功を奏するとすれば、それは財にたいする需要総額を減らすという経路をとるよりほかない。この目的を達するための手がかりは、利子率を上げることと貸付用資金の供給を減らすことである。このようにして銀行による貸付や消費者・生産者による借入をおさえることにより、この政策は後者の使いうる資金額を制限ないしは抑制することを、そのねらいとする。金使いをこのようにして減らすことができれば、その結果は、その他の人びとの支出にも二次的(または乗数的)効果をもつこととなるだろう。そして結局は、財全体にたいする需要を減らすか、または需要の増加率をおさえることとなる。(1) かくして設備能力や労働力にたいし需要が圧力を加えることをおさえるために、価格の安定が保たれる。少なくともそうなることが金融政策主唱者の希望にほかならない。

それが効果を発揮する途はこれだけしかないのだ。(2) この政策が貨幣供給量にたいして与える影響を強調する説明方式も別にあることはあるけれど、その議論は、神秘主義に逃げこむものでないかぎり、結局は同じことになる。貨幣の供給は商業銀行貸付の増減の結果として増減する。貨幣供給の増加が価格に影響を及ぼすのは、借り手が借りた資金を使って余計に支出すること、ないしはその支出の相手になる人たちが乗数効果を通じて余計に支出することによる。貨幣の供給が制限されると、その結果は、資金の貸借と関係した支出を制限することになる。手段は全く同じなのだ。貸付にあてられる資金の供給が減らされ、借入をおさえるために利子率が高められる。金融政策が成功するためには、手段に綾はあろうけれど、結局は借入を抑制するよりほかない。かくしてそれは、支出の総額を縮減ないしは抑制することを通じて、効果を発揮するのである。以上の点については経済学者のあいだでほとんど異論の余地はない。

右でも述べたように、借金を使っての直接支出には二種類のものがある。消費者が消費財を買うためと、事業家が投資をするためとの二種類にほかならない。そこまで考え及ぶと、経済政策を経済的な態度や行動の全体関係のなかで位置づけることの利点がはっきりする。賦払金やその他の貸付にたいする利子費用を高めることによって消費者信用を抑制することは、消費需要創造の過程と真正面から衝突する。もしも消費者の欲望が独立に決定されるものであるならば、利子費用の増加は、消費者の需要関数を通じて、借入や支出を減らすはたらきをもちうるかもしれない。そのばあい、反応の弾力性がそう大きいとは思えないが、少なくともその可能性はある。しかし現在のような事態の下では、借入や購買を抑えるような手段は、消費需要創造の機構によって自動的に反対されるだろう。消費者信用が縮減されるようなことがあれば、それは消費需要の合成を商売としているものにたいし、かれらの努力を倍加せよという警告を発するようなものだ。でなくてもかれらは、利子費用増額の効果を帳消しにするような手段をとることができるだろう。

その帳消しの手段たるや、きわめて簡単である。消費者信用というのは普通、賦払返金の形をとるのであって、この種の返金に伴う数学的幻覚の一つは、利子率の大幅の増加があっても月払いの返金はほんのわずかしか増加しないという点にほかならない。たとえば新車を(下取り後)三八〇〇ドルで買うこととし、二十四ヵ月払いで利子は九%ということとに同意した人があるとすると、その人は合計六八四ドルの利子負担を負うわけであり、月賦支払額は一八七ドルとなる。(3) もしもいま利子費用が三分の一上って一割二分になったとすると、かれの利子負担は九一二ドルになるが、月賦支払額は九ドルしか上らない。利子が三分の一上っても、毎月の支払は二十分の一しか上らないのだ。この程度の増額は、返済期間を延ばしたりすることによって、たやすく相殺されうるのであって、こうしたやり方は、一九六〇年代の後期や七〇年代の初期の高金利の時代によく用いられたのである。実際にもこれくらいの金額は、点検・保険・その他さまざまの負担の中に埋没してしまう。信用買いをしようとするお客は利子率よりも毎月の支払額に注意するものなのだから、利子費用を相当高めても、実際にはそれを相殺することがどんなに簡単であるか、たやすく理解できよう。貨幣政策が活潑にとられた時期に、利子費用が上るたびに、消費者信用の総額は大幅に増加した。欲望の創造とそれを金融する過程とが、消費者支出のインフレ効果を抑えるよりもむしろ拡大するはたらきをしていたのである。

金融政策と消費需要創造の機構との矛盾が解けないうちは、いやその矛盾のあることさえはっきりとは気づかれないでいるうちは、さらにはまたわれわれが消費需要創造の第一義性を容認しているかぎりは、金融政策でもって消費者支出に影響を与えることはほとんどできないだろう。そして、その理由は十分にさとられていないとしても、事実においても金融政策が消費者の借入や支出となんら有効な接触をもたないという点については、かなりの程度意見の一致が存在するのである。

三

金融政策によって産業投資を抑えようとすることが、それに優先する目標と同じように衝突するものであることは、今やだれの目にも明らかであろう。われわれは生産に第一義の重点をおく。金融政策は、それによって生産の成長を可能としまた維持するところの投資を削減させることによって、価格の上昇を防ごうとする。だとすれば、これほど生産優先論とまともに衝突する政策はありえないではないか。奇妙なことには、金融政策をいちばん重んずる人たち——銀行家や事業家たち——こそが、しばしばいちばん生産の重要性を強調し、かつ生産高の増加を最大の満足感をもって迎える傾向をもつ人たちでもあるのだ。

実際には、金融政策と生産との衝突はそうけわしいものでもない。というのは、金融政策は投資量に影響することなく価格水準に効を及ぼしうるという考えが依然としてのこっているからでもある。経済は高い水準の、しかも常に上昇傾向にある産業投資を必要とし、そのためには税制改革をも含めて各種の刺激が必要であるという議論は、健全な信念をもつ人がよくおこなうところである。同時にかれらはインフレーションを防ぐための金融引締め政策を強く支持するのである。この顕著に矛盾した二つの考えを調和させるためには、結局のところ秘術的な方法によって金融政策が生産者による借入・投資・支出等の大いさに影響を与えることなく価格を安定させることができる、という信念をもつよりほかない。

一方においては生産と他方においては産業投資を減らす意図をもつ金融政策とのあいだの衝突が緩和されるのは、さらには第九章でも述べたとおり、われわれが現に経験している経済成長率に満足の意を表する傾向をもっているからでもある。だからこうした成長にたいする関心は言葉の上であって現実のものとなっていない。したがってまた、相当規模の失業が発生しないかぎりは、われわれは新投資の大いさを減らすことによって経済成長率を下げるような政策にたいして、たいした心配もしないのである。

しかし、もしもその政策のために個々の企業が自分では賢明でもあり有利でもあると思っている投資を妨げられるようなことがあれば、そのばあいにはもちろん反対がおこるだろう。生産と貨幣政策との衝突がめったにはけわしいものとならない最後の理由が、この点と関連して生じてくる。これが、われわれの次の問題である。

四

能力いっぱいかないしはそれに近い水準で生産がおこなわれているときには――それこそインフレーションの危険が高まると思われる時であるが――利潤なりその見とおしなりが好調を示すのが普通である。生産が能力の限度ないしはそれに近いところにあるのだから、個々の企業にとっては、拡張投資は社会全体のために有利でもあり、またきわだって論理的なことのようにみえる。(企業というのは、その製品の供給をふやすことによっておこなう目に見えてのサービスは、自分でも強く意識するが、自分のおこなう投資が総支出をふやし、ひいてはインフレ圧力を強めるという目に見えぬ効果には、たいして関心を示さないものなのだ。)こうした理由のために、たいていの投資は利子率——普通の企業にとっては金融政策はこの利子率の形をとってあらわれる——のそれほど高くない上昇にたいしては、きわめて鈍感である。

もしも金融引締めが強くおこなわれるならば、ある種の企業は高利率によって締めあげられてしまうだろう。そして実際には、利子率は比較的固定化されやすいから、ある程度資金の割当ということも起こりえよう。金を借りたいと思っている企業で、それができないのもでてくる。もしもその政策が十分きびしくおこなわれるなら、投資支出の削減がみられるであろう。ついには価格安定のために必要とされる停滞が生じてくる。と同時に、生産の重要性についてのわれわれの基本態度との衝突も、あらわになってくる。さらには、高生産と対をなしている雇用およびそれに関連する経済的保障と金融政策との矛盾という同じく緊要の問題も生じてくるだろう。しかし、じつはこの点に達する前に、もっと重要なもう一つの問題が発生するのだ。それは、金融政策が異なった種類および異なった大いさの企業にたいして及ぼす影響のちがいという問題にほかならない。

前にも述べたとおり、需要がずっとふえてきて経済が能力いっぱいかないしはそれに近い状態で動いているときには、寡占部門にある企業は表にださぬ利得財源の予備をもっている可能性が強い。(4) それのおかげで、この種の企業は高くなった利子負担を消費者に転嫁することができる。(もしかれらが賃上げを転嫁できるのなら、利子についても同じことが当然できるはずだ。) そして、かれらは価格や所得を引上げることによって、その表にださぬ利得財源を投資のために利用することができる。投資資金の相当部分をカバーするために必要だというので、それに十分な収益を確保するための価格をつけなければならぬというのが、長年にわたって工業製品の価格政策を弁護するために、いつも使われてきた。そのおかげで、表にださぬ利得財源をもった産業は、金融政策の効果をまぬかれることができるのだ。大きな企業ともなれば、銀行のお客として喜ばれることや、資金をうるために直接市場で手を打つことができるために、金融政策の効果をはずすこともできるようになる。そこで資金割当ということになると、かねを借りたくても借りられないのは小企業なのだ。

ところで、競争市場にある企業は——つまりその価格や費用があらゆる企業のための市場で第三者的に決定されるところでは——高くなった利子費用を消費者に転嫁できないのは当然である。ここで問題の短期にかんしていえば、かれらは自分がコントロールしていない価格を上げることによって、その顧客から投資資金を捻出するなどということはできない。また原則として、かれらは企業としても小さいから、市場で証券を発行することによって銀行信用の割当を迂回するということもできない。したがって、農民・小規模の建設業者や小売商・サービス業者・商人等の競争的産業にとっては、貨幣政策はその効果を発揮するのである。しかもそれは、こうした企業にとって、市場統制力をもっと多分にもっている産業に影響を与えるよりもずっと前に、その効果を発揮するだろう(5)。

こうしてみれば、比較的大きく強い企業が金融政策にたいして平然とした態度をとっていること、時にはそれに賛意をさえ表していることの理由も、容易に諒解することができる。それが時間をかけてかなりきびしく適用されるのでなければ、金融政策はかれらにたいした影響を与えないのである。しかしそうだとすれば、同じ理由によってこの政策の効力についても、重大な疑問を投げかけざるをえない。比較的大きくかつ強力な企業の大規模な投資支出が影響を受ける前に、より小規模の企業の資本需要にたいしては、非常にきびしい締め出しが通常おこることになってしまう。この種の企業にとっては、金融政策と生産の成長とのあいだの衝突は、はっきりと目にも見えるし、また大きな打撃でもある。

五

前にも述べたように、経済の中の支出源泉でもいちばん変動しやすいのは産業投資であることが、すでに以前から知られている。消費者や政府による金使いは(消費者信用によるものを別とすれば）かなりの安定性をもっている。それは受け取った所得に関係しているのであり、慣習的な行動様式の上に立っている。政府支出となれば、それは、それを支える収入以上にいちじるしい安定性をもっているのだ。それにくらべて投資支出は、将来収入の推定に依存するものなのであり、未来の特徴は何かといえば、それは予見できないということであるだろう。未来が何をもたらすだろうかという推測そのものが変化する。したがって投資支出も動くのだ。そして、収益見込みが変ることから投資支出が動けば、そのことじたいが未来そのものを変えてしまう。

もしも金融引締めがかなりの期間にわたって続けられるならば、結局は相当大規模の企業の投資にも影響を与えることになるかもしれない。この結果はいろんな経路を通じて起こりうるが、中でも、より弱い企業や産業の借入や投資が減って、ついには経済のより集中化された部門にたいする需要や投資の見とおしに影響を与えるというばあいが、説明としてはいちばんわかりやすい。そんなことにでもなれば、投資計画は改訂されるにちがいなく、しかもその改訂額は相当大きいかもしれない。

いいかえれば金融政策は経済活動の中でもいちばん移り気な要素にたいしてはたらきかけるのだ。この点が、それを無益にする理由としてあげうる最後のものであり、ばあいによっては、かなりの危険をもたらす原因となるかもしれない。もしもそれが生産との衝突があるにもかかわらず、必要とされる停滞を生みだすために、きびしくかつしつこく適用されるならば、そこには行き過ぎの危険というものがある。あるいはもっと正確にいうなら、そこには一体どんなことが起こるかもしれないという不可避の不確実さがある。金融政策は総需要のなかでもいちばん予断をゆるさぬような要素にたいして影響を与えようとする。したがって、この影響の帰結はやはり予断をゆるさない。金融政策はきびしい不況を招くほどに投資を減らしてしまうという危険がいつもあるのだ。そのような不況は取りかえせないわけではない。しかし、それは望ましいものでもなかろう。そしてそのような不況は、物価が安定するよりかなり前に起こりうるのである。(6)

六

本章がきわめて否定的な力で貫かれていることは明らかであろう。金融制度は、たとえどんなに見事に、あるいは秘術的に運用されたとしても、物価の安定と、ゆたかな社会で至上のものとみなされている生産および雇用とを、和解させることのできる魔法は持ちあわせていないのである。むしろ反対に、金融政策は、経済を操縦する道具としては、鈍い、頼りにならぬ、差別的な、いくぶん危険な手段である。それが今でも尊敬される地位を失っていない一つの理由は、それを理解する人がごく少ないからだ。金融政策による抑制の負担がいちばん重くかかる人たち――建設業者、在庫融資を必要とする中小企業者、農民など――のうちにも、金融政策のわかる人はごく少ない。金融政策がその地位を保っている別の理由は、積極的な金融政策とは時として利子率が高いばあいもあるということであるからだ。高金利は、貸せるかねをもっている人にとっては、決していやな状態ではない。(7)

(1)　もしも経済の設備能力や労働力が同じく増大しつつあるならば、需要の増加率をおさえるということは、絶対的な縮減と同じ目的をはたすだろう。どんな議論ででも絶対量を問題にするほうが便利である。たとえば、利子率の上昇は総支出を減らすか減らさないか、といったぐあいに。しかし、これは言葉の便利な単純化であり、別に大きな誤りにみちびくわけではないが、成長経済での問題は通常、需要の増加率が能力の増加率との関係で減るかどうかである。この二つの増加率のあいだのちがいが、価格の安定がそれに依存するところの停滞のもととなるのだ。

(2)　理論的には、利子率の上昇は経常所得からの消費者貯蓄を刺激し、したがって同時に経常所得からの支出を削減するはたらきをもちうる。こうした効果の可能性は一時かなり議論されたけれど、現在ではもはや金融政策のもっとも熱心な支持者によってさえ、本気な提言としては出されていない。

(3)　ここで私は昔どおりの自動車の価格を用いている。今のようにもっと高い価格であっても、結果にかわりはない。

(4)　さきにも述べたとおり、私は *The New Industrial State* (Boston : Houghton Mifflin, 1967)で、このように収入極大化がおこなわれない事情について、もっと詳しく取扱っている。そこで明らかにしたとおり、その理由は、大産業会社の計画の基礎となっている変数を安定させる必要が大きいことにある。そして、この計画の目標として、安全性、成長および技術的卓越が、誇り高い地位を利潤と分かちあっているのである。さらに付言すると、もっとのちに私が書いたものにおいては、寡占部門のことを「計画化体制」と名づけた。*Economics and the Public Purpose* (Boston : Houghton Mifflin, 1973)をみよ。

(5) 一九七〇年代の出来事はこうした結論を強く裏づけている。とくにきびしい一例としてあげられるのは住宅産業のひどい不況であった。この不況は、七〇年代中頃のインフレーションを金融政策によっておしとどめようとしたことの結果であった。

(6) これも七〇年代中頃の経験が確証したとおりである。

(7) 本書の以前の版が出たのち、このような事柄について理解を深めざるをえない状況になってきた。ヴェトナム戦争と、この常軌を逸した企てによってひき起こされた支出の増大を埋合せるための増税がおくれたこととのために、それまでになかったほど金融政策を頼りにせざるをえなくなった。このインフレ的な力が後退すると、今度はこれに代って賃金・物価の悪循環が強いインフレ的な力としてあらわれ、しかも財政政策と物資不足との影響がこれを促進した。利子率は過去四十年来の最高水準にまで引上げられた。利子を払わねばならぬ人にとって、これは懲罰的な効果をもった。この懲罰は、借入資金に依存するところが大きい州や市町村にも及んだ。そしてそのことは、のちに述べる社会的バランスの問題をさらに悪化させた。高金利だからといって、ジェネラル・モーターズがその投資を抑えたわけではないが、学校公債の発行を計画していた市町村はたしかに尻込みしたであろう。住宅を建てようとしていた人についても同様である。しかも物価騰貴はつづいた。インフレーションはたしかに緩和されはしたが、統御されはしなかった。この暗い経験の教訓は無駄にはならなかった。少なくとも、金融政策にたいしてこれまでそれほど熱心でなかった人たちは、この教訓を汲みとった。しかし経済学においては、恋愛におけると同様に、希望はなかなか死なない。失敗にもかかわらず生きのびる力があるという点では、経済政策のうち金融政策にかなうものはなかったのである。

第十六章　生産と価格安定

一

近代的な経済政策を政治的なスペクトルにかけると、金融政策は保守主義者の手段であり、自由主義者の武器は財政政策である。そして経済学者の間では財政政策が経済政策の最後の切札であると一般に考えられている。金融政策の側に立つ人がその有効性を断言してはばからないのは、かれらが無意識的に抱いている疑惑をしずめようとする気持も若干はたらいているようだ。財政政策の有効性については、金融政策のそれにくらべて、あまり議論がおこなわれていない。しかも財政政策はケインズの無言の支持をえている。ケインズの失業対策は公共支出であったが、その逆の場合の財政政策は合理的な急進主義といったような色彩を若干もっている。

財政政策は、金融政策にくらべて、その運用の点で、はるかに簡明直截である。それは金融政策にあるような神秘性をもっていない。最初にとられる措置がどのような最終的効果をもたらすかということは、経済学者がいつも注意して観察しなければならないことであるが、その原因と結果を結びつける理論的なつながりは財政政策にあってはずっと短く、しかも、どのような事態を生ぜしめるべきかということについてそこに含まれている主張もはるかに少ない。政府は支出する以上に税金をとる。その差額は支出されない。その部分は国全体の支出の純減となる。この揚超を十分に多くすれば、経済の総支出は経済の能力を圧迫することをやめる。その結果、景気の弛緩(slack)が生ずる。この弛緩が大きいと、企業は価格の引上げをためらい――現在の経済分析の用語でいうと、短期的極大化は長期的な利潤と両立しないと思われる――、賃上げ要求は抵抗を受けるであろう。需要が競争的部門での価格を上昇させることはなくなるであろう。その結果、物価は安定するであろう。もしこの過程が行き過ぎになると、物価は下落するであろう。

金融政策の影響は、企業にとってはまず要素費用または利用可能性の変化という形で現われる。とくに資本費用が高くなり、融資がえられにくくなる。すでにみたように、大企業および強い市場力をもつ企業は、この費用増加を買い手に転嫁することができ、また融資に不足する場合には、別の資金調達の方法をとることができる。競争的企業と小企業はこのような逃げ道をもたない。財政政策は主として需要の削減によって効果を発揮する。この削減は、大小、強弱、あらゆる企業の生産物に対する需要に影響する。専門用語でいうと、どの企業もその需要曲線の動きからはずれた取引はできない。競争的市場と寡占的

市場、大企業と小企業の間で、財政政策の効果が正確に同じではないにしても、金融政策よりは効果は平均している。(1)

しかし第二次大戦後のアメリカでは、財政政策もインフレ対策としては役に立たなかった。それは、財政政策がうまく作用しなかったからではなく、財政政策の主な主張者でさえもこの政策を大いに使うべきだと論じなかったことによる。財政政策は、理論の上では好かれても、実際には嫌われたのである。その説明はむずかしいことではない。この点にも経済的目標に関する未解決の争いがみられる。ここでまた、事柄を全体の社会的条件の中でみることの有利さが明らかにうかがわれるのである。

二

政府の非軍事的支出は、社会が一応我慢しうると考える最低の水準近くになる傾向がある。その理由については次の章でくわしく研究する。政府活動が浪費的で非能率だという不満は、アメリカの政治評論に特有のもので、また根も葉もないことが多いけれども、こうした不満によって問題を混乱させてはならない。非常に重要な機能が浪費的におこなわれることもありうるし、また現にそういう場合がしばしばある。しかし浪費が支出削減によってなくなることは滅多にない。浪費をやめるよりも機能を削減する方がはるかにたやすいし、実際にも機能の削減がおこなわれる。今インフレーションの場合について論じているのであるが、インフレのときには公共予算が一般的な物価騰貴よりもおくれる不可避的な傾向があるために、公共的サービスの状況がいっそう非力になることは確実である。

したがって、インフレ対策のための積極的な財政政策は、ほとんどいつも増税を必要とすることにならざるをえない。支出の削減または繰り延べの重要性は、通念をもっている人たちの中でもあまり有能とは思われない連中からせきたてられることがあり、希望をつなぐ場合もないことはないが、実際にはいつも微々たる成果しかあげていない。この点は経験が完全に証明している。インフレーションが危険である場合にはいつも(そしてまたそうでない場合にもときどき)、代弁者が支出削減の重要性を行政府と議会に力説し、議会も議場でこれをいかにももっともらしく力説する。ところが経済の総支出にかなり影響するような十分に大きな成果は全然あがらない。なんらの実行もなされないことさえしばしばある。そして何も実行されないことがはじめから予期されているので、予算削減に関する議会の議論はおめでたいお祭の儀式みたいなものになっている。それは予算の時期が近づくと始まり、予算提出の数日後に最高潮に達する。政府の浪費をきびしく批判し、巨額の節約を感激のうちに約束することによって、神々の心が鎮められる。この儀式は新聞とラジオによって大衆におごそかに知らされる。そのあとで、みかけの上では必要不可欠な支出について投票がおこなわれ、その結果は、予算削減よりも予算増加になる場合の方が多い。

需要を削減するために増税することは、その必要を人びとに理解させなければならないという問題にまず直面する。需要不足と不況の場合に、総需要と雇用を増加させるために減税と公共支出の増加をおこなうべきであるということは、今では広く受け入れられている。このやり方は本質的に論理がとおっている。インフレーションを抑えるために公共支出を削減すべきであるということも、これが可能でさえあれば、同様に筋がとおっている。ところが、増税となると、その論理は決して明らかでない。増税の第一の明瞭な効果は、消費者の生計費を高め、またはその所得を減らすことである。しかも、インフレによって多くの人が従来の生活水準を維持することがむずかしくなっているときに、こうしたことが起こるのである。他の諸税は生産者の費用を高くする。このように、増税によるインフレ対策は、一見して奇妙に逆立ちしたやり方であるように見える。それは多数の庶民から強い抵抗を受ける。かれらは興奮して誇らしげに次のように主張して譲らない。経済の諸関係の複雑さが誤りの兆候であり、真理は単純な人にのみ啓示されるのだ、と。(2)

三

しかしながら、財政政策にとって最も深刻な問題は、ほかの経済的目標との矛盾である。財政政策は、第七章で述べたような所得の不平等に関する暗黙の休戦状態とまず衝突する。政府が所得分配に影響を及ぼすための方策として、租税は最も露骨なやり方である。

したがって租税は、この問題について、実際面でかなり重要であるばかりでなく、さらに深い象徴的な重要性をもっている。財政的な理由で増税しようという提案が不平等の問題に関する議論を自動的にひきおこすのは、こうした理由によるものである。それまで休戦条件を気楽に守ってきた自由主義者は、その信念からして、不平等の過程を小さくするような租税を支持するために結集せざるをえない。保守主義者はそれに反対するために結集する。戦時中は、犠牲の平等という原理を援用することによって、この議論をある程度まで回避することができる。すなわち、金持が税金に苦しめられるのは、第一線で兵火のもとにいる兵隊の苦しみにほぼ対応するものだと、金持にいってきかせることができる。さんざん考えてみても、金持はこの議論に対して適当な解答を考え出すことはできなかった。したがって戦時中は、所得税によって過剰購買力を吸収することが実行可能であった。しかし平時に租税をこのように用いることは、平等という本質的には全然別個の問題に関する何らかの議論にまきこまれて収拾がつかなくなるのがせいぜいであろう。

最後に、財政政策は生産と衝突する。この矛盾は、今では古典的といってもよい。需要の減退によって生産が設備と労働力の現行能力以下に落ちるのでなければ、財政政策の効果はない。われわれは生産が至上の重要性をもっていると信じ込まされているのに、ここでは価格安定のために生産を犠牲にするよう自分にいいきかせなくてはならないのだ。しかも、ここでもこの犠牲はかなり大きいものでなければならない。市場で企業が強力に組織されており、強い労働組合に対抗する場合、すなわちおもてに出さない利得財源が大きいとみられる場合には、前述のように、安定のために必要な弛緩はかなり大きくなければならないであろう。生産の緊要性は大きくなくても、その弛緩によって失業させられる人びとにとって、所得は何よりも関心の的であり、重要なのである。

金融政策とちがって、経済に対する財政政策の影響は、投資支出の削減ではなく、(主として)消費支出の削減という形でまず現われる。投資を叩かないというところから、財政政策は経済の拡大と成長を害することがより少ないと一見思われる。しかし、この区別を無理に強く主張すべきではない。企業が投資意欲をもつ少なくとも一部の理由は、生産が能力を圧迫しているからである。そうでなくなれば——弛緩が生ずると——、企業は投資を削減するであろう。生産が能力に近づき、能力が拡張されるにつれて、経済学者に周知の用語でいえば、需要は投資に対して加速度効果をもつであろう。これと同様に、生産が能力いっぱいの水準から落ちるにつれて、需要は減速的効果をもつであろう。投資の動きと、それに伴う総需要の動きとは、このように拡大された形で、財政政策の効果を補強するものとしてすぐに効果をあらわす。政府の措置によってもたらされた支出の変化は、それによって何倍にも大きくなるのだ。しかし他方、経済が能力ぎりぎりの線より落ちれば、成長のための投資がかなり犠牲にされることにならざるをえない。換言すれば、インフレになるほどにまで能力を使うような圧力が経済制度にかかっているのでなければ、最大限の成長は可能ではないのだ。

もし経済が、過度の投資と物価騰貴とを伴った発作的な刺激に時折見舞われるのであれば——伝統的な主流派経済学のいわゆる景気循環——、景気対策的な需要抑圧にはなんら深刻な問題もないであろう。財政政策と成長との間に矛盾を認めない一部の人びとは、疑いもなくこのような見かたをしている。しかし、完全雇用と能力の完全利用とを経済政策の規範とするのであれば、そして近代ではそうなっているのであるが、その場合には、能力の完全利用をもたらすような投資率が正常なものとされる。価格安定のために生産を能力以下に抑えるような政策は、経済の成長を犠牲にせざるをえないのだ。

四

財政政策の使用が、より重要なその他の経済的目標との未解決の矛盾に陥るかぎり、少なくとも平時においては、財政政策が強力に効果的に使用されることはないであろう。こうした矛盾があり、したがって財政措置は役に立たない、ということは、経済学者によってまだ広く認められていない。教科書の中には、価格安定を保証する方策として財政措置が使用されることが明瞭に書かれている。全くの完全雇用は困難を伴うので、それよりも若干低い線で妥協する必要がある、ということはかれらも認めている。しかしかれらは、インフレになれば増税ができると仮定している。唯一の困難は、この政策はどんなときでも実際的でないと思われるということである。他の目標との矛盾が続くかぎり、それが実際的と思われることは決してないであろう。

最後の可能性が一つ残っている。それは財政政策と物価・賃金統制とを併用することである。これらを併用すれば、生産が能力に近づくにつれて現われる価格上昇的効果に対して物価と賃金とは反応することができない。能力いっぱいの操業の水準で価格が上るのを防ぐのに役立つものは、弛緩よりもむしろ統制である。このようにして統制は、能力いっぱいの生産(およびそれに関連する成長)と価格安定とを調和させる。大量の遊休設備と失業とを無理に創り出す必要はないであろう。

価格・賃金統制はそれ自体ではなんらの成果もあげられない――それは原因を処理するのでなくて、むしろ兆候をいじっている――という見かたが一般的である。価格・賃金の統制は、炉ではなくて寒暖計をいじくるようなものだ、といわれる。需要が経済の能力をはるかに越えるほど大きい場合には、この主張は重要な真理を含んでいる。需要を供給にバランスさせることが唯一の解決策である。それ以外の方策はすべて逃避である。しかし、財政措置その他によって総需要が経済の現行能力とほぼ同じくらいの水準に抑えられる場合には、賃金・価格統制に関するこのような見方は単純化のひどい行き過ぎである。能力に近づくにしたがって、賃金は物価にひびき、物価は賃金にはねかえる。統制はこの相互作用を防ぐ。それによって統制は、物価騰貴なしに、能力にいっそう近い水準で経済が機能することを可能にするのである。

一部の経済学者はこの機能をはっきりと認めている。もう少し多くの経済学者は、こうした統制が戦時の緊急状態においては必要だと認めることによって、暗黙の同意を与えている。すなわち、戦時とは、能力の完全利用と最大限の価格安定とを何としてでも両立させる必要があるときだからである。しかしどちらかというと、通念はいまでも平時における直接統制は愚策であると主張する。適当なしかつめらしさをもって直接統制を非難することほど、経済学者の良識と健全さをよく立証するものはない。

価格・賃金統制に対する反対論は数多い。直接統制が有効であるためには、あらゆる価格とあらゆる賃金を包括的に統制しなければならないと考えられている。その結果、行政的な問題は疑いなく深刻であり、しかも時とともに深刻さを加えていかざるをえない。こうした統制の幽霊は、政府の干渉に対する昔ながらの抵抗をよびおこす。価格決定権は経済上の決定において重要な意義をもっているので、政府の干渉は全く重大問題である。社会進化論者と功利主義の哲学者は、活力および自由を自由市場と同一視したが、こうした考えかたが功を奏していればいるほど、統制はいっそう大きな脅威とみなされるであろう。

最後に、そして最も重要と思われることであるが、このような統制は生産に対する因襲的な態度と正面から衝突する。第九章で述べたように、最大限の生産をおこなうための方策としての資源の有効な配分が重要視されている。資源の有効な配分は十九世紀において経済の効率を高めるための公認の公式であった。社会的な懐古趣味によって、それは今でも中心的な役割を与えられている。この配分は資本主義社会では市場によっておこなわれる。すなわち、市場価格と市場賃金の変動によって、労働、資本、原料は、それらを最も有効に利用する企業および産業に配分される。この機能をもつ自由市場と統制を併用することができないのは明瞭である。

しかし、このような反対論はどれも正しくない。戦時中に統制は生産の飛躍的増加と両立した。その理由は、改善された資源配分の仕方にくらべて、型にはまってはいないにしても、はるかに有効なやりかたで、生産が拡大されたからである。賃金と物価の悪循環をたちきるのに役立つであろうような統制は包括的なものでなければならないだろう、ということも確かでない。ごく限られた統制が能力いっぱいの生産と価格安定とを両立させるのに役立つ可能性もある。このことは重要である。この点については本書ののちの部分でまた触れる機会があろう。統制によって設定される価格は、すでに独占または寡占の力によって設定されているのだ。したがって何も決定的な変化があるわけではないのである。しかしここでは、価格安定と最大限の生産と最小限の失業とを両立させる手段としての価格・賃金統制は、生産に対する歴史的な態度とも矛盾するということを確認しておけば十分である。これは現実的な矛盾というよりむしろみせかけの矛盾なのであるが、だからといって重要でないことにはならない。[3]

五

以上を要約する。現在の態度と目標に強いられて、経済を能力いっぱいの水準で動かさなければならないような羽目に陥っている。その場合には当然インフレになるとみられる。これは異常な見通しではない。設備と労働力の限度いっぱいの利用を重要視するように仕向けている態度が、同時にインフレ防止措置をほとんど否定する結果になっている。金融政策は消費需要造出の過程と衝突する。また金融政策は事業投資に影響するので、成長を重要視する態度と矛盾する。さらに金融政策は、効果が少なく、差別的で、また危険でさえありうる。財政政策は、完全雇用とそれに伴う経済的保障とを確保するに足る生産水準をどうしても維持しなければならない事情と正面衝突する。直接統制は、理論の上では高水準の雇用と価格安定とを両立させるかもしれないが、思想的に全く疑問視されている。直接統制は、実行不可能なほど大がかりにおこなうか、それとも全然おこなわないかのどちらかにならざるをえない、と考えられている。昔から能率的な生産と市場による資源の配分とが同一視されてきたので、直接統制は能率的な生産という目標とみかけの上で衝突する。

このような矛盾は、ある程度ごまかされている。保守主義者は、金融政策が肉眼ではみえない神秘的・先験的な効果をもっているという信念から、金融政策と生産との矛盾をかくす。ケインズ派の経済学者をも含む自由主義者は、神秘主義によってではなく、むしろ問題に直面することを体系的に拒否するという形で、財政政策と完全雇用水準の生産との間の矛盾をかくす。その場合に自由主義者は、財政措置の主張を一般論にとどめておきながら、失業と設備の遊休とに対して特別に批判的な態度をとる、というやりかたをする。彼は直接統制は不健全であるということに同意することによって、この矛盾を調和する機会を逃してしまうのが普通である。

このようにして、繰り返すインフレーションへの道が開かれる。インフレーションは、第十四章でみたように、各種の人びとに対して極度に差別的な影響を与える。それがいっそう深刻な社会的影響を生ずることは次の章でみるとおりである。インフレーションは経済の最も被害を受けやすい点に打撃を与える。

この版が印刷にまわっている頃(一九九八年)、上記で述べたことに関係する変化が幾つか起こっている。ここ数年間のアメリカでは、失業が比較的少なく、インフレは非常に軽微である。もっとも、失業とインフレを危惧する気持がなくなったわけではないが。この新しい状況は、労働組合の力が低下したことと、消費者サービス、娯楽、芸術、専門職業、ハイテク、といった産業の重要度が高まっていることとを反映している。こうした産業では、労働組合がないか、もしくはあってもとるにたりないほどのものであって、賃金・価格の悪循環は問題とならないのである。経済史においてしばしば見られるように、社会状況に重要な変化が生じたときは、経済にもかなりの変化が生じるものである。もっとも、そうした変化がどれほど永続的なものであるかはわからない。

（1）おもてに出さない利得財源(unliquidated gains)がある場合には、これが存在しない競争的産業における場合にくらべて、価格の下落は緩慢で、収益の減少も緩慢である。

（2）この版が出る前の数年間には、直線的で単純な自由企業的な精神が特別にもてはやされていた。

（3）こうした考えかたは非常に根強いので、多くの人は次の㈡の場合の効果よりも㈠の場合の効果の方がましだと考えるであろう。

㈠ 価格が安定していて、ある程度の失業がある場合に、市場による有効な資源配分が生産に及ぼす小さな効果。

㈡ 次の二つの事情が生産に及ぼすはるかに大きな効果。

(a) 遊休資源を利用すること。

(b) 生産増加に対する誘因があること。需要が能力を圧迫している場合にこの誘因が生ずると考えられる。

第十七章　社会的バランスの理論

個人所得の水準が高くても、大衆がコレラやチフスや無知にならないという保証はなく、まして大衆が教育をうける機会をえたり経済的保障をえたりする積極的な利益が保証されるわけではない。道徳的頽廃と経済的不幸に見舞われることになるぞという予言も出てくる。そこで社会は、おそまきながらも、一般の個人が一生のあいだ超過勤務をして働いても自分だけでは充足しえないような必要を集団的に充足する努力を始めるのである。

R・H・トーネー[1]

一

生産的な社会の最終的な問題は生産物それ自体である。このことは、一部の物の供給は豊富だが、別の種類の物の供給は貧弱であるという冷酷な傾向の中にあらわれている。この不釣合は、社会的不満と社会的不健康の原因になるほどにまで押し進められる。豊富な分野と貧弱な分野との境界線は、私的に生産・販売される財貨と公共的なサービスとの区別にほぼ等しい。前者が豊富であることと後者が貧弱であることとは、驚くほどの対照をなしている。そればかりでなく、私的に生産される財貨が豊富なことは、公共的サービスの供給の危機をもたらす大きな要因にもなっている。というのは、これらの二つの間のバランスを保つことの重要性、緊急の必要性が見失われているからである。

私的および公共的な財貨・サービスの流れが不釣合だというのは、決して主観的な判断ではない。逆に、それは広く論議されていることであり、そうした議論は、ここで述べている直接的な対照に今一歩のところまで来ている。近年では、どんな大都会の新聞も——ニューヨークの新聞がよい例だが——都市の基本的なサービスの不足や欠陥について毎日のように書きたてている。学校は古ぼけ、せますぎる。警察は人手不足である。公園や遊園地は十分でない。街路や空地は不潔で、衛生当局は装備と人員に欠けている。都会で働く人が都会にかようのはつらく、ふたしかで、しかもその程度がひどくなりつつある。市内の交通は混雑し、不健康で、きたない。空気もそうだ。街路での駐車は禁止すべきであろうのに、そうかといってほかには駐車する場所がない。こうした欠陥は新しいサービスに関するものではなく、昔からあるサービスについてのものである。昔から市は街路を清掃し、人びとの交通を助け、教育をおこない、秩序を保ち、馬車のとまる場所を提供してきた。市民に有害でない空気を与えよといっても、決して革命的に社会主義をもてあそぶことにはならない筈だ。

過去数十年間の大部分にわたって、公共サービスが貧弱だという議論とならんで、民間で生産される財がますます豊富になっていくという話がさかんにおこなわれた。国内総生産も、小売の売上げも、個人所得も、労働生産性も高まった。駐車する場所もないのに自動車の生産は増加している。子供たちは、遊び場で奇妙な性癖をもつ大人にかわいがられ、ますます想像力をめぐらした非行に傾きつつあるが、その反面テレビは立派にもっている。精神の世話と休養は主として公共の仕事である。そこで、学校は生徒の数が過剰である場合が多く、またふつうは設備がよくない。精神病院の収容人員の多いことと設備の悪さについては、学校の場合以上にその例が多い。

この対照が明らかなことは、それについて書いてあるものを読むまでもない。ある家族が、しゃれた色の、冷暖房装置つきの、パワーステアリング・パワーブレーキ式の自動車でピクニックに行くとしよう。かれらが通る都会は、舗装がわるく、ごみくずや、朽ちた建物や、広告板や、とっくに地下に移されるべき筈の電信柱などで、目もあてられぬ状態である。田舎へ出ると、広告のために景色もみえない。(商業宣伝の広告物はアメリカ人の価値体系の中で絶対の優先権をもっている。田舎の景色などという美学的な考慮は二の次である。こうした点ではアメリカ人の考えかたは首尾一貫している。) かれらは、きたない小川のほとりで、きれいに包装された食事をポータブルの冷蔵庫からとり出す。夜は公園で泊ることにするが、その公園たるや、公衆衛生と公衆道徳をおびやかすようなしろものである。くさった廃物の悪臭の中で、ナイロンのテントを張り、空気ぶとんを敷いてねようとするときに、かれらは、かれらに与えられているものが奇妙にもちぐはぐであることを漠然とながら考えるかもしれない。はたしてこれがアメリカの特質なのだろうか、と。

二

民間経済部門における財貨の生産については、各種の財貨の生産の間にかなり密接な関係を維持しなければならないことが昔から認められている。鉄鋼と石油と工作機械の生産は自動車の生産と関連する。運輸に対する投資は、輸送される財貨の生産と歩調を合わせなければならない。電力の供給は、電力を使う産業の成長とあしなみを揃えなくてはならない。これらの関連——経済学者が相関係数と呼ぶもの——があるので、投入産出表を作ることができる。この表は、ある産業における生産の変化が他の産業に対する需要をどのように増減させるかを示すものである。この表と、またとくにその発明者であるワシリイ・レオンチェフ教授のおかげで、世界は経済上の諸関連に対する近代的な洞察の最も重要なものの一つをえているのである。経済の一部分が拡張されても、他の部門でそれに釣合うだけの必要な拡張がなされなければ——釣合の必要が尊重されなければ——、ボトルネック、不足、稀少物資の投機的な退蔵、コストの急激な上昇が生ずるであろう。幸いにも平時においては、かなりの計画化を伴った市場制度がこのバランスを保つように作用するので、深刻な困難は起こらない。その際、在庫があることと、代替の結果として相関係数がある程度の伸縮性をもっていることも、助けとなる。資源の供給がより少ないのにこの問題を融通のきかぬ計画によって解決しようとしている国にとってそれがどんなに重大な問題であるかということに気づくことによって、われわれはこうした問題をあらためて思い知らされるのである。

社会が生産する物にバランスがなければならないのと同様に、社会が消費する物にもバランスがなければならない。ある物の使用がふえれば、他の物の必要もふえざるをえない。自動車を余計に使えば、ガソリンがもっといる。自動車を動かすための保険やスペースももっと必要である。食料の増加と高級化が一定の点を越えれば、医療の必要が高まると思われる。タバコとアルコールの消費の増加はたしかにこうした結果をもたらす。休暇がふえれば、ホテルと釣竿の増加が必要になる、等々。

しかしわれわれがここで論じている関連は民間経済だけの問題ではない。経済の諸関連は民間の部門にも公共的サービスにも広汎に作用している。自動車の生産の増加が鉄鋼業に対する新しい需要をもたらすのと同じくらい確実に、それは公共的サービスに対しても新しい需要を生み出す。これと同様に、私的な財貨の消費がふえれば、国家によるなんらかの便宜的または保護的な措置が通常必要とされるであろう。こうしたサービスがなければ、どんな場合にも、ある程度まずい結果が生まれるであろう。私的に生産される財貨およびサービスの供給と国家によるそれとの間の満足な関連を示唆する用語をきめておくのが便利だと思うので、それを社会的バランス(social balance)と呼ぶことにする。

社会的バランスの問題は普遍的なものであり、また目ざわりに思われることもしばしばある。前に述べたように、自動車の消費がふえると、交通を助けるための街路、高速道路、交通整理、駐車場が必要とされる。警察やハイウェイ・パトロールの保護的サービスも、病院のサービスも必要になる。こうしたバランスの必要は非常に明らかであるにもかかわらず、私的に生産される車輛の使用が、関連する公共的サービスといちじるしくバランスを失して増加したことが多かった。その結果、道路の混雑がひどく、毎年交通事故がひんぴんと起こり、市内の交通はいつもつかえている。地上ばかりでなく空中でも同様である。公共的な航空管理が航空路の私的な使用に追いつかない場合には、飛行場の上で航空機が遅延したり、衝突したりして、乗客はひどい目にあう。

しかし、自動車や飛行機とそれらを使用するためのスペースとの関係は、普遍的な必要が例外的に明瞭な形で現われた一例にすぎない。人びとの手に入る財貨が多ければ多いほど、捨てられる包装も多く、屑の清掃も多くなる筈である。しかるべき衛生上のサービスがなければ、裕福さの増大はかえって不潔さをひどくするだけであろう。富が増大すればするほど、きたなさが増すことになろう。現代にはこうした傾向がはっきりとみられる。財貨の生産と所有がふえれば、詐欺の可能性も多くなり、保護されるべき財産が多くなる。

警察の活動が伴わなければ、福祉の増大の反面に犯罪が増加することは間違いなかろう。

近年のロスアンゼルス市は社会的バランスの問題を研究するのによい例であった。すばらしく能率的な工場と製油所があり、自動車はふんだんに使われ、きれいに包装された物が大量に消費されている反面、市は長年にわたってごみとりサービスを一切しないので、家庭は自分の焼却炉を使わなければならない。そのために、空気がほとんど呼吸できないほど濁っている時間が相当多い。大気の汚染を防ぐ方法は、公的な研究を拡充して原因に関する知識を改善すること、自動車に汚染防止装置をつけることを義務づけること、市のごみとりサービス、そしておそらく、財貨の生産よりも空気の清浄の方が優先するという主張などの、複雑で高級な一連の公共的サービス以外にない。ところがこうしたものが長年にわたって欠けていたので、ロスアンゼルスは使用しうる空気がないという苦悩を味わうことになったのである。

社会的バランスの問題は現代のその他の多くの問題の中にも見いだされる。たとえば、私的な生産の増大の一面として、若い人びとの興味をそそるものが異常に多く現われている。映画、テレビ、自動車、そして簡単に動きまわれることからくる多くの機会、さらには、麻薬、漫画本、エロ本などのくだらない商品は、すべて増大する国内総生産の中に含まれている。いまほどゆたかでなく、技術的にも劣った時代の子供には、このような娯楽はずっと少ししかなかった。年配の人が昔かよった学校の赤い校舎をおぼえているのは、昔の学校がかれらの生活の中で今の学校がもちえないほどの大切な地位を占めていたからである。

健全な学校制度と、よいレクリエーションの機会と、よい警察とをそなえ、運営と規制のよろしきをえた社会――要するに、公共的サービスが私的な生産と歩調を合わせている社会――においては、現代の青少年に感化を与えている娯楽の力は大きな害を与えないであろう。テレビジョンとハリウッドの乱暴な慣習とは、学校の知的な規律と衝突せざるをえない。学校での社交、体育、劇などの呼び物も子供の関心をそそっている。こうしたものが、社会のその他のレクリエーションの機会とともに、不良化の傾向をおし止めている。暴力や不道徳の実験は、有効な警察制度によって未然に防がれるのだ。

公共的サービスが私的な消費に追いつかない社会では、事情が非常にちがう。私的なものはゆたかで、公共的なものは軽んじられるというふんい気の中で、私的な財貨が完全な支配権を握っている。学校はテレビや映画と競争しない。ジョーンズ先生ではなくて映画やテレビに出てくるいかがわしい英雄が、若い人の偶像になる。おとなしい娯楽のための施設が不十分なので、暴力がそれにとってかわる。漫画本、アルコール、麻薬、とび出しナイフは、前に述べたように、増大する財貨の流れの一部であって、それらを享受することを論駁する余地はない。どろぼうの目をひく私的な富はたくさんあり、警察をこわがることもないのだ。貧しい社会には誘惑がないし、公共的サービスを厳格にすることができる。しかしゆたかな社会はそうはいかないのだ。

のみならず、生産を重要視し、私的な欲望を合成するための非常に有効な機構をもつ社会においては、家族の中にできるだけ多くの稼ぎ手を作ろうとする強い力がはたらく。どの場合についてもいえることであるが、どんな社会的行動も一般的な型の一部分である。子供たちの両親とも私的な生産に従事すれば、公共的サービスの必要はさらに大きくなる。子供たちはかなりの時間にわたって社会にあずけられることになる。もし社会のサービスが歩調を合わせてゆき届かなければ、このことも無秩序の一因となるだろう。

住宅建設も、いささか複雑な形においてではあるが、社会的バランスの問題の一例を提供している。アメリカで所得水準の下層の人、あるいは中流の人でさえも、住宅事情は十分でない。かれらの住宅事情がよいという人はまずあるまい。多くの家庭は、もっとよい場所に住みたいと思ったり、または部屋数だけでも多くしたいとねがっている。広告によって説得されるまでもなく、かれらはこのような希望をもっている。住宅の供給は民間経済部門に属する。少なくとも一見したところでは、前述のように民間と公共を区別したとすれば、住宅に関する資源の配分が不満足である筈はないように思われる。

しかし詳細にみると、住宅問題は教育問題と大差ないことがわかる。北欧、オランダ、あるいはイギリス(の大部分)では、貧民窟は大体とりはらわれ、清潔さと快適さの最低水準はアメリカよりもかなり高い。しかし、このような国にくらべて、アメリカの住宅建設産業がはるかに無能であるとは思われない。これらの諸国の経験からみると、大きな、複雑な、そして高価な、一連の公共的サービスが伴ってはじめて住宅建設産業はうまくはたらく。またこのことはアメリカ人も思い知らされているところである。このようなサービスとは、再開発のための土地の購入と清掃、近隣をも含めたよい都市計画、有効で実行性ある用途地域区分、住宅の建設者と所有者に対する各種の金融上その他の援助、独自の研究機関をもつことのできる筈のない住宅産業に対して公共的な援助によって研究と建築上のサービスを与えてやること、そして、所得の最下層の家族のための住宅の大規模な建設および良質の維持を公共団体が直接にするかまたはそれに補助金を与えてやること、などを含む。住宅の質は、そのときの建設産業の事情によって左右されるもので(2)はなく、これらの補足的なサービスと公共的な補助とにつかわれる金額いかんによるのである。

三

社会的バランスの必要性について、いままで否定的な面から論じてきた。公共的サービスが財貨の私的な生産および使用と最小限必要な関係を保てないことは、社会的混乱の一因となり、または経済活動を阻害することになる。これからはこの問題を肯定的な面から論じよう。公共的な生産を拡大する機会を逸することによって、われわれはさもなければ享受したであろうよい機会をのがしている。よりよい学校や公園を買うことは、より大きな自動車を買うのと同じくらい社会のためになるだろう。学校や公園よりも自動車を重要視しているために、社会は最大限の満足をえずにいるのである。一つの村の学校については誰しもいえることは国全体の公共的サービスについてもいえる。公共的なものについては誰しも認めるほどの行き過ぎた倹約をしていながら、私的な財貨に対する欲望をとことんまで満足させるべきだというのは、どう考えても利口なことではない。こうしてわれわれは、公共的サービスを利用して楽しみを得る機会を組織的に活用するどころか、逆にわれわれを厄介なことから守ってくれるものさえ持たずにいるのだ。

通念によると、公共的サービスにどれほどかねを使うべきかをきめるのは社会である。大は国から、小は村まで、そうである。この決定は民主的な手続きによってなされる。民主主義の不完全性や不確実性はあるにせよ、個人の所得と財貨のうちのどれだけを割いて人びとの必要とする公共的なサービスに向けるかは、人びと自身が決めることである。したがって、私的な財貨およびサービスからえられる享楽と公共の当局から与えられるそれとの間には、大ざっぱではあるにしても、必ずバランスがとれているはずだ、というのだ。

しかし、こうした見かたはあきらかに、自立的に決定された消費欲望という観念に立脚している。この観念があてはまる社会においては、選挙権者としての消費者が公共的財貨と私的財貨との間の自立的な選択をおこなうという理論は、理屈として成り立つであろう。しかし依存効果がある以上――消費欲望を満足させる過程自体によって消費欲望がつくり出される以上――、消費者は自立的な選択をおこなうのではない。消費者は広告と見栄の力によって影響されている。それらによって生産はそれ自身の需要をつくり出しているのだ。広告はもっぱら、見栄は主として、私的に生産される財貨とサービスに対して有利に作用する。(3)需要管理と見栄の効果とが私的生産にとって有利なはたらきをするので、公共的サービスは本質的におくれをとる傾向がある。自動車に対する需要は高い費用をかけて合成されるので、そうした影響力の及ばない公園、公衆衛生、さらには道路でさえも、自動車ほどには所得をまき上げる力がないのは当然である。今や最高の発展段階に達したマスコミの力は、社会の耳目をより多くの飲み物に向けるけれども、より多くの学校には向けない。これでは両者の選択が平等でありえないことは、通念でさえも争う余地がないであろう。

新しい生産物とサービスについては、この競争はことに不平等である。国の最も有能な連中が、大衆心理のすみずみまでしらべて、売り込めそうな商品に対する欲望を育成することができないかどうかかみているのである。国家の非商品的なサービスについては、これと同じような過程ははたらいていない。われわれは新しい私的な欲望の育成を当然のことと思っていながら、それが公共的サービスにも適用されると全くおどろいてしまうのだ。公衆が必要を認めず、われわれも広告によってはじめて必要を感ずるような、新しいカブレターやクレンザーや脱毛剤などの研究に専念している人は、わが社会の最も貴重な一員なのだ。新しい公共的サービスを必要だと考える政治家や公務員は、ならず者と言われるかもしれない。これほど非難を受ける公共的な罪は少ない。

公共的な生産と私的な生産との間の決定にどんな影響力がはたらいているかということについては、これでたくさんであろう。通念は、公共的な消費と私的な消費との間の決定がおだやかにおこなわれると想定しているが、これは社会的な行動に対する的はずれの見解から生ずる誤りの顕著な一例である。公共的サービスが私的な生産よりも常におくれをとる内在的傾向がある。これが社会的バランスの欠如の原因の第一である。

四

社会的バランスは現代の社会におけるさらに二つの特徴の犠牲にもなっている。その二つの特徴とは、不平等に関する休戦状態とインフレーションの傾向とである。これらはすでに述べたことであるから、その影響について簡単にみることとしよう。

郵便事業のようなまれな例外は別として、公共的サービスには個々の使用者が支払うべき値段がついていない。公共的サービスは、その性質上、すべての人に利用されるのがふつうである。したがって、公共的サービスを改善する際や、新しいサービスをはじめる際には、誰がその費用を負担すべきかという古い厄介な問題が生ずる。このことはまた、不平等に関する副次的な、しかし的はずれの議論をむしかえすことになる。財政政策の手段として租税を用いる場合と同様に、不平等に関する休戦状態が破れる。自由主義者は、不平等を軽減する累進課税によって公共的サービスをまかなうべきだと論じないわけにいかない。かれらは財貨の緊要性(そしてまた、後の章でみるように、生産水準を確実に維持する方法についてのやや機械的な見解)にとりつかれているので、売上税や消費税に反対しなければならない。他方、保守主義者は不平等の擁護のために結集し――もっとも不平等というへんな言葉には決してこだわらないが――、所得税の使用に反対する。かれらが支出に反対するのは、公共的サービスの利点についてではなく、租税制度の欠点についてである。不平等に関する論議は解決されるはずがないので、かねは支出されず、公共的サービスは実施されない場合が多い。これは自由主義者と保守主義者に共通の経済的目標の犠牲なのである。というのは、かれら双方にとって、社会的バランスの問題は生産の問題に従属するものであり、また不平等がむしかえされれば、不平等の問題にも従属するものであるからだ。

基本的な傾向は大体このようなことであるが、実際にはこれよりよいこともあるし、わるいこともある。租税構造が一定とすれば、各段階の政府の収入は経済の成長とともに増加する。この自動的な増加によって公共的サービスを維持することは可能であるし、またある場合には改善することもできよう。

しかし、この効果は均等ではない。連邦政府の収入は累進的な所得税に多く依存しているので、それは民間経済の成長の割合以上に増加する。そればかりでなく、通念では遺憾とされることであるが、連邦政府の支出は租税と間接的な関係しかもたない。公共的サービスは、それが緊要と思われるか否かに従って考慮され、賛否が問われる。特定のサービスの開始または改善と租税に対する影響とが結びつけて考えられることは、演説の材料としては別だが、滅多にない。他方租税政策は、経済活動水準、税収予想、緊要性、その他の考慮に基づいて決定される。こうしたことの中で、個別に考慮される何千もの支出は、それらをひっくるめた全体でも、たった一つの要因にすぎない。このようにして、一つの支出が租税に及ぼす終局的な影響はごく小さい。それを無視する傾向があることはこうした状況からみて当然のことである。このように、連邦議会は不平等の問題に触れることなく社会的バランスに関する決定をすることが可能である。

しかし、連邦の収入のうちの大きな部分が国防目的のために先取りされているので、事態はもう少し悪くなっている。国防費の増加が租税の自然増収のうちのかなりの部分を食う傾向もある。連邦の租税は戦時なみの不自然な水準にあり、できるだけ早い機会に減税するという暗黙の約束があるはずだ、という確信が弱まりながらも依然として残っているために、社会的バランスの改善に関する連邦政府の立場は第二次大戦後よわくなっている。

州や市町村については、社会的バランスの問題ははるかに深刻である。地方では、税収――とくに一般固定資産税について――の増加率は民間の生産の増加率に及ばない。予算も連邦政府の場合よりはるかに限定されている。金融当局だけが地方自治体に対する貸付をおこなうというたうれしい特権を享受しているにすぎない。そのために、州や市町村のサービスの増加は、いつも増収、増税の問題をひきおこす。そしていつも社会的バランスの問題は不平等と社会的公平に関する論議の中に見失われてしまうのだ。

このようにして、社会的バランスの欠如が最も深刻なのは地方政府のサービスにおいてである。連邦調査局(FBI)は市警察よりもかねに困らない。農務省は農業生産の増加に応じて害虫防止活動を比較的楽におこなうことができるが、市の衛生活動は工業人口の増加の必要に追いつけない。こうしたことの一つの結果として、連邦政府は、そのすぐれた収入上の地位を利用して地方政府におけるバランス改善を助けるべきだ、という圧力をいつも受けることになっている。こうした圧力がかかるのはきわめて望ましいことである。

五

最後に、社会的アンバランスはインフレーションの必然的な産物である。過去においては、インフレーションは公共的サービスに対して二つの大きな影響を与えた。公務員の給与は、民間産業における給与よりもはるかにおくれる傾向があった。そこで、公務員をやめて民間に職を求める誘因があった。さらに重要なことは次の点である。アメリカでは、社会的バランスの問題として最も緊要な問題は、州や地方のサービス、なかんずく大都市のサービスに関連している。人口の増加、都市化の進展、ゆたかさの増大といった傾向は、ことごとく大都市圏の公的な仕事の強化を求める。ところが他方、こうした地方自治体の収入は、連邦政府の収入とは対照的に、比較的弾力性にとぼしい。固定資産税に依存するところが大きいために、地方自治体の収入は、物価上昇期にはおくれてしまう。そこで、自治体のサービスをどうやってまかなうかという問題は、インフレーションの進行にともなってますますきびしくなるのだ。

ごく最近においては、比較的大きな都市では自治体職員の組合組織が比較的強いために、公務員の給与がおくれる傾向がおしとどめられたり、また一部の自治体ではその傾向が逆転したりしたことがあった。そうなると、公務員の相対的地位がインフレーションにともなって自動的に悪化することにはならない。だが、自治体の収入の硬直性は変らない。そして人件費が高いと、公共的サービスに対する制約はいっそうきびしくなり、その拡大が緊要なのに、逆に削減される場合もあるのだ。

六

公共的サービスの拡大と改善という考えかたがひどく攻撃されたことが、第二次大戦直後の数年間の一つの特徴であった。不況の時代には、民間の生産の縮小によって生じた真空の一部なりとも埋め合わせようというので、公共的サービスが考え出され、改善されたのであった。戦時中に政府の役割が非常に拡大され、戦後にその反動が来たというわけだ。この反動が、私的な生産の威信と生産者の威信を回復しようという動機によってかなり動かされていたことは疑いない。この攻撃に参加した人は、あらゆる種類の租税を軽減することによって租税と平等との間の休戦状態からうまく身をかわすことができるかもしれないと、少なくとも暗黙のうちに考えたにちがいない。公共的サービスが水ぶくれし、過剰になった、という考えが一時は公理みたいなものになった。自由主義的な政治家さえまじめに抗議しなかった。かれらも公的支出をきびしく節約することに賛成だと主張することを必要と認めたのである。

、この論議の中で、私的に供給される欲望の満足が神秘性を帯びたものとなった。新しい学校を作ろうという社会の決定は、個人が税金によっていやでも必要な金額を納めなくてはならないことを意味する。しかしもしそれに相当する額の所得がとられずにすむならば、彼は自由な人間である。彼はよい自動車を買ってもよいし、テレビを買ってもよい。この議論によれば社会は学校の方を選ぶ余地が全然ない、ということが問題である。あらゆる私的な欲望はあらゆる公共的な欲望よりすぐれている、なぜなら、前者は個人的な選択ができるのに、後者はどうしても強制的にまかなわれなければならないからだ、ということになってしまう。

公共的サービスの費用は民間の生産にとって重い負担になる、という主張もおこなわれた。もっとも、こうした主張は民間の生産が伸びはじめた頃になされたものである。投資に及ぼす租税の不利な影響について緊急の警告が発せられた。「人びとが懲罰的と思うほどの課税くらい投資意欲を減殺する確かな方法を私は知らない。[4]」これは、非常に高水準の投資のインフレ効果が懸念されていたときにいわれた言葉である。租税の有害な影響について警告した同じ人が、他方では投資を削減するための金融政策を強く主張していたのである。しかし、現代の経済論議を理解するためには次のようなその基本的な規則《ルール》の一つを理解する必要がある。すなわち、高い地位にある人は、かれらが出そうと思う答に合うような仕方で推理することを特別に許されている、ということである。論理が要求されるのは地位の低い人についてだけなのだ。

最後に、政府の拡大は個人的自由に対する深刻な脅威である、という議論が強くおこなわれた。「国家の公務員となることによって職階化がほとんど完全に達成されれば……、多くの人に保障よりも自由を選ぶように期待することはできなくなるであろう。[5]」

私的サービスと公共的サービスとのバランスの必要はいまだに不完全にしか認められていないが、社会的アンバランスに関連する混乱は時とともに日にみえるものとなってきた。公共的サービスに対する猛攻撃は永続的な刻印をのこした。リービスの改善と増加によってどの分野で幸福の程度を高めることができるかをみるためにわれわれの公共的な欲望をしらべてみようという提案は、非常に急進的なひびきをもっている。社会秩序の乱れを防止するための公共的サービスさえ弁護しなければならない有様である。それと対照的に、存在しない必要のための妙薬を発明し、そして巧みにこの妙薬と必要との両方を発展させる人は、自然界の貴重人物の一人とされているのだ。

(1) *Equality*, 4th ed., rev.(London : Allen & Unwin, 1952), pp. 134–135.

(2) *Economics and the Public Purpose*(Boston : Houghton Mifflin, 1973)において私は、公共的サービスがうまく機能しているかどうかということを、それが奉仕する民間部門の力にいっそう密接に関連させて考察した。例えば、高速道路は比較的十分にあるとか、武器は十分という以上にたくさんあるとか、自治体のサービスや公的な医療は貧弱であるといったようなことである。

(3) 見栄は市町村相互の間にもはたらいている。ある市町村が新しい学校をつくると、他の市町村も負けまいとつとめる。しかし、私的に生産される消費財に対する需要を広める点で見栄が広汎な影響をもっているのにくらべれば、市町村間の見栄の影響はおそらく小さいであろうということに誰しも異論はないと思う。

(4) Arthur F. Burns, Chairman of the President's Council of Economic Advisers, *U. S. News and World Report*, May 6, 1955.

(5) F. A. von Hayek, *The Road to Serfdom*(London : George Routledge & Sons, 1944), p. 98. ハイエク教授は一九七四年にノーベル経済学賞を受けたが、それは、こうした思想やこれと類似したもっと専門的な思想に対して遡及的に与えられたものだ。

第十八章　投資のバランス

一

社会的バランスは、消費される財貨とサービスに関するものである。経済において投資に向けられる資源をどのように使うかということについても、同じような問題がある。私的な財貨を豊富にもたらす反面に公共的サービスを貧弱にさせているところの諸力が、他方では、通常の物的資本と国の人的資本とでも呼ばれるものとへの投資の配分を歪曲するはたらきをしている。この歪曲は広汎な影響を及ぼす。その影響の一つは私的な財貨の生産それ自体をそこなうことである。この後の点を追求すると、どんな状況であるかが最もはっきりわかるであろう。しかし、それは唯一の結果ではないし、また最も重要な結果でもない。

経済の成長——経済的生産物の拡大——は、国の生産的な工場設備の量的または質的の増加を必要とする。ふつうはその両方が必要である。これは誰でも認めるところである。

量的な増加は資本形成であり、質的な増加は技術的進歩である。

経済に対するわれわれの態度の多くは経済発展の初期の段階に由来しているが、その時代においては、経済成長を達成する簡単で十分な方法は、より多くの貯蓄と、したがってまたより多くの物的資本をもつことであった。企業家的手腕も必要ではあったが、少なくとも西欧諸国においては、それは必ずとはいえないまでも、ほとんどいつも手近にあった。企業家としての機能を果たすためにはある程度の教育が必要であったが、コモドア・ヴァンダービルトからヘンリー・フォードに至るまでの偉大な企業家の例が明らかに示しているように、教育はわずかでもたりたのであり、また現に無教育の企業家も多かった。教育と読み書きの能力のある一群の労働者がいることは望ましいが、決して必要不可欠なことではなかった。過去におけるアメリカの最も偉大な産業会社のうちには、字も書けず英語も話せない労働者を使っていたところもあった。最も重要なことは、経済発展の初期の段階では、教育ある人間の供給およびかれらの訓練の性質と、技術革新のテンポとの間には、密接で予測可能な相関関係は全くなかった、ということである。発明は、長期間にわたって準備された訓練と研究の産物というよりは、むしろすばらしい直観的なひらめきの成果であった。イギリスにおける産業革命の道案内となったものは、ジョン・ケイによる自動式の梭の発明、ジェームズ・ハーグリーヴズによる紡績機の発明、リチャード・アークライトによる(と思われる)紡績機の発明、そしていうまでもなくジェームズ・ワットによる蒸気機関の発明であった。当時工業用に使われつつあった資本の大きな改善としては、これらが代表的なものであった。しかし、それ以前の教育と準備に関連していた技術革新はワットの場合だけである。ケイとハーグリーヴズは単なる織物工で、機械に向いた質《たち》をもっていたにすぎない。アークライトは、子供のときに床屋とかつらを作る職人のところに丁稚奉公していて、ほとんど読み書きの能力もなかったのである。

しかし、複雑な大工場が発達し、さらに、基礎的な科学とその応用上の経験の巨大で高級な集積が発展するとともに、このような状況は一変した。ほとんどどこにでもころがっている企業家(それに会計士と事務員を加えるべきであろう)のほかに、近代の経済活動は、訓練され資格ある多くの人びとを必要としている。人間に対する投資が物的資本に対する投資と同様に重要であることは明らかである。近代的な複雑さにおいて、それらは相互に依存し合っているのだ。

さらに重要な点は、資本の改善──技術的進歩──が、今や教育、訓練、および個人にとっての科学的な機会に対する投資にほとんど完全に依存している、という点である。通念の一部は、孤立したすばらしい直観的な発明が、今でも技術的進歩の主要な方法であり、どこにでも、また誰にでも起こりうるものだ、という懐古的な確信にすがりついている。ベンジャミン・フランクリンはアメリカ的天才の神聖な原型であり、彼の地位についてとやかくいうべきではないだろう。しかし、技術革新は今や高度に組織された企業となった。

それがロマンチックでない現実である。投入される資源の質と量によってどれだけの成果があがるかということがほぼ予測できるほどである。これらの資源とは男と女である。かれらの質と量は、かれらの教育、訓練および機会に対する投資の量に依存する。かれらは技術的進歩の源泉である。かれらがなくても物的資本に対する投資は経済の成長をもたらすであろうが、その成長は技術的停滞と結びついた不十分なものになってしまうであろう。

二

問題の核心に入ることにしよう。物的資本に対する投資は、投資を必要とする各種の産業へ民間部門内部の決定によって配分される。もし成長の見通しまたは(限界的な)利潤が石油産業では高く、繊維工業では低いとすれば、資本は石油産業へ流れる。このような資本配分制度はかなり有効にはたらくように思われる。資本の「自由な流れ」に対するどんな干渉も、経済学上公認の罪の中でもかなり重いものとされている。(1)

しかし、この流れは、各種の産業への物的投資の配分についてはうまく作用しても、物的資本と人的資本とへの配分については不確実に非能率的にしか作用しない。人間に対するほとんどあらゆる投資は公共の仕事とされている。人間に対する最大の投資は、小学校、中学校、高等学校、大学を通じて、国家によっておこなわれている。そしてまた、私立の大学の場合のように、国家が直接タッチしない場合でも、投資の額は生産における終局的な支払とは直接的な関係をもたない。前の例で、製油所の方が繊維工場よりも投資にかねがかかるので、製油所が投資資金をひきつけるであろう。しかし、製油所を設計する技師の方がはるかに重要で、より高い利潤をもたらすのかもしれないのだ。そしてまた、製油の工程についていちじるしい改善をおこなうような科学者に投資するのが最も投資効率がよいのかもしれない。こうしたことは想像の上だけの可能性ではなく、普通ありがちなことである。しかし、科学的・技術的訓練に対する投資の効率がよいからといって、資金が物的資本からこのような投資に向って動くわけではない。製油所の建設から科学者の教育へと資本が流れることはなさそうである。投資資源の配分過程は通念の自慢とするところであるが、そのまさに決定的な点において最も重要な障害があるのだ。しかしこの点についてこれまでほとんど議論がなされていないのは特徴的である。それは、関税や独占のような、資本移動に対する古典的な障害の一つではない。したがって、それは十九世紀の経済学において足がかりをえなかったのであり、またそれ故に、経済学を支配している知的な伝統の下において今日なんらの立場をももっていないのである。

この障害の重要性についてはなんらの疑問もありえない。人間に対する投資は公共の仕事である。この投資は科学と技術の進歩に伴ってますます必要不可欠なものとなっている。しかも物的投資と人的投資とへ資源を自動的に配分する機構は存在しないのだ。しかしそればかりではない。前の諸章でみたように、公共的な分野に対する投資は、ひどく差別的に取り扱われている。製油所に対する投資は全くよいことである。それは国富の増加をもたらす。それは無条件に立派なことだ。しかし、製油所をうごかし、その経済的効率を改善し、そしてやがてはそれをよりよいものと取替えることになるかもしれないような科学者や技術者の訓練は、無条件に立派なこととはされていない。教育に対してそのように投資されたかねは政府の負担の一部である。今でも多くの人は、この負担の小さいことによって業績の立派さを判断するであろう。他の人びとは、誰がその費用を負担すべきかについて議論している間、その投資すなわち負担を差止めるであろう。事実かれらは、平等の向上と税制との関係に関する昔ながらの争点をむしかえすのだ。この投資の一部分は、頭を下げて金持ないしその財団からの寄付に仰がねばならぬ。このような支出に対しては、投資という威信をもつ言葉さえ与えられないのが普通である。教育が生産と密接な関係になかった一世紀前に、利口にも人は投資という言葉を、のちに生産物の増加をもたらす資本増加に限定したのである。教育が消費的支出とみなされたのは正しい。この一般的な用語法は決して改訂されなかったのだ。(2)

もし、数学の試験の成績のようなものによって子供たちを小さい年頃のうちにふるいわけ、有望な者に特定の会社と終身契約をさせる、というような法律的な取り極めをつくったと仮定すれば、人間開発のための投資の流れはまもなく物的資本へのそれとほぼ対等のものとなるであろう。メージャーリーグの野球団がその二軍に投資する知恵を学んだのと同様に、会社もその科学・技術陣に投資する必要を認識することであろう。この取り極めが理想的にいけば、あまった才能は売りに出すこともできる。選択を誤って、教育しがいもない者を教育したような場合も必ず起こるであろうが、そのような費用は償却するか、またはその人をセールズマンとして使うことによって取り戻すかすることになろう。こうした制度のもとでは、不幸にもその人は選択の自由を奪われることになるであろうが、人間に対する投資は急速にふえるであろう。

しかし、自由選択が残されるかぎり、そのような投資は公共の仕事にとどまらざるをえない。個人は、かせぐ能力のほんのできはじめの年齢にあるので、自分で自分にかなりの投資をすることはできない。両親が彼に投資する意思と能力があるか否かはだいたい偶然である。彼の未来の雇主は、競争企業の工場や他の産業に行くかもしれない資産に投資する筈がない。投資の最終段階にある学生の選択に影響を及ぼせるかもしれないと考えて、求人広告を兼ねて若干のスカラーシップやフェローシップをばらまくのがせいぜいであろう。これは現在おこなわれていることだ。これでは人間に対する投資の総額にほとんど効果がない。これは一種の選別行為である。しかし、それは結果として生まれる資産が重要視されていることを示すものではある。

三

人間の開発は、別の言葉でいえば、経済学者が外部経済と呼んできたところのものである。(3) 外部経済とは、その利益があらゆる企業に及ぶけれども、その利益が特定の企業によって買われたり支払われたりするものではないことをいう。

人間の開発についていえることは、その主要な成果の一つについてもあてはまる。それは科学研究のことである。財貨の供給の増加を目標としている社会は、あらゆる技術革新を、蓄積された財貨の増加または変化と同一視する傾向をもたざるをえない。したがってこの社会は、大部分の研究が市場によって誘導され、報いられると仮定するであろう。

多くはそのとおりであろう。適当な状況のもとでは——産業を構成する企業が適度な規模をもつこと、その他いくつかの条件が満たされねばならぬ(4)——、消費財の発明、発展および再設計、ならびに製造過程の改善について、経済がすばらしくうまく作用すると考えてもよいであろう。また、同様に有利な状況のもとでは、消費財の消費を支える資本財産業にも同様な注意が向けられるであろうことも疑う余地はない。しかしこうした成果がわれわれを感銘させるのは、そのようにして発展させられた生産物に対する需要がどのように仕組まれ、維持されているかということを調べないからにほかならない。その点を調べれば、多くの研究活動が——自動車工業におけるように——、広告できる変化を発見することに捧げられていることがわかるはずである。研究の計画は、「販売基点」(selling points)と「広告訴求点」(advertising pegs)とを工夫する必要、または「計画された陳腐化」を速める必要を中心にして作られるであろう。これらのすべては、ある意味では最も重要でないことに研究の資源を配分することが研究の動機となっている、ということを示唆している。その量は配分の方法よりもさらに注目すべきものである。しかしそれでも、アメリカ経済は消費財の変化と改善に十分な注意を払っていないといいたい人はないであろう。明らかにそうではない。

しかしこうした誘因は、科学的活動および研究活動の全体のうちの一部分について作用しているだけであり、また財貨の生産に潜在的に適用される小さな部分について作用しているにすぎない。例えば、なんらの販売しうる生産物にも専門化されず、またそれによって支えられてもいないような非常に有益な研究が巨額にのぼっている。このことは多くのいわゆる基礎的研究について最も明らかにいえることである。しかし同じことは巨額の応用的研究についてもいえる。現代の航空輸送は軍事用の飛行機の落し子である。それは、その基礎となったそれ自身の研究・開発活動を支えたわけではなかった。同じことは核エネルギーの非軍事的使用についてはいっそうよくあてはまる。通信衛星や電子計算機についても同様である。

この問題が人的資源に対する投資の問題ほどには驚くに当らないのは、軍事的考慮によって莫大な資源が研究に向けられているからである。この研究は公共的な分野に属するけれども、軍事上の緊要性がこの障害を相殺するのに役立ったのである。この資源配分を余儀なくさせた状況や、その結果として生まれる兵器に、人は安心できない。しかしそれは多くの科学的革新や発展を媒介することになった。音速を超える努力の中に、最も新しい石鹼を作る努力の中にあるよりもはるかに重要な研究がひそんでいる。それは産業にとってもはるかに重要であるかもしれない。とにかく、もし軍事上の必要から起こった研究、したがって公共的に支持された研究がなかったならば、近年のアメリカの産業における技術的進歩のテンポはいちじるしくおそかったであろう。

四

前に述べたように、通念と取引するには、できるかぎり通念の条件に基づいてしなければならない。通念は財貨の生産の増大が何よりも重要であると強調する。しかし通念による投資配分はこの目的にもかなうものでない。すなわち、軍事的必要の副産物としての研究についてはまあよいとしても、それ以外の研究に対する投資は不十分であり、また人間に対する投資については、通念はなんらの合理性も主張しえないのだ。このようなことを示すのは印象的である。しかし、教育の必要が財貨の生産をふやすためだけであるというのは野蛮なことであろう。教育はそれ自体の、より高級な理由をもっていると考えるべきである。馬に、居心地のよい小屋を与え、確実に飼料をやり、適当なレクリエーションを与え、そしておそらく、厩舎にいるほかの馬と少なくとも同等の尊敬を得る喜びを与えれば、その馬はたしかにうれしいであろう。人間を馬から最もよく区別する非神学的な性質は、これらの物的・心理的な福祉のほかに、知り、理解し、そして推理したいという欲望である。人間を動物から区別するものに対する投資は、これ以上の正当化を必要としないと考えてよかろう。しかし、もしこの投資が財貨の生産のためにさえ必要以下であるとすれば、人間的な満足と完成のためにはそれが理想からどんなにほど遠いものであるか、おして知るべきである。

五

最後に、消費における社会的バランスの問題と物的・人的資本への投資のバランスの問題との共同の遺産ともいうべき、やや想像上の問題が残っている。

第十三章で述べたように、欲望合成の過程は経済の不安定性の潜在的な源泉である。生産も雇用も社会保障も、消費者負債の造出という本質的に不安定な過程に依存している。これが崩れる日が来るかもしれない。そして、見栄による強制が衰えたり、需要を合成する能力が衰えたりすれば、消費が減退し、失業が増加し、再調整という困難な問題が起こるであろう。

これらの危険が大きいにせよ、小さいにせよ、もし消費が広く配分されていれば――もし生産的なエネルギーが人間の欲望全般に満遍なく奉仕するものであれば――、これらの危険は軽減されるであろう。公共的な欲望は小細工を要しないから[5]、小細工の失敗による悪影響はない。それらは月賦で売られるものではないから、人びとが負債増加の意思と能力をなくしても、削減されることはない。このように、社会的バランスが改善されればされるほど、経済は私的な需要の変動の危険からまぬかれることになるのだ。

いま一つの、しかも逆の可能性もある。単純な人びとは最も手玉にとりやすいと思われる。社会的バランスの改善によってもたらされる教育の改善は、新しい欲望の製造における合成と見栄の効果を少なくするであろう。消費者になんらの事前の準備も要しないような単純な消費財や単純な娯楽方法に対する欲望をつくりだすのには、合成と見栄が最も説得力のあるものである。住宅、自動車、複雑でないアルコール飲物や食料や性的享楽、スポーツ、そして映画などは、ほとんどあらかじめ準備がなくても十分にたのしめるものである。大衆的な宣伝はこのようにして成功する。したがって、こうしたものに対してこそ、現代の欲望造出の重点がおかれているのだ。それと対照的に、いっそう内面的な欲望――音楽、美術、文学、科学、そしてある程度は旅行も――は、合成されるといえるにしても、かなりの事前の教育があってはじめて合成されるのが普通である。

したがって教育はゆたかな社会にとって両刃の剣である。近代産業の科学的・技術的要求がある以上、教育は必要欠くべからざるものである。しかし他方、趣味を多様化し、また独立的・批判的な態度をやしなうことによって、教育は現代経済に不可欠な欲望造出力の基礎を掘り崩す。この効果は、教育によって人びとが、本来はかれらに奉仕すべき筈の機構の利益のために逆にかれらがいかに操られているかを理解するようになるにつれて、いっそう高まるであろう。その最終的な帰結は、ゆたかな社会の諸々の価値、わけても業績の指標としての生産に対する先入主が、社会に奉仕する人に要求される教育によってむしばまれるということである。

あるいは、以上のことは仮説であるかもしれない。というのは、われわれの思想を過去に結びつける力が非常につよいので、このような想像の肥沃な谷間に進む余地はあまりなさそうだからである。

（1）　私が *The New Industrial State* (Boston : Houghton Mifflin, 1967) および *Economics and the Public Purpose* (Boston : Houghton Mifflin, 1973) で論じたところであるが、資本の配分は、利潤の見込みだけに応じて自由にはたらく市場諸力の反映ではない。資本の配分は、それをおこなう企業の計画上の諸目標を反映するのであって、この諸目標とは、成長、安全性、さらにはある種の技術的卓越などを含んでいる。

（2）　本書を書いてからのち、ソ連の科学上の業績の影響もあって、アメリカにおける科学教育に対する投資のおくれについてかなりの議論がなされている。しかしこのことは、アメリカの資源配分機構における根本的な欠陥としてではなく、一種の異状として取り扱われている。以上は初版の脚註である。それ以後、人的開発に対する投資は増えた。また、それを人的資本への投資とみなす傾向も強まった。これは進歩だ。しかし、物的資本と人的資本への投資の配分という根本的な問題は、物的投資は民間部門にあり、人的投資は公共部門にあるという事情を反映して、依然として残されている。また物的投資を有利にする差別待遇も残っている。

(3) 教育の価値の多くは、人をふるいにかける役割——実は、才能のある人にとって有利になるような差別を合法化する手段としての役割——にある、とする別の見解がある。これについては Lester C. Thurow, "Education and Economic Equality," *The Public Interest*, No. 28 (Summer 1972) および Kenneth J. Arrow, "Higher Education as a Filter," *Journal of Public Economics*, Vol. 2, No. 3 (July 1973) をみよ。

(4) *American Capitalism*, 2nd ed. (Boston : Houghton Mifflin, 1956), pp. 84-94 をみよ。

(5) 一部の公共的欲望は細工されている。軍事的必要は、軍需企業がかなり軍需を操作していることを反映している。この点についてはまた『新しい産業国家』第二十六—二十九章をみよ。

第十九章　転　換

一

ある意味では本書の主な仕事はいままでのところで終っている。本書は、非常な重要性と不可避的な困難をになった生産こそわれわれの生活の中心問題である、とする神話の奴隷になっている現状をとりあげようとしている。いまやこの神話の源泉が判明した。そして、この神話がわれわれに約束するいくつかの結果――消費需要造出の、はかない、危険とも思える過程、社会的アンバランス――がわかった。精神の解放は肉体の解放に劣らぬ価値のある仕事である。自由を与えられ、自由の徳を納得させられた奴隷は、その自由を享受するように放任されるのがふつうである。そして解放者は、奴隷になすべきことの一覧表を与えなかったからといって非難されることもない。

古い目標が疑わしいものになれば、新しい目標に対する関心が次の思想的な仕事であるばかりでなく、それは避けがたい仕事である。自然が真空を嫌う以上に社会哲学も真空を嫌う。人間はその努力の目的をつかんでいなければならない。この目的はナンセンスなものであってもよいし、またさきにみたように、その無意味さが精巧なものであればなおさら結構なことだ。人びとは、目標自体がばかげたものであることを立止まって反省することもなく、その目標に向って一歩一歩進むことを意義あらしめようと努力することができる。かれらは目標を疑ってはならない。なぜなら、そうすればよりよい目標の探求を始めなくてはならないからだ。したがって、本書のような試みの重要性は、それによって何がつくり出されるかということよりも、むしろそれによって何が破壊されるかということ――神話の窮極の敵は客観条件であるから、その試みによって結晶化されるところの破壊、という方が正確であろう――にあるというべきである。

これは通念との正面衝突である。通念はそのいわゆる建設的批判なるものを尊重し、純然たる破壊的あるいは否定的な立場とでも呼ばれるであろうものを軽蔑する。このことの中に、いつもながら、通念は健全な自己保存本能を示すのだ。通念的な思想あるいは公認の思想に対する攻撃は、劣等で無茶なことであるとしてしりぞけられ、したがってまじめに受けとれないこととされてしまう。それと同時に「建設的な別の道」が歓迎される。これはもっと危険性の少ないものだ。常に通念に対する脅威は、関連した別の道のアピールではなく、通念自体の的はずれである。戦後の西ドイツでは、ワイマール政権時代とは対照的に、政府はかなり長期にわたって安定している。それには憲法に規定されたいわゆる

「建設的拒否権」がかなり役立っている。これによって議会は古い内閣を不信任する前に新内閣を決めなくてはならないとされている。このような別の道をあらかじめ決めることは困難または不可能である。したがって議会は現状を維持せざるをえなかった。通念は、建設的批判の道徳的な優越性を主張することの中に同様の力を見出しているのである。

しかし、いつものことながら、通念との取引は通念の条件でするのが健全な戦略である。通念は次のようなことを要求するかもしれない。どのようにしてわれわれは生産に対する現在の先入主から脱却するのか。より多くの財貨のためにより多くの欲望を製造するという果てしない競争からどのようにして脱却するのか。この競争をやめることによってわれわれの生活に生ずるであろう一見巨大な真空状態を何によって埋め合わせるのであるか。財貨に対する従来の考え方を放棄するとすれば何が幸福の象徴になるのか、と。こういう質問を受けるとすれば、その答を用意しておくのは結構なことである。通念の弁護論はおそろしく強力である。それに対して全然譲歩してはならない。生産に対する根強い先入主にとって代るものは何か？

二

軽微な精神錯乱者にとっては、全く合理的な人の行動も全くの気狂いの行動も、ともにひとしく奇妙にみえるものだ。現代の世界では必然的に生産が至上の急務である、という考え方は古い。こうした考え方に対応する行動もまた古い。生産がもはやそのような緊要性をもたなくなったということ――生産はかなり保証されていて、しかも逆説めくが、生産の将来に対する正しい見通し[1]を欠いていることが生産に対する最大の脅威であるということ――がわかれば、われわれの態度はひどく傷つけられることになる。以前に健全な経済行動であったことも、いまでは健全な経済行動ではありえない。以前に個人や団体やとくに政府の目標であったものも、いまではそうでないのかもしれないのだ。多くの人は、生産が昔の緊要性を失ったとほとんど信じたとしても、やはりそれが示唆する行動や政策の変化をうのみにするわけにはいかないと思うであろう。この行動や政策は役に立たないように思われ、危険にさえみえるであろう。そして通念がこの点を突いてくるであろうことはいうまでもない。

いつもこのようであった。大不況の時代には、困難の明瞭で直接的な原因は財貨に対する需要の不足であるということに同意できる人が多かった。民間経済は、完全雇用を保証するにたる需要をもって均衡するのではなく、何百万もの人びとが失業するような水準で均衡を見出すかもしれない、ということが十分にもっともらしく思われた。しかし、これらの点を認めたとしても、政府が公債と公共支出によって民間需要の不足を補うべきであるということに同意するのは長い間たやすいことではなかった。これはひどく向こうみずに思われたのである。ケインズ派の診断とケインズ派の解決策とは別物であった。

変化とそれに伴う政策とを額面どおりに受け取るとしたならば、生活も言葉ももっと単純であろう。しかし他方それは、現在の必要を過去の象徴によって飾りたてるようにしむける政治生活の、東洋的ともいえる魅力をそこなうことになろう。生産の重要性は減少したが、われわれは、そうではないというみせかけの態度を疑いもなくとり続けるであろう。

三

非常に多くの問題についてわれわれは、それが生産にとってプラスになるかマイナスになるかという基準で――生産を重視するか否かという基準で――賛否をきめることにしている。あることが生産の増加に役立てばそれは善であり、そうでなければ無益である。生産に害を与えるようなものは悪である。ある租税が刺激と生産をそこなうことがわかれば、それは本質的に悪税である。たとえこの結果を示すことができなくても、そういう主張をしてみるだけの価値はある。われわれにとって最も古くから――一部の人については今もって――好んで論争の的とされたのは関税である。関税反対論者はいつも、関税によって育成される産業は非能率的である――資源をほかにまわせばもっと有効に使用できる――と論じた。かれらは能率が決定的な考慮であると信じて疑わなかった。かれらの反対派は、自由貿易の方が能率的であるという議論にいろいろな仕方で挑戦はしたが、その基準自体に挑戦することは決してなかったのである。

同様に、大企業に関する論争も、大企業の能率性に関するものばかりであった。大企業の擁護者は、生産者としての大企業の有力性によってそれを正当化した。批判者は、大企業が能率的な最適規模を越えていると主張した。(2)法人は政治的に大きな重要性をもっている。ごく最近まで、法人の存在のこのような面は重要でないとして一般的に無視されてきた。労働組合についても法人と同様である。労働組合も、組合員の生産性に対する影響という見地から賛否両論を浴びている。労働組合が労働を耐えやすいものにしたこと、組合員の尊厳を高めたこと、そして、優先制を通じて組合員に年齢上の自然権とも思われるものを与えたことなどは、決定的なこととはされていない。決定的なことはこれらが生産性に及ぼす効果なのである。

ある地方が衰退しつつあると仮定しよう。電力、輸送、原料の供給、消費者の嗜好、税法などがほかの地方または外国に有利にはたらいている場合である。その場合にはその地方の住民によそへ移住するように奨励すべきであるとされている。可動性は能率を意味する。家族、友人、牧師、僧侶などとのきずなや、故郷や、単なる惰性からみると、これはたしかに苛酷で残忍とも思える処方箋である。しかしそれは能率的な道なのだ。ごく最近まで、大量の産業病や職業病が、コストを計算すればとても除去できるものではない、という理由で正当化されていた。通念はこのような主張をいまでは認めなくなっているが、しかし通念は、炭坑夫が長年の闘争によってかちえた〔経営者側の〕譲歩のために多くの地域で石炭業の相対的没落の時期が早められたのだ、と指摘するのを躊躇しないであろう。生産の重要性が前提されていれば、これは最も不幸なことである。

しかし、もし生産される物がそれほど緊要でないとすれば、生産過程の能率は優先的に考慮されるべきものではなくなって、いつもいっそうむずかしい新しい基準を適用しなければならなくなる。これらの基準は、かくれた形ですでにかなりの役割を果たしつつあるらしい。このことがいまでは目ざわりになっている。

たとえば、累進所得税に関する論争は、昔から能率に対するそれの影響にしぼられていた。ある者は累進所得税が能率増進の刺激を害すると論じ、他の人びとはそうでないと論じた。しかしもし能率が決定的な要素でないとすれば、論争は他の論拠をみつけなければならない。この他の論拠には、誰がどのくらい支払うべきかという単純でぶこつな問題も含まれてしかるべきであろう。しかし、能率について現在論じている人の多くが真にかかわっているのはこの問題なのである。

のみならず、もし能率がもはや第一の基準でないとすると、どの程度にまで貿易を国策のしもべとして考えるべきであるか、あるいはまた、不況の産業または地域の問題を緩和する上に同情がどういう役割を果たすべきか、というような基準で関税政策をきめなければならないであろう。実際には、貿易政策は国際親善と地方的慈善との両方にすでに部分的には従属している。能率はすでにこれらのいっそう緊要な考慮に部分的には降伏しているのだ。

もし近代法人が財貨ばかりでなく財貨に対する欲望をも製造しなければならないとすれば、財貨製造の能率は決定的ではなくなる。生産の能率性と同様に欲望造出の非能率性によっても人間の幸福を有効に増進させることができると論ずることもできよう。こうした状況のもとでは、近代法人とそれを構成する人びととの関係――尊厳、個性、そして人格の完成のための機会――が能率と少なくとも同等の重要性をもつかもしれない。これらは、生産費を上昇させたとしてもそれだけの価値はあるものであるかもしれない。明らかに労働組合は、職場生活を耐えやすいものにすることを求めている点で、健全な本能に支配されているのだ。緊要性の少ない物を作るためになぜ生活を耐えがたいものにすべきであろうか。

没落しつつある市町村に対する態度も、遅まきながら、変更する必要がある。ニューイングランドの古い工場町の人びとの幸福と満足、そしてこれらの衰退しつつある町の生活に対するかれらの非常な愛着が、かれらの雇用上の能率と対照的に考慮される。合理的で同情心のある社会は、工業化による人口離散の悲劇を避けたいと考えるかもしれない。財貨が緊要でなくなったとすれば、最大の能率で財貨を生産するために人びとに故郷を去れときびしく命令することができるだろうか。

公共政策のベンサム的な基準は「何が最大多数の最大幸福に奉仕するか」ということで

あって、その幸福とは、多かれ少なかれ暗黙のうちに生産性と同一視されていた。これがいまでも公式の基準になっている。最近ではこの基準はきびしく守られていない。財貨の重要性の減退は、認識されるまでにはいかないとしても、感知されている。それなのにわれわれは、その堕落した形においてこの基準にすがりついている。同情、個人の幸福と福祉、社会的緊張を最小限にとどめることなどの他の基準にとりかえるよりも、古い基準を守っている方がはるかに簡単である。しかし今では、このような他の基準こそ、適切なものとなっているのだ。

四

ここに含まれているのは経済政策上の決定にとどまらない。道徳制度が賭けられているのだ。なぜなら、ピュリタン的な遺産と考えられているものは経済的諸条件の上に健全な基礎をもっていたからである。荒野を開拓してつくられた国においては、節約と労働とが万人の義務であった。生活それ自体を支える財貨の供給は、節約と労働によって維持され、拡大されたからである。そして経済学の主流あるいは古典的な伝統は、経済行動の分析と経済制度のための一組の規則以上のものであった。それは道徳律をも含んでいた。世界は人間を生活させる義務はなかった。人は働かなければ食えなかった。こうして課された義務は、自分のため、そしてそれとともに他人のために働くよう人間に要求した。働かないことは、たとえ働かなくても暮してゆける場合であっても道徳に反することであった。この道徳とは、のちにヴィクトリア的道徳と呼ばれるようになったものであるが、それは経済的道徳と呼ばれてしかるべきものである。「怠惰な生活をすることは、たとえあなたが財産をもっていたとしても、あなた自身をそこなうばかりでなく、社会に対する一種の詐欺である。(3)」

しかしもし財貨が緊要でなくなったとすれば、どこに詐欺があるのか。われわれは自動車の不用な金属に栗色のエナメルを塗る労働者の勤勉さに絶望的に依存しているのであろうか。怠惰な人間は今でも彼自身の敵であるかもしれない。しかし彼が努力しないことが社会に有害であるとはいえないであろう。それにもかかわらず、このような害があるからといってわれわれは怠惰を非難しているのだ。

さらに、人は生産しないことによって社会に害を与えていたという事実が結局のところ基礎となって、かなり便利な冷淡さや、惨酷ささえもが、今日までのわれわれの行動の中にたくさんみられたのである。昔から教会は隣人愛の美徳を看板にしていながら、実際的な牧師は隣人愛と基本的な経済上の必要とを調和させる必要をも理解していた。実際上かなり冷淡にすることが社会的な善に奉仕するものであった。仕事をいつもつらいと思う人が多かったから、かれらに同情を示すのは生産に害を与えるかもしれなかった。職を求めて移住するのは悲しいことであろうが、間違った場所で非能率な生産に従事する方がもっとわるい。破産する農民に涙を流すべきではない。それを通じて農業生産はもっと能率的になるのだ。アメリカでは、他の西欧諸国におけると同様に、昔から尊敬されている世俗的な僧職があり、その仕事は、宗教的な倫理や親切や同情などの問題の域を越えて、これらの美徳がより大きな善のためには犠牲にされなければならない場合もあるということを示すにあった。そのより大きな善とは、いつも、より能率的な生産ということであった。もしその犠牲が、人びとにまだ意識されない欲望を満足させるための財貨を能率的に生産するための犠牲だということになれば、それがいくらか的はずれになるのは明らかである。もしそれが、人びとに意識されない欲望をより有効にでっちあげることを許すような哲学的基礎をもつとすれば、それはいっそう薄弱なものである。しかもそうしたでっちあげは今日ではばかにならぬ産業になっているのだ。

貧窮を否定し、裕福を受け入れることは、既成の考えかたに対する悲劇的な意味を含んでいるのだが、ここまでみてくると、最も冷たい読者でさえそれを同情の目でみるであろう。現在の神話を防衛しようとする経済的通念の、信じがたいまでに技巧的な努力が理解しうるようになる。それを破壊するのは、不忠実、ほとんど裏切りとも感じられる。

それにもかかわらず、生産能率とたえまない労働との奴隷になっている状態から逃げ出せば、機会が開けてくる。しかし、貧困の世界とゆたかな世界とを結ぶ最後の橋を架けることが必要である。貧困の世界にあっては、今みたように、労働せざるをえないという事情が財貨の必要を強力に擁護している。働かない人は、よほどの幸運に恵まれないかぎり、所得を完全に失うという罰を受けた。この罰によって強制されているのは、今でこそ比較的重要でない財貨の生産なのであるが、この罰が広くおこなわれている事実にはかわりない。この問題を解決しないかぎり、われわれがゆたかさの幸を刈り取ることができないことは明らかであろう。

（1） 繰り返しになるが、私的欲望造出のはかない過程にひきずりこまれていること、社会的アンバランスが生じていること、経済の不安定性が高められていること、そしてとくに、訓練された労働力の供給が脅かされていること。

（2） 合衆国上院の小企業特別委員会の公聴会、一九六七年六月二十九日、参照。大企業の規模が計画の目的に役立っているという私の説は、大企業は技術的効率に必要な程度を越えて大きすぎる、という論拠で強い反対を受けた。

（3） Irving G. Wyllie, *The Self-Made Man in America*(New Brunswick : Rutgers University Press, 1954), p. 41 に引用された William A. Alcott(十九世紀のニューイングランドにおけるモラリストで教師)の言葉。

第二十章　生産と保障との分離

一

たいして緊要でない物――技巧的に費用をかけて需要を合成するのでなければ欲しがられない物――をつくるためにわれわれの生産的エネルギーが使われている反面に、生産過程は所得の源泉としてほとんどその緊要性を減じていない、ということを前にみてきた。この重要度の低い物を生産することによってえられる所得は大きな重要性をもっている。この場合に、生産は社会にとって財貨の限界効用が低いことを反映しており、所得は人間にとって生計をたてることの総効用が高いことを反映している。この理由で、通念は否定したがっているけれども、財貨よりむしろ所得と雇用がわれわれの基礎的な経済的関心事となったのである。このことは、不況ないし低成長率を生産の喪失という観点からではなく失業という観点から考える傾向がほとんど抑えがたいほどになっていることや、好況を高水準の生産よりはむしろ完全雇用と同一視する傾向が同様に強くなっていることにあらわれている。

さらに、職を求めるすべての人に雇用を与えることがますます緊要となっているようだ。これはゆたかさの当然の帰結である。雇用労働者の所得が高いのに、少数の労働者がなんらの雇用所得をも得ていない状態は、どうみてもわるいことである。こうした差別待遇は目にあまるほどひどいことと思われる。ゆたかさの程度が高まるにつれて、万人に職を与える必要がますます高まっている。われわれの状況は一つの工場にたとえることができよう。その工場は、いつつぶれるかもしれないという危険にさらされているにしても、三交替制で、一週七日労働で、フルに操業しなくてはならない。というのは、生産物に対する需要があるからではなく、逆に生産物のはけ口をみつけるのは大変な苦労なのであるが、これより少しでも操業度を落せば町の人びとの一部が生活手段を失うことになるからである。もしこうした不幸を避けようというのであれば、工場の操業はこうならざるをえないであろう。しかし、その町がこのような危険な依存からどうしたら脱却できるか、という疑問が当然もちあがるであろう。

現実の世界では、崩壊の危険(1)のほかに、インフレーションの問題もある。雇用と生産を維持するために工場と労働力をフルに動かすだけで、ほかに何の措置もとらないかぎり、物価騰貴のおそれがあろう。

その解決方法、あるいは少なくとも解決の一部分は、所得の源泉としての生産に代るかなり満足な代替物をみつけることである。それによって、生産と所得との間の現在の関連をゆるめることができ、そしてまた社会の成員に困難を与えることなく生産に対するもっと気楽で合理的な見方をもつことができよう。

二

生産と所得保障との間の関連をたちきる明白な手段はすでに現存している。失業手当制度がそれである。それは生産とは別に所得を与える。過去において失業手当は二つの主な目的に役立った。一つは労働者が職を変える場合のつらさをやわらげることである。これはよくあることで、ある商品に対する需要が減り、別な商品に対する需要がふえるような場合に起こる。第二は、労働に対する需要が労働力の総供給を下廻るような、総需要の短期的変動から、労働者を守ることであった。失業手当は永続的な不完全雇用状態から労働者を守ることはなかった。なぜならば、手当の支給期間がきびしく限られていて、一時しのぎの役には立っても、賃金所得にとって代るようなものではおよそなかったからである。

手当支給額がけちなのは生産に対する態度に関連している。生産が何より重要であるとすれば、それに代るほどの所得の源泉はあるべきではない。人びとは、働いて生産するか、何かしなければならない。失業手当のおかねをもらってのらくらと暮しながら社会には何も貢献しないような労働者の幽霊が、社会保障立法に関する論議をいつもいちばん悩ましてきた。したがって、失業手当は、楽に暮せるような水準にではなく、やっと生きていける程度の水準に抑えられてきた。そして怠惰な労働者は、いつかは失業手当をもらえなくなって職を探さなければならないという事態をつきつけられたのである。

もし失業手当が賃金水準に近くなるとすれば、意識的な怠惰――生活様式の一つとしてのサボリ――が若干ふえるであろうことに対して対策をたてておかねばならぬ。生産が優先権をもっているかぎり、自発的な怠惰はその程度に応じて許しがたいものである。もちろん、不況時における非自発的失業と生産の喪失は、生産に関する通念の洗練されたえせ論理によって、とくに非難されるべきこととはされなかった。しかし生産がもはや緊要ではなくなった世界では、自発的な怠惰の増加をいくらか平静にみることもできよう。そして、たとえ失業手当が賃金に近くても、サボリがふえるとはいいきれない。この点についての危惧はいつもひどく誇張されてきた。この制度が考案された三〇年代には、たとえ失業手当が苦しい労働に対する薄給の代替物であっても、非常に多くの人がそれを利用するだろうと広く考えられていたが、実際には、労働人口のうちで失業手当をもらう道をえらんだ人の割合はごく小さかった。怠惰を嫌う傾向は、働く人のうちにも、また働く人を疑問視する人のうちにも、ともに非常に強い。怠惰を「社会に対する一種の詐欺」と考える傾向は、所得の高い階層の人だけに特有のものではない。高所得層の人にとって、怠惰は許容しうるものと考えられていることが多い。どんな種類の失業も今後いつまでもあらゆる社会階層にとって不名誉なこととされるであろうが、このことは、完全雇用を維持しなければならない現状からうまく脱却しようとする際の一つの問題である。

三

今日でも所得の源泉として生産に依存するところが大きいが、この依存を低めるような何らかの方法を見出すことが問題の解決となろう。これは、現在の一般の態度からすれば、失業よりも就職を望む多数の人びとの失業を是認するところまでは行きえない。しかしそれは、生産が職を提供しえない場合、したがってまた所得の源泉を提供しえない場合に生ずる事態を緩和することができる。それはまた、所得の源泉としての生産によっては満足に救われない多数の人びとに所得を与えることができるし、さらにこうした現状がインフレをもたらすのを防止することもできる。

第一に必要とされる措置は、失業手当の水準を平均週給にもっと近づけ、かつ手当をもらえる期間をもっと長くすることである。念のため繰り返し述べると、その結果サボリは若干増えるであろうが、それは、犠牲となる生産があまり重要でないという点とにらみあわせて考えねばならぬ。その利点は、経済活動が高水準に維持されない場合にいちばん犠牲を受ける人びとの不安をかなり軽減させることによって、全く福祉上の理由から経済を高水準の生産・雇用状態に運用しようとする圧力を小さくすることができる、という点にある。失業手当の制度は、現在、州の仕事となっているが、この改革は、基準と支給との両面で、それを全国的なものとすることを必要としよう。しかしこうした改革は、いずれにせよ、きわめて望ましいことである。

第二の措置は、今日の経済が職を与えることが著しく困難または不得策であるような人びとに対して、生産とは無関係に別の収入源を与えることである。失業は総労働力のしかじかのパーセントであるという言い方が昔からおこなわれているが、これは労働がその雇用可能性の点で多かれ少なかれ同質であるという意味を含んでいる。すなわち、失業している四とか五パーセントの人びとと他の人びととの相違は、職の供給がかれらのところまで届く手前でとだえてしまったということにあるとみられている。これは全く事実に反する。職のない人びとは、教育に不足し、若くまたは職歴がなく、熟練ないし訓練に欠け、また黒人であることが多い。かれらは特に教育を欠いている。かれらが失業しているときでも、もっと資格のある人が大量に求められているという場合がありうるし、またそれが常態でもあるのだ。労働力人口のうちこの恵まれない部分にまで雇用・所得を及ぼすために生産を利用するとすれば、経済活動には大変な圧力がかからざるをえない。またかりにそうした状態であっても、要求されるような種類の職があるとは限らない。一九六〇年代初期にアメリカの経済学者の間では、失業が需要不足の結果であり、したがって需要の増加によって救えるものか、あるいはまた、失業が、需要水準とは無関係に、労働力人口の一部が雇用しえないものであることによるところが大きいか、という点についてはげしい論争がおこなわれた。著名な学者はだいたい需要の決定的な役割を主張する立場をとった。そこでかれらの議論が優勢だった。しかし事実は、概して、いわゆる構造論者の味方であった。高水準の需要が高水準の雇用にとって必要な条件であることは認めねばならぬ。しかしそれは完全雇用の十分な条件ではない。ある程度を越えれば、また資格のある労働者が不足すると考えられる以上、無教育で未経験な黒人労働者を労働力と雇用に引き入れることは実際的でない。(2) かれらとともに、ほかにも多数の人びと――家庭の主婦、身体的または精神的な虚弱者など――も、その生産物に対する必要が大きくなければ、そもそも労働市場に入るべきではないのだ。

雇用しえない人、困難なしには雇用しえない人、労働すべきでない人にとって直接的な解決策は、生産に関係のない収入源である。これは、所得の保障ないし負の所得税に関する各種の提案がなされるに及んで、広く議論されるようになった。(3) これらの提案に共通する原則は、一般的な権利として基礎的所得を与えるものとし、その金額は所帯の大きさに関係するが、他の点では必要とは無関係なものにする、ということである。職を見出せない人(または職を求めない人)は、この所得で暮していける。職からの所得があれば、支給額の一部は控除され、所得が或る限度を越えると、逆に国に対して支払をおこなう。(負の所得税という用語はここから来ている。) 仕事をすれば必ず所得は大きくなる。このように最低所得が与えられれば、福祉上の理由から生産に圧力がかかるのが軽減される。そしてそのような生産は、それに直接関係する労働者にとっては、収入源としては効果の少ないあてにならぬものであるから、最低所得は福祉の手段としての生産が不足する分を補償するわけである。

（1）二三二ページ以下参照。

（2）この論議を要領よくまとめたものとして Denis F. Johnston および Charles C. Killingsworth の論文(*Monthly Labor Review*, September 1968, pp. 1–17)をみよ。

（3）本書の以前の諸版が出て以来展開されてきた議論である。以前の諸版を書いた頃の私は、こうした考えが政治的に実際に実行可能なものとは思っていなかった。

第二十一章　バランスの回復

一

われわれの次の仕事は、富によって毎年もたらされる財貨とサービスの大きな流れの中にバランスを確保し維持する方法を見出すことである。とくに、われわれを悩ます公共的なサービスの貧困――とくに、産業上の必要や権力と関係のない公共的サービスの貧困――の解決方法を見出さなくてはならない。これは私的な財貨がゆたかであることと奇妙な対照をなしており、その対照はますます大きくなっている。このことは、現在のアンバランスと裏腹の関係にある社会的無秩序を緩和し、できれば除去するために必要である。

本当の必要が乏しくなったために、存在する必要を大切にし、存在しない必要を育成しなければならないような国においては、こうしたバランスは初歩的な常識の問題である。新しい自動車に対する需要をつくり出すために、技巧的で無用な変化が毎年考案され、その変化の重要性を消費者に無理やりに納得させようとして容赦ない圧力をかけなければならない有様である。この過程がよろめき、崩壊するようなことになれば、厄介な結果を生ずるであろう。ところがその反面に、学校、病院、貧民窟のとりはらい、都市の整備、衛生、公園、遊園地、警察、その他無数のことが、今すぐにでも非常に必要とされているのである。これらの必要については、わざわざ人を説得するまでもない。こうした必要が存在するのは、そのためのおかねを調達できないからにほかならない。このことは、あらゆる種類・階級の公務員が毎日のように上手に説明しているとおりである。私的な財貨の面では、ますます狂気じみた説得によって成長と雇用増大を実現させていながら、公共的サービスの面では機会を利用していない、という状況になっているのだ。経済は、人間の欲望のなかでもいちばん重要でないものに向って動かされている。もし経済があらゆる範囲の必要に基づいていたならば、それははるかに安全であるだろう。

二

もっと多くの学校や街路やその他のサービスのための支出とそのための課税とを決議するだけでは、問題は解決されないであろう。こうした決定は毎日のようになされているが、アンバランスの原因は把握されていない。この原因はもっと深いところにある。私的な財貨・サービスと公共的なそれとのちがいは技術的なものである。私的な財貨・サービスは個人に売られる性質のものであり、公共的な財貨・サービスはそうでない。前述したように、経済的企業の発展過程において、生産されてから値段がついて売られる物は私的な生産者の仕事となった。そうでない物は国家の仕事として残されたが、それらはだからといって結局のところ私的な財貨より緊要度が低いというわけではない。パンや鉄鋼は当然に私的な企業に属することになった。それらはすぐに生産され、個人から個人へ売られるものだったからである。警察による保護、衛生、下水などが公共当局に残ったのは、概してそうできないからである。一般的な義務教育が決定されてからは、教育は売られる商品ではなくなった。私的活動と公共的活動との間の境界線は、どのような時点でとらえてみても、たくさんの諸力の産物であって、伝統、思想的な好み、社会的必要、政治上の便宜などがそれぞれ影響している。しかし、全く技術的な理由で公共的な管理をする以外に方法がないということのために国家の仕事とされている機能は、普通考えられているよりもはるかに多いのだ。

価格で売られる財貨とサービスは、経済において基本的に戦略的な優位を占めている。その価格がもたらす所得は、生産のための労働と資本と原料を支配する。これは生産過程にとって本質的なことである。社会的な干渉がなければ、私的な生産があらゆる資源を独占するであろう。放任しておいたのでは、公共的サービスのために資源を用いることはできない。アングロ・サクソンの憲法の歴史では、資源を私的な用途から公共的な用途に転用するためには賛成投票が必要とされていて、これが王権と闘う上で議会の決定的な武器であった。君主には継続的な収入がなかった——ほとんどなかったという方が正確であろう。公共目的のためのあらゆる租税は一つ一つ投票を必要とした。君主のための支出を決める前に、君主に対する苦情が解決されなければならない、という習慣が次第に確立された。人民の自由を守るために支出権限を用いたということのほかにも、こうしたやり方について述べるべきことは多い。政治のまずい貧困な社会では、私的な財貨は安楽と生活それ自体とを意味した。私的に売買される食料、衣料、住宅は、どんな公共的サービスよりも大切なものであった。この例外は法律と治安くらいであったろう。資源をこれらの単純な生物学的必要の満足からさいて、(当時)ほとんどいつも浪費的であった国家のサービスへ転用する場合には、転用しようという側に挙証責任があったのである。

今では継続的な収入はありきたりのものになっている。国庫の支配権は今でも立法府と行政府とへの権力配分における一要素である。しかしそれは複雑な関係の中の一要素にすぎない。スチュアート王朝下のイギリスとはちがって、租税の投票ではなくて支出の承認が立法府の権力のくさびになっている。それでも昔と変らないことも多い。われわれは依然として私的財貨に対する緊要感を合成しようとしている。もっとも、この緊要感は、昔は、ニューヨークのマディソン街によってではなく、それよりもっと有効な飢えと寒さという要求によってもたらされていた。また、われわれの公共的活動の大部分について、収入は比較的静態的である。総所得の増大にもかかわらず、多くの租税制度から生まれる収入は比較的固定している。したがって、新しい公共的な必要が生じたとき、あるいは人口の増加に伴って昔からの公共的サービスを増加する必要が起きたときでさえも、資源を公共目的に転用するには賛成投票がいる。まず必要が認められなければならない。支出を提案する者に挙証責任がある。学校、道路、警察、公共住宅、その他の目的に資源を最も有効に配分するにはどうしたらよいかという決定については、資源が自動的に公共当局の手に入るわけではない。こうした考えはわれわれをおどろかす。それは浪費をもたらすと思われているのだ。

しかし、所得の増加に伴って、資源は自動的に個人の手に入る。個人が、増加した所得の中から自動車を買う場合に、彼は必要を証明する必要はない。もし自動車を買うに際してその必要を積極的に証明しなければならないとしたら、自動車はずっと少ししか売れないだろう。ところが学校の建設についてはそうしなければならないのだ。

三

その解決策は、所得の増大に比例してその一部を公共当局へ公共目的のために自動的に与えるような租税制度である。公共当局の仕事は、個人の仕事と同様に、収入の増加を比較的な必要に従って配分することになろう。そうすれば、学校や道路が、絶対的な正当化を証明しなければならないという点で、自動車やテレビジョンにくらべて不利な立場にある状態は、解消するであろう。

連邦政府の収入が社会的バランスのサービスのために利用できれば、実際的な解決はずっと容易になるであろう。連邦収入の約五分の四が法人および個人所得税である。これらの税は、場合によってそうでないこともあるが、普通は個人所得が増加すれば、その割合以上に増加する。不幸にも現在それらは国防と軍備競争の(現実の、あるいは主張の上での)必要のために、大部分先取りされている。

連邦の歳入とその平常の増収が軍事目的のためにそれほど多く先取りされることがないようなときが、おそらく来ると期待してよかろう。通念はこの考えに反対している。人類の将来はあらゆる点でよくなるであろうが、戦争なしに軍備競争がいつかはおしまいになるということだけは例外だ、というのである。頑固な冷たい現実主義の声は、この点について全然希望がもてないと警告している。おそらくそれほど全く希望がないわけではないと思われる。

しかしそれでも社会的バランスの問題は避けられない。連邦政府に関するかぎり、もっぱら個人および法人所得税に依存して社会的バランスを達成しなくてはならない。すぐあとで述べるように、所得税以外にも十分に考慮されるべき租税があるが、それらの租税は地方政府に使ってもらった方が適当である。いつもそうだが、ここでも解決は二者択一の中に含まれている。軍事費が大きいからほかの公共的支出の削減が必要なのだということではなく、むしろこれらの軍事費(それは遺憾なものかもしれないが)を与えられたものとした上で、社会的バランスを改善するサービスと、われわれがかつてなくゆたかに享受している私的財貨の増加と、どちらが余計に必要なのか、ということが問題なのである。問題がこのような形で提起され、それにまともに対処するならば、結論は一つしかありえない。(1)

しかしながら、社会的バランスのための連邦支出の方が大切だということが認められたとしても、そのための収入をどうしてまかなうかという問題がまだ残っている。そして所得税を使用しなくてはならない以上、社会的バランスの問題は、平等に関する議論のむしかえしの中に見失われてしまいやすい。平等の問題に関する休戦状態が破れ、自由主義者も保守主義者もこの問題の論戦に加わるであろう。そして、改善を待っている公共的サービスの貧困と、のちに述べるように、公共支出の増加によってしか改善されない大衆の貧困とは、忘れ去られるであろう。これらのすべて——学校、病院、さらには生産増加の基礎となる科学的研究——は、金持は富みすぎているかどうかという昔ながらの解決不能の問題が議論されている間、まちぼうけを食わされることになる。

平等の問題と社会的バランスの問題とをきりはなす以外に望みはない。このことは、事の性質上、自由主義者の態度いかんにかかっている。社会的バランスの方がはるかに重要な問題である。不平等の問題について暗黙の休戦状態があるという事実こそ、この問題が社会的な緊急性を比較的にはもっていないことを証明している。昔の自由主義的政治家は、所得税の最高税率を切下げよという保守主義者の提案に対して、優遇は所得税率の下の方の幅に対するものに限定せよという反対提案をおこなった。そして、税収をふやす必要があるならば、所得税率の上の方の幅の部分が比例的以上にそれを負担すべきである、と主張して譲らなかった。その結果、自由主義者は、社会的バランスをどんなに犠牲にしても減税をおこなうという点で、保守主義者との共謀者になったのだ。また、平等を高めるための手段として税金を利用しようという彼の主張は、増税を困難あるいは不可能にする結果となった。他方、自由主義者が同情し、優遇してやろうと思っている人びとは、もはや税金に悩まされるベンガルや第一帝国の貧乏人ではなく、教育、保健、住宅、その他社会的バランスの改善の結果であるサービスの向上から最も利益を得る人びとであろう。また、人間に対する投資の充実は、長期的にみて、これらの人びとに利益を与えるであろう。

　減税が社会的バランスの犠牲においてなされるのであれば、たとえそれが表面上は貧乏人を優遇するものであったにしても、将来の合理的な自由主義者はそれに反対するであろう。そしてまた、同じ理由で、所得分配に対して中立的な増税を認めるのに躊躇しないであろう。それよりも、平等の程度を高めようという自由主義者の古典的な約束を守るには、現在の税法の抜け穴のうちでもとくにひどいものを別個の問題として攻撃することの方がはるかによいであろう。これらの抜け穴——資本利得に対する優遇、とくに石油など多くの鉱物の減耗に対する特別控除――は、国家によって認められた不平等であるから、自由主義者の伝統的な態度とは鋭く対立するものである。こうした点で平等主義者がなすべき余地はたくさんあるのだ。

四

第十七章で示唆したように、社会的バランスの改善について連邦政府のなすべきことは多いが、社会的アンバランスが最もひどいのは州と市町村のサービスである。しかしこの分野では解決方法は最もはっきりしている。もっとも、それは自由主義的な態度をもう一つねじ曲げなければならない。売上税を広汎に使用しなくてはならないからである(2)。

社会的バランスが不完全であるかぎり、売上税の税率を高めることをためらうべきではない。売上税は消費財とサービスのすべてをカバーすべきである。ゆたかな社会では奢侈品と必需品とを区別するのは無用である。食料と衣料をなしですませるわけにいかないのは昔と変りないが、それらは支出のうちで最もぜいたくなものでありうるし、また現にそうであることが多い。

売上税と社会的バランスの問題との関係は驚くほど直接的である。市町村は私的財貨の面ではゆたかだが、公共的サービスの面では貧弱である。明瞭な解決は、後者をまかなうために前者に課税することである。私的財貨をより高価にすることによって、公共的財貨をもっと豊富にすることである。映画、テレビ、ラジオ、タバコをより高価にすることによって、学校にもっとかねをまわすことができる。石鹸、洗剤、真空掃除機を買う場合に余計に支払うことによって、都市をもっときれいにし、それらのものをすこししか使わないですむようにすることができる。自動車とガソリンをもっと高くすることによって、自動車がその上を走るもっと快適な道路と街路をつくることができる。食料品は比較的安いから、それに課税することによって、医療は改善され、よりよい健康状態で食料を享受することができる。この端的な解決策のもう一つの利点は、売上税は州や市町村によってかなり能率的におこなうことができるということである。社会的バランスの問題がとくにひどいのは州や市町村の政府によるサービスにおいてである。生産の増大に伴って売上税の税収がふえる。私的財貨に対する欲望がでっちあげられるにつれて、公共目的のための収入が増えるのだ。売上税に代りうる主な財源は一般固定資産税であるが、これは硬直的で、伸縮性に欠けている。所得と生産の増加に伴う公共的サービスをも含めて、サービスをふやすためには、通常その税率を上げなければならないが、増税の必要を証明するのはとくに厄介である。したがって一般固定資産税は社会的バランスにはあまり役に立たない。

二十世紀中に州と市は売上税を次第に多く用いるようになった。自由主義者は通常その使用に反対した。せいぜいのところ、かれらは深刻な不安の目でそれをみた。このことも自由主義者を社会的バランスの有効な敵にしてしまった。この反対の理由は、事態が変っても昔ながらの型にはまった考えかたをもち続けている人は、自分の信念と両立しない役割を担うことにならざるをえない、ということの面白い一例を提供している。アメリカの自由主義者は、結局のところ、よりよい学校、よりよい町、よりよい市内交通、さらにはより大きな経済的安定の敵であったのだ。

売上税の影響は貧しい国とゆたかな国とでは非常にちがっており、そのちがいは程度の差ではなくて質的なちがいである。フランスのアンシャン・レジムのもとでの塩に対する税金は、圧制的であるという悪評をいつまでももち続けた。近代のインドの一部では今日に至るまで塩税は悪評をえている。アメリカでは、塩に課税しても、たとえそれが塩の値段の二倍や三倍であったにしても、それほどの困難はひき起こさないであろう。それは、フランス革命前に塩税がおこなわれていた頃にくらべて、今日では塩がそれほど不可欠なものではなくなっているという理由によるのではない。塩は昔は主な支出対象であったのに、今ではとるにたりないものになっているからであり、また、昔は塩の値段が高いと塩以外のものに使うおかねが目にみえて直接的に影響されたのに、今では目につくほどの影響を及ぼすほど大きくないからである。

ほかのことについても塩と同じことがいえる。パンと布しか買えない家庭にとっては、塩と衣料に税金がかけられれば、子供はいっそうひもじくなり、着るものが悪くなるであろう。たくさんの物を買える家族にとっては、こうした税金の効果は、ガソリン、月賦の支払、競馬、宴席でどの程度上等なビフテキを供するかなどの、限界的な支出について現われるにすぎない。

ゆたかさの結果、売上税反対論はこのようにくつがえされる。今でも貧乏な人はいるし、売上税は所得税とちがって貧乏人の些細な消費の重荷になる、という議論が出るであろう。しかし、所得税は利用できず、あるいはほかの目的のためのものであるならば、売上税をとらなければ社会的バランスを犠牲にするほかない。貧しい社会にとっては貧乏人のために政策を立てるのが正しいけれども、ゆたかな社会は、そうではなくて、貧困を除去すべきではないかと問うべきであろう。それればかりではなく、次の章でみるように、社会的バランスの改善は貧困を除去するために第一に必要なことなのである。近代の自由主義者たちは、子供たちに対する投資の増額によって次の世代の貧困を除去するであろうような税金から貧乏人を守るために結集しているのである。

五

売上税の広汎な使用に対してはもう一つの反対がある。それは次のようなものである。個人所得税および法人所得税とちがって、売上税は経済の安定にはなんら積極的に貢献しない。所得税は二つの面で安定に貢献する。所得税は法人と金持の負担になるので、消費財に支出されるべき所得に対してよりも、むしろ貯蓄されるべき所得に対して重くかかる。

貯蓄された所得の投資は、昔から最も浮動的なものと考えられており、したがってまた所得の受取と支出とを結びつけるものとしては最もあてにならぬものと考えられてきた。したがって所得税は、支出が本質的に不確実な所得の一部分を吸い上げ、支出を保証する。そのほかに、所得税、とくに個人所得税は、経済の自動安定装置としての役割をもっている。所得水準が下ると、個人所得税は累進税率のメカニズムによって自動的に減収となる。その結果、当然のことだが、所得税は経済運用の戦略にとって中心的なものとみなされるようになっている——というのだ。

しかしながら、総生産を保護し極大化することばかりでなく、その他の目標もまた緊要だ、という点こそここでの議論の中核である。売上税が目的とする社会的バランスもその一つである。のみならず、前章に略述した措置の主な目的は、最大限の生産がのっぴきならぬ必要となっている状態から、個人の経済的保障を害することなく、脱却することができるようにしようということであった。

しかし、社会的バランスは、別の面でも、生産の安定性と確実性を高める。というのは、前にみたように、私的財貨に対する欲望の合成が高価なはかないものであるのとは対照的に、経済の公共部門の確実な必要を開拓することが安定と秩序ある経済成長とに貢献するであろうことはほぼ間違いないからである。そうすれば、生産は人間の欲望の一部ではなくて全部に基礎をおくものとなろう。その意味で生産はいっそう確実になるであろう。

最後に、社会的バランスが改善されれば、人的資源に対する投資は物的資本に対する投資とよりよく併行しておこなわれるようになるであろう。前にみたように、人的資源に対する投資は技術革新の試金石である。その意味でそれは経済成長の重要な一因であり、その最も重要な要因とさえいえるかもしれない。経済政策のパラドックスとはこのようなものだ。

ここで示唆しているような売上税の大々的な使用は、所得税にとって代えようという意図をもつものではない。これは保守主義者の昔からの念願であった。ここで意図しているのは、所得税と平等との関係という別の問題のために行きづまりになっている状況を打破し、資源のより大きな部分を公共目的に向けようということである。このような意図は、保守主義者の通念にも自由主義者の通念にも合致するものではない。

しかし、乗り気がないのはむしろ自由主義者の方である。平等に対する昔からの約束を別にすれば、ケインズの体系はすぐれて自由主義者の通念である。ここでは所得税に対する支持は絶対である。ケインズは、彼の考えかたに含まれている生産の急速な拡大の結果、総生産ではなくてその構成が決定的な問題となる時期がまもなく来るであろうことを予見していなかった。もし彼が生き長らえていたとすれば、彼の追従者たちが生産の増大というただ一つの目標にだけ政策の重点をおく傾向にあることに頭を悩ましたにちがいない。ケインズは識見に欠けてはいなかったが、彼の追従者たち、あるいはそのうちのある者は、ケインズがもし生きていたならば主張する気になったかもしれない考えかたに反対し、総需要と総生産を重視するケインズ体系を弁護し続けるであろう。通念の一部になる人の運命はすべてこのようなものである。

六

近代経済においては、需要が十分にありさえすれば、それに応ずる財貨の生産は完全に安心しうるものだといってよい。昔は経済制度が貧弱で危険とみられたのも無理はなかったという事情を、われわれは本書のはじめの諸章でみた。またわれわれは、生産の問題が片づいたあとになってもこうした考えかたがいかに根強く残っているかということをみてきた。公共目的のためにいっそう多くの資源を用いるのは私的な生産を害することになりはしないかという人が、それでもまだいるであろう。この危惧は全然根拠がない。そしてわれわれは、事実これとは逆の方向にこそ危険があるということをみてきた。すなわち、需要の安定性をおびやかすような方法でわれわれが私的な財貨に頼っていること、そしてまた社会的なアンバランスが長期的な経済成長の見通しをおびやかしていることがそれである。それでも危惧を表明する人がいるであろう。

公共目的に資源を転用する手段としての売上税の最後の利点は次のようなことである。全国製造売上税は、れっきとした保守主義者が長年にわたって勧告してきたものである。

業者連盟のようなおえら方が、売上税の利点に関する演説を何回となく聞き、拍手を送ってきたのだ。売上税が刺激をそこなったり、生産を邪魔したりしないことは、明らかにされている。売上税はその他の諸税の代替物としてこのような信用を与えられてきたのであるが、売上税にこうした祝福を与えたのは生産者としての威信を備えた人にほかならなかった。政治的な観点からすれば、このことは無視しえないことである。

七

最後にもう一つ付言しておきたい。バランスの標準は何か――私的な必要と公共的な必要の満足について、どの点でバランスが達成されたと結論してよいか――という問題が提起されるであろう。なんらの標準を適用することもできない、なぜならば標準は存在しないから、というのがその答である。公共目的に用いられる資源の限界増加分から社会が得る満足と、私的な利用の同じ増加分がもたらす満足とは均等でなければならない、というのが伝統的な公式である。しかしこれらの満足を測定することはできない。なぜならば、関係する人は異なるし、また、有機的な過程の一部として組織的に合成される欲望の満足とそうでない欲望の満足とを比較するという大きな誤りを犯しているからである。

しかし正確な均衡はそれほど重要でない。というのは、こうした事柄についてかなりの誤差があってもかまわないということがゆたかな社会のいま一つの特徴であるからである。

公共的な財貨にくらべて私的な財貨に優先権を与える諸力や考えかたが明瞭に存在する以上、現在のアンバランスもまた明瞭である。したがって、事態を改善すべき方向は火をみるより明らかである。また、私的な財貨に優先権を与えるように作用している諸力が強力であるとすれば、アンバランスの程度は相当大きいと考えてよかろう。バランスが達成されれば、われわれの私的な生産のゆたかさと対照的な、学校のみじめさ、都市のきたなさや混雑、職場への通勤にも先を争わなければならないような状態、アンバランスに伴う社会的無秩序などは解消されるであろう。しかし、バランスの正確な点を定義することはできまい。定義しえないことが、もっと立派な考えかたに対する致命的な落第点でありうる、と信じている人だけが、正確な定義から安心感を得るのである。

(1)　この議論は雇用が満足な水準にあることを前提している。社会的アンバランスが大きい場合に需要の不足をあらためるには、それほど必要とされていない私的財貨に対する支出の増加を可能ならしめる減税よりも、むしろ、必要とされている公共的サービスに対する支出をふやすことの方が、はるかに正しい主張であることは明らかであろう。

(2)　本書の初版が出て以後、売上税がもっと広く用いられるようになった。しかも、本文で主張したような理由によってである。こうした事柄については、ものを著述する人たちの見解が信用できるかどうかあやしいけれど、本書の議論が売上税の広汎な利用という結果と何らか関係があったと考えてよさそうである。本書の議論は、売上税をめぐる立法府での論戦で繰り返し引用されたのである。

第二十二章　貧困の地位

一

アルフレッド・マーシャルは世紀の境目に次のように述べた。「貧困の諸原因の研究は人類の大部分の堕落の諸原因の研究である」と。彼は当時のイギリスと世界とについて述べたのである。マーシャルによると、町でも田舎でも、衣食住に不足している人の数は非常に多く、かれらは「過労で、教育が不十分で、疲労こんぱいしていて、安息も余暇もない。」かれらが救われるかどうかということこそ、経済学の研究にとって「主要な最高の関心」である、とマーシャルは結論している。(1)

現代の経済学者でアメリカについてこのようなことを述べる人はいないであろう。因襲的な経済論議では、ある程度の貧困がまだ存在することに対して敬意が払われる。「まだたくさんの貧しい人たちがいることを忘れてはならない」などといわれる。一九六〇年代において、貧困が政治上の真剣な関心のまとになりそうになった時期があった。ところがヴェトナム戦争が起こり、この関心は消え失せ、ないしは所をかえてしまった。因襲的な気風をもった経済学者にとっては、貧困者がまだ存在することを忘れてはならぬという注意は、因襲的な経済目標が今でも意義のあるものかどうかということに関する不安感をやわらげるのに一役かっている。一部の人びとについては欲望の合成が必要である。したがって財貨の重要性それ自体はそれほど高くない。ここまでは認めてもよろしい。しかし物理的な必要に迫られている人びともいるのだ。こういう人びとにたくさんのものを安価に与えることの緊要性については慎重でなくてはならぬ。売上税は、裕福な人にはメリットがあるかもしれないが、貧しい人には重い負担である。貧乏人は経済が拡張しているときの方がもっとたやすく職にありつける。こうした議論にみられるように、貧困は、経済学の通念を支える役割をも担って、経済論議の中に生き残っているのである。

マーシャルが述べた窮乏は、一世紀前では、少なくとも特殊技能のないすべての労働者の共通の運命であった。一般的な悩みとしての貧困は生産の増大によって解消した。増大した生産の分配がどれほど不完全であったにせよ、生きるために働く人びとはかなりその恩恵に浴したのである。その結果、貧困は、大多数の人びとの問題から少数者の問題になり下った。貧困は一般的ではなくて特殊な場合になった。こうした事情によって、貧困の問題は特殊近代的な様相を帯びるに至ったのである。

二

貧困は残っている。ある意味では貧困は物理的なことである。貧困な人は、食物は限られ、不十分で、衣服は貧弱で、住居は混雑し、寒く、きたない。その程度がひどいので、生活は苦しく、寿命は短い。しかし、生活水準に関する事柄においては、すべてが相対的だとするのもあまりに安易だが、すべてを絶対的に考えるのも誤りである。人の所得が、生きていくにはたりるものであっても、社会的な所得水準よりはるかに低い場合に、その人は貧困なのである。そのような場合には、彼は、品位を保つのに必要最小限と社会的にみなされるものを持ちえない。したがって彼は、社会から品位がないと判断されても仕方がない。社会的に満足と考えられている程度(grade)以下の生活をしているので、彼は文字どおり堕落している(degraded)のである。

本書の初版が刊行されて以後、その結果も多少あってか、この堕落の性格と次元に関する理解が深まってきた。貧困をなくすという大それた約束もおこなわれた。この約束の実行は口先ほど立派なものではなかった。

窮乏の程度は、所帯の大きさや場所によって異なる。同じ所得なら、田舎より都市の方が窮乏の度は高い。窮乏の程度はまたもちろん生計費の変化にも影響される。窮乏は大きく二つに分類されると考えてよい。第一は個人的貧困(*case* poverty)とでも呼ばれるべきものである。この種の貧困は、都市であろうと田舎であろうと、どの町や村にもあり、その町村が繁栄していようが、またその時期が好景気であろうと、無関係である。個人的貧困の例を示すと、がらくたでいっぱいになった庭できたない子供たちがどろまみれになって遊んでいるような貧しい農家、鉄道沿線の色あせた小屋、あるいはまた裏町の地下室ずまいなどである。

個人的貧困は、当該個人のなんらかの性質にまさしく関係しているのが普通である。ほかのほとんどすべての人が自分の環境を征服していることからみても環境は手に負えないものではないのに、その個人または家族に特有な性質のために、一般的な福祉にあずかれないのである。そのような特殊な性質とは、精神薄弱、不健康、産業生活の規律に適応できないこと、多産を抑えられぬこと、アルコール、非常に限られた少数者グループに関する差別、社会環境の欠陥とは無関係の教育上のハンディキャップ、あるいはまたこれらの欠陥のいくつかを同時にもっていることなどである。

第二は島の貧困(*insular* poverty)とでも呼ばれるべきもので、これは貧困の「島」として現われる。そういう島では、すべての人、あるいはほとんどすべての人が貧しい。この場合には、その事情を個人的な欠陥から説明しにくいことは明らかである。個人についてはその社会的なはたらき振りの点で本質的に欠陥があるといえても、ある村全体をそのように特徴づけるのは正しくないし、賢明でもない。なんらかの理由で、その島の人びとは、その環境に共通する何らかの事情の犠牲になっているのである。

個人的貧困は現実に存在する。それはまた、他人の苦しみのために自分も損するというようなことを避けてとおれる公式を必要とする人たちに利用されてきた。この種の貧困は、道徳的欠陥をも含めて当該個人の欠陥の結果であるので、その人のせいに帰することは可能である。かれらは無用の人間だから苦しむのであって、それは社会正義のあらわれにすぎない。あるいはまた、社会的認識と同情の点で多少ましな人にとっては、それは貧困の問題が私的・公的な慈善によって十分解決できることを意味する。慈善は貧困者をその欠陥ないし不幸がもたらす最悪の事態から救うものであり、それ以上の社会的な変化や改革は必要でない。社会は、寛大さの点で足りぬことはあるかもしれないが、全く責任はない。

島の貧困に対してはこのような公式は適用できない。農業や採取産業が生活のもとであった昔ならば、低所得の責任を自然資源の貧困や神に転嫁するような議論も、なにがしかの効果はあったろう。土壌はやせて、石が多く、ほかに資源もないから、人びとは貧困なのだ。しかも、多くの人が生まれた場所の近くに留まりたがるのは疑う余地がない。これは鳩と同様に人間にもはたらく帰家本能である。だから人びとは天が命じた貧困に留まるのだ。このような議論は、経験的にはほとんど適用できぬ説明であるといってよい。コネティカットは、不毛で、石が多いが、所得水準は高い。ワイオミングも同様である。ウェスト・ヴァージニアは、水に恵まれ、豊かな鉱山や森林もあるが、住民は非常に貧しい。

南部は土壌と気候に恵まれているのに同様に貧しく、ミシシッピ＝ヤズー・デルタのような南部の最も恵まれた地方は、貧窮がいちばんひどいということで昔からよく知られている。それにもかかわらず、貧困を自然の原因に結びつけて考える傾向はきわめて強く、ある程度の知性をもった人でさえ、島の貧困を説明するのに、「もともと貧しい地方だから」とか、「不毛な地方だ」とかいうことがある。

現代の貧困の大半は島の性格を帯び、その島は田舎および都会の貧民窟である。近年、田舎の貧民窟、主として南部、アパラチア山脈南部、およびプエルト・リコの貧民窟から、都会のそれへ向かう移住者の流れが一様に続いている。その一部は白人だが、多くは黒人である。都市のゲットーでの生活は暗いが、それでも田舎の貧民窟よりは、希望、所得、興味の点でまさっている。

島の貧困の特徴としてもっとも重要なのは、世間なみの収益率で経済生活に参加することを抑制ないし阻止する諸力であり、こうした力はその貧困な社会の全員に共通している。このような抑制はいくつかある。人種的な事情は明らかにその一つであり、そのために人びとは、職の多い場所の近くに住むより、むしろ皮膚の色によって居所を定める。教育施設の不備もそうである。この影響は、黒人および貧困者の利用しうる学校が足りないために、いつも労働市場で売れ残る無教育者が大量にまとまって現われる際に、いっそう大きく現われる。貧民窟における家庭生活の分解もそうである。その結果、所帯は婦人の手に任せられる。家庭生活というもの自体が、ある程度、ゆたかさの現われなのである。さらに、貧困者の間に共通する無力感や拒絶感、その結果としての頽廃がある。これは共通した不運の所産である。

近代的な貧困について最も確実にいえることは、それが所得の全般的な増加によっては除去できないということである。個人的貧困はそれによって救われない。なぜならば、個人の特殊な欠陥のために、職をみつけることはむずかしく、一般的な進歩にあずかれないからである。島の貧困はそれによって直接に緩和されはしない。なぜならば、島の人びとが置かれている特別に不利な環境は、所得の全般的な増加によって除去されるとはかぎらないからである。それがなんらの効果もないというわけではない。都市のゲットーの外や田舎の貧民窟の外に職があれば、抑制を受けない有資格者はその職につき、貧民窟から脱出することができる。そのような職がなければ、誰も脱出できない。しかしそれでも、自己または環境のせいで一般の進歩にあずかれない人びとの立場は、その進歩によってよくなるわけではないのである。

三

極貧者が社会の多数者から少数者の地位に変ったのに伴って、かれらの政治上の地位も変った。昔、政治家が最下層の人びとに同情的な立場をとれば、裕福な人びとから非難されたものである。政治的な売春ないし煽動ではないかとして、当然に疑惑の目でみられた。しかしその代りに、そのような非難を受けた政治家は、多数者を味方にするという有利な点があった。ところが今では、極貧者を代弁する政治家は、ごく不明確な少数者の代弁にすぎない。その結果、近代の自由主義的な政治家は、社会の貧民と結ぶのではなく、それよりもはるかに所得の高い、はるかに多くの人びと、例えば近代的な労働組合員や知識人のような人びとと結ぶのを常としている。アンブローズ・ビアスは『悪魔の辞典』(*The Devil's Dictionary*)の中で、貧困を「改革のねずみの歯をもったやつ」と呼んでいるが、もはやそうはいえなくなったのだ。改革は今では比較的に裕福な人びとに関することになっている。ここでいう比較的とは、かれら自身の過去とくらべてという意味でも、また所得階層の最も下の人びととくらべてという意味でも、どちらでもかまわない。

その結果、極貧困者を助けるための努力は、大きな政治的アピールを欠いている点に特色がある。[2] 政治家は、昔ならのほほんとしていられなかったことに、今では無関心でいられるようになった。貧困救済の努力を強く支持しなければならないと感ずる政治家の数はごく少ない。

少数の金持と多数の貧民がいたからこそ、不平等と貧困に対する関心は切実でありえたのだ。多数者がゆたかになったので、たとえそれ以外の人びとがもっとゆたかであっても、この問題は決定的な政治問題ではなくなった。しかし不幸にも、不平等が問題にされなくなってもすべてがきれいになったわけではない。半端な、しかもある意味ではるかに救いがたい問題が残されているのだ。

四

ゆたかな社会は、同時にまた同情心と合理性をもっていさえすれば、品位と慰安に必要最小限の所得を、必要とする人に与えることができる筈である。不労所得は人心を堕落させるといわれているが、それは、飢餓と窮乏が人格の陶冶に役立つというのと同様に、誇張であることは疑いない。社会の平常な機能として各家族に最低の所得を確保してやれば、親が死んだような場合の不幸を子供にまでは及ばせないようにするのに役立つであろう。それは貧困を自動的に繰り返させないのに役立つであろう。多くの人はこうした考えかたに反対するだろうが、そういう反対の多くは陳腐な態度に基づいている。多数者が貧困であったころは、こういう措置をとるゆとりはなかった。本書でさきに述べたように、貧困な社会は、働かざるもの食うべからずというルールを施行せざるをえなかった。そしてまた、働けない者や労働能率が平均よりもはるかに悪い者に対してまでこのルールを適用したとしても、その加重された残酷さは正当化することができたであろう。ゆたかな社会はこうした厳格さを同じように弁護することはできない。困窮者に所得を与えるという端的な救済策を用いることができるからである。ゆたかな社会は同情的である必要はないが、冷酷さを正当化すべき高尚な哲学的理由もなくなっているのだ。

所得は貧困を救う一つの方策であるという考え方は、端的にアピールするものをもっている。(3) それはまた、所得の源泉として生産に依存する度合を低めることによって、経済運営の問題を楽にすることにもなるであろう。こうした基本的な収入源を与えることは、今後貧困を退治する上で、戦略的な第一歩とならねばならぬ。

しかし、それはただの一歩にすぎない。過去においてわれわれは、唯一の貧困救済策は、人びとに自分のことは自分で始末させること、すなわち経済に参加させることである、という考えかたをとってきた。この問題について不都合な対策、ないしはかねのかかる対策をとりたくないと望む人たちにとって、「貧困の問題を解決する唯一の健全な方法は、人びとが自助の努力をするのを助けることである」というカルヴィン主義の教えに訴えることは、何にもまして良心を慰めるものであった。しかし、そうはいっても、貧困者を経済へ参加させる方策や、貧困の永続を阻止する方策が重要でないというわけではない。その反対である。貧困な家庭出身の子供に対する投資をできるだけ正常な水準に近づけるようにすることが必要である。貧乏な家庭の子供たちが一流の小学校にかよえるようにしてやること、また学校への出席を適当に強制すること、家庭での食物はわるくても、学校で十分に給食してやること、町が健全な保健業務をおこない、子供たちの身体の健康を注意深く見守ること、資力の有無にかかわらず資格のある者には進学の機会を与えること、そして、とくに都会の地区では、住宅を潤沢にし、住宅の基準を励行し、街路を清潔にし、法律を保ち、レクリエーションを十分に与えること、――こうした条件が満たされれば、極貧者の子供たちは、ひどい不利を蒙ることなしに成長することができるであろう。島の貧困についてこの解決策を適用する場合には、外部から村のサービスを補助する必要がある。貧困が自動的に繰り返される一つの理由は、貧しい村では貧困を除去すべきサービスが貧弱であることだ。貧困を有効に除去するためには、貧しい村の子供たちに比例的以上の投資をしてやらねばならぬ。家族が自分の子供たちにごくわずかな投資しかできないのを補うために、高級な学校、強力な保健活動、栄養とレクリエーションを特別に与えることなどが最も必要なのは、こうした貧しい村においてである。

個人に対して教育およびそれに関連する投資をすることの効果は、かれらが環境によって強いられる抑制を克服するのを助けることである。こうした抑制に対してもいっそう直接的な対策を講ずる必要がある。すなわち、労働の流動性を与えるために、たくさんの、よい、すぐに住める住宅を作ること、快適な、能率的な、経済的な大量輸送を整備すること、環境をたのしく安全なものにすること、貧しい人びとを苦しめる特殊な健康上のハンディキャップを除くこと、等である。

またこのような対策は個人的貧困に対しても全然効果がないわけではない。近代の産業的社会を人が拒否し、またはそれによって拒否される原因となるような個人的特性を治療する余地はたくさんある。教育の不足は克服することができる。精神薄弱は治療しうる。身体的な欠陥は救済しうる。どうしたらよいかわからないことが制限的な要因なのではない。かねが足りぬことこそ、圧倒的に制限的な要因となっているのである。

五

貧困対策を考えてゆく場合に到達する必要条件が社会的バランスの必要条件とかなり似ていることは明らかであろう。人びとをゲットーにとじこめている抑制は、公共部門に対する投資の不足からきている。そして、このような抑制から脱け出す方法、さらに次の世代がこれらの抑制にとりつかれるのを断ちきる前述の方法——よりよい栄養と健康、よりよい教育、より多くよりよい住宅、よりよい大量輸送、有効な社会的参加にいっそう適した環境——は、若干の例外はあるが、公共部門に対するはるかに大きな投資を必要とするものばかりである。近年、都市のゲットーの問題に関する論議が盛んであるが、その成果はほとんどない。その困難の奥にある社会的原因を見出そうとする努力は、こうした原因が(警察を増やすこととともに)、費用の問題を何とか避けて通れるような解決に導くのではないか、という期待によって動機づけられている面も若干あったようだ。しかしこのような期待は無駄である。現代の都市の家庭生活はきわめて高価につく。それを快適なものにするため、あるいは一応ましなものにするだけのためにも、公的な仕事にどれだけの資源を配分すべきかを測定したことはないのだ。この配分が不足していることの第一の兆候は、現代のゲットーに充満している不満なのである。

これらの対策がどういうものであるか、さらに検討する必要がある。その帰結は、より大きな社会の経済生活に参加せしめること、すなわち、いまは無駄に過している人びとやその子供を生産的にさせることである。それはかれらが財貨・サービスの総生産をさらにふやすであろうことを意味する。人間の必要の全貌と比較して経済の民間部門だけに対する現在の先入見は、それ自体の条件によって判断しても、不十分であることがここでもみられる。前に論じた[4]ような、訓練され教育された人力の供給に対する投資も、このことからみて当然不足だと考えられよう。

しかし、財貨の生産の増加が主な論点なのではない。生産能率の向上が本書の主題でないことは、あたまを使うことをきらう読者にとっても、ここまでくれば明らかであろう。貧困を除去するための努力の一つの副産物として生産の増加が現われるという事実こそ、その理由の一つである。誰しも、生産増加などというたやすく解決しうる問題について、これほどくどくどと書く必要を認めないであろう。主な論点は別のところにある。冷酷な、恥ずべき、不可避的な貧困は、インドでは注目すべきことではない。なぜなら貧困でない運命をもつ人はごく少数だからだ。しかしアメリカでは、貧困がまだ残っていることは注目すべきことである。それが無視されているのは、くさいものにはふたをする能力が、いつの時代のどの社会とも同じく、アメリカにもあるからである。このために、昔の貴族は、自分の家のまわりをうろつく乞食のことは忘れて、晩餐をたのしむことができた。現代では、そうした能力のおかげで、南ブロンクスを通ってマンハッタンの町中の繁華街へ行くことができるのだ。しかし、気づかずにいることの理由を説明できたとしても、それだけで済まされることではない。「貧困は決して恥辱ではないが、全く面倒くさいことだ」とピットは叫んだ。現代のアメリカでは、貧困は面倒な問題ではなくて、恥辱である。

（1）*Principles of Economics*, 8th ed. (London : Macmillan, 1927), pp. 2-4.

（2）これは、経済機会局——いわゆる貧困対策——についていえることであったし、またそれがきっぱり廃止されたことの窮極の理由でもあった。

（3）さきに述べたように、初版では、保証された最低限の所得を与えることについて論じたけれど、これは「とても期待できない」として見捨てられた。

（4）第十八章。

第二十三章　労働、余暇、新しい階級

一

ゆたかで、しかもますますゆたかになっていく社会では、労働について三つの傾向が考えられる。財貨の生産の緊要性が小さくなるとみられるにつれて、また人びとが財貨を買うために所得を必要とする緊要性が小さくなるにつれて、第一に週の労働日あるいは労働時間が少なくなるかもしれないし、第二に労働の強度が小さくなるかもしれないし、第三に、最後の可能性として、いつも働いている人びとの数が少なくなるかもしれない。

十九世紀以降、週の労働時間は大幅に短縮された。一八五〇年には週の労働時間は平均七十時間弱だったと推定される。これは毎日十時間ずつ七日働くか、あるいは大体のところ朝六時から晩の六時まで六日間働くのに等しい。(1) そのころから百二十五年の後には、週四十時間、あるいは八時間労働の五日が通常となった。(2)

労働時間のこうした短縮は、財貨の限界緊要性の低下が暗黙のうちにも確かに認められていることを反映している。それ以外に説明のしようがない。しかし、生産が人びとの心をしっかりとつかまえているので、このような説明が提出されるのは稀である。余暇の重要性と報酬が論じられることはあっても、財貨の非重要性についてはほとんど論じられていない。また、週の労働時間が少なくなるにつれて時間当りの生産が増大するようになっているところから、より少ない時間により多くが生産されるのだから労働時間を減らすことができるのだ、といわれている。しかし、もっと働けばさらに多く生産されるだろうという事実は全然とりあげられていない。また、労働者当りの生産性の向上につれて雇用を広く分け与えるような措置をとるべきだという感情があるから労働時間が減ったのだ、ともいわれている。このことも、生産の限界緊要性が低い、あるいは無視しうるほどのものだという意味を暗々のうちに含んでいるが、ここでもその点が無視されている。

週の労働時間の減少は、生産物の限界緊要性の低下に対する最もありうる反応である。人類の歴史全般を通じて、労働は労働しないことと同じようにたのしいということを人間に信じこませようとして、かなりの教育、説得、洗脳、呪文による努力がなされたが、普通の人びとは決して納得しなかった。したがって、福祉の増大を、一部は財貨の増加という形で受け取り、また一部は余暇の増加という形で受け取ることは、疑いもなく合理的である。そればかりでなく、超過勤務手当という制度によって、労働者は労働と所得を自分の好みと必要に応じてかなり調整できるようになっている。昔の一律の週給制は、あらゆる世帯が同じ好みと必要と要求をもっていると仮定していたが、超過勤務手当の制度はそのような野蛮な制度と縁を切ったわけである。個人の所得の額をある程度自分で左右しうるようにするものほど、個人の自由を実質的に拡大するものはない。

通念において、労働時間の短縮がゆたかさの増大に対する唯一の正当な反応とされたのは、不幸なことであった。このことの少なくとも一部の理由は、この問題が財貨の重要性の減少という観点からとらえられなかったことにある。したがって、余暇に価値が認められはしたけれども、生産能率に対する既存の態度と直接に衝突すると思われる他の道は相変らずタブーとされているのである。社会がそれ自体の幸福について合理的な関心をもっていれば、これらの別の道も十分に考えてみる価値がある筈だ。

二

これらの他の道の第一は、仕事をもっとたやすく、またたのしいものにすることである。現在の産業の職場は、十九世紀にくらべて、あるいは五十年前にくらべても、昔と非常なへだたりがある。いろいろな事情によってこの改善がもたらされた。政府による労働基準および工場検査、技術および建築の一般的な進歩、つらく反覆的な手の労働に代って機械の力が利用されることによって生産性がしばしば高められたという事実、労働力を求めるために競争する必要があったこと、そして、賃金と労働時間のほかに労働条件をも改善するために労働組合が介入したこと、などがあげられる。

しかしながら、改善が生産性の向上に貢献した場合を除けば、仕事をもっとたのしいものにするための努力は大変な挙証責任を負わなくてはならなかった。労働条件が危険な、不衛生な、不健康な、あるいはその他異議をさしはさむべきものである場合には、そうした事情を取り除くことは許された。労働のスピードアップに対しても、ある程度までは反抗できたであろう。しかし、労働が楽かどうかということではなく、不健康であるかどうかとか、あるいはせいぜいひどく疲れさせはしないかということが、判断の基準とされた。余暇の増加という傾向は非難すべきことではないが、職場にありながらそれほど一生懸命に働かなくてもよいという考え方に対しては猛烈な反対がある。ここに古い態度がひそんでいるのだ。最大の努力を惜しむ傾向はすべて深刻な疑惑をもたれる。なぜなら、これこそ昔から第一の経済道徳とされてきたものだからである。

厳密な論理からすれば、労働時間の短縮についてと同様に、仕事をよりたのしいものにすることについても、述べるべきことは多い。概して、賃金労働者にとっては、たのしい労働条件をもつことはたのしい家庭をもつのと同じくらい重要であるように思われる。こころよいテンポと目にあまる甘やかしとはなかなかけじめがつかないにせよ、たのしい家庭はなくても、たのしい労働条件だけは欠かせないとさえ、ある程度まではいえるであろう。のみならず、思考も手腕もほとんど無用とされるような最も退屈なつらい仕事にいちばんたくさんの人がかかっている光景は、産業でたえずみられるところである。のちに述べるように、この問題の解決は、いちばん下っぱのあらい労働をなくしてしまうことである。しかし、次のような基本的な論点は残っている。すなわち、労働している時そのものをもっとたのしくすべきだという主張よりも余暇を多くすべきだという主張の方が、特別な反対理由がないかぎり強い、とはいいきれない。繰り返していう価値のあることだが、判断の基準は生産性に対する効果ではない。週の労働時間の短縮が生産性を向上させる――労働時間が多い場合よりも少ない場合の方が人は余計に生産する――とまじめに論ずる人はいない。労働時間の短縮の方が、労働時間は長くてもたのしい労働より、いつも望ましいことであるかどうか、という点こそ問題なのである。

三

ゆたかさの増大に伴う明瞭な可能性としては、さらに労働人口の減少があげられる。この傾向も長年にわたっていろいろな形で作用している。一八九〇年には、十歳から十五歳までの子供が、男の子については四人に一人、女の子については十人に一人の割合で、賃金労働に従事していた。しかしその後は、多数の子供が労働力から離れ、現在労働力の中に数えられるかれらの数はごくわずかしかない。他方、多数の婦人が労働力に加わった。十歳以上の婦人の人口のうち労働力にはいる者の割合は、一八九〇年には一九・五パーセントであったが、(3) 一九七四年には四六パーセントに増加した。(4) それ以後はもっとふえている。しかしこの増加は、料理、衣服をつくること、さらには子供の養育などの仕事が家庭外の仕事となったことをかなり反映している。以前にこうした仕事をしていた婦人がほかの仕事に移ったのである。託児所を管理する婦人は労働力の一部となったのである。それは、この婦人が面倒をみる子供たちの母親が労働力に入ったのと同様である。こうした変化は今後も続くであろう。(5) 婦人の経済的役割を拡大しようとする圧力が今日強くなっていることから、そう思われるのである。

十歳以上の男子の人口のうち労働力にはいっている者の割合は、百年以上の間にわたって七五パーセント前後で変っていない。非常に若い層と六十五歳以上については労働力率が減っているが、この減少は、労働力率が非常に高い二十歳から六十五歳までの人口の増加によって相殺されている。(6)

財貨の限界緊要性の低下につれて、若い者と老人とがまず労働力からはずされるべきことは論理的に当然である。しかしこの傾向は、首尾一貫して包括的にとらえられていない。貧困な社会はすべての人から労働の努力を最後の一滴までしぼりとらなければならないのに、われわれの社会が退職年齢に達した人の労働をなしですませるのは、かれらがつけ加える財貨の緊要性が低いからにほかならない。それなのに通常われわれは、退職者の所得と生活水準をがた落ちにさせている。生産物がもはや緊要でないから退職してもよいというのであれば、同じ理由で退職者に満足な——多くの場合、通常のという意味である——生活水準を与えることができるのは明らかである。同様に、若い人びとを労働市場から除外したのは、一つには、あまりに若い年で労働するのは不当につらく、健康に悪いからであり、また一つには教育の機会を与えるためであった。それなのにわれわれは、若い人びとが生産する財貨をなしですませると感じていながら、かれらを労働から免除することがねらいとする教育を、少なくとも十分で満足な程度には、かれらに与えていないのだ。少年労働の生産物をなしですませるほどにわれわれがゆたかだとすれば、その代りに教育を与えうるほどわれわれはゆたかであるというのが当然の帰結であるはずだ。

老人と若者を労働から解放することのほかに、労働力のすべてを始終使う必要もないかもしれない。この可能性は第二十章で探求した。財貨の限界緊要性が低ければ、労働力のうちの限界的な一人あるいは百万人を雇用することの緊要性も低い。さらに、そのようなゆとりができれば、経済活動の標準は、経済をうまく操作する手段をとれるような水準近くに落着くのである。

そのような措置をとるには、収入源として生産に代るものがなくてはならず、しかもそれは十分でなければならない。しかしこれは状況の論理にも完全に合致する。それはまた保守主義者さえ事実上容認しているところである。かれらは、インフレーションより失業の方がましだという考えをいつも受け入れている。このことはかれらがそのような生産の喪失を心配していないことを意味する。そうとすれば、生産にたずさわらない人びとに所得を与えても、保守主義者がひどく騒ぐ理由はない筈だ。こうした非生産者が失業して作らない物が惜しくないとすれば、かれらがその従来の生活水準に近いものを維持するために食べたり、着たり、その他必要とする物についても、われわれは惜しいとは思わないであろう。

四

しかしながら、経済によって要求される制度としての労働を除去することこそ、われわれが直面している最大の期待であり、また今やわれわれの社会の中心的な経済的目標の一つとして数えられるべきことである。これは空想ではない。われわれはこの方向に向かってかなり進んでいるのだ。すでに起こっていることをかくしているのは、社会的なカムフラージュがじつに巧妙に仕組まれているからにほかならない。

有閑階級はほとんどいつの時代のどの社会にも存在した。有閑階級とは労働を免除された人びとの階級である。近代では、そしてとくにアメリカでは、有閑階級は、少なくともそれと識別しうる現象としては、消滅した。怠けていることはもはやとくであるとは考えられていないし、また必ずしも尊敬すべきことと考えられてさえいない。

しかし、この有閑階級に代って、別のもっと大きい階級が現われていることは、ほとんど気づかれていない。昔は、仕事といえば、苦痛、疲労、その他の精神的または肉体的な不快さというひびきをもっていたが、この新しい階級にとって仕事はそのようなひびきを全然もっていない。そしてまた、コンピューターによって仕事の質がひき続き変革されていることにより、この新しい階級の成長が加速されている。この「新しい階級」――と単純に呼んでよかろう――の出現が認識されていないのは、社会科学の分野における最も古く最も有効な昏迷の一つに起因するところが大きい。すなわち、あらゆる仕事――肉体的、精神的、芸術的、経営者的――が本質的には同じものだと主張する努力がそれである。

仕事の同質性を主張する努力は、いろいろな理由からして、各種のいちじるしく多数のグループの支持をえている。経済学者にとっては、それは無害でしかもなくてはならぬ単純化である。それによって経済学者は、各種の生産的努力をすべて同質的に取り扱うことができ、また、サービスの対価として所得をえているすべての人に適用される賃金の一般理論を作り上げることができる。ときに疑問が生ずることはあったが、そうした疑いは抑圧されるか、または特殊な場合に係るものと考えられた(7)。あらゆる種類の労働が同一だとする点では、資本家的教義も共産主義的教義も完全に一致している。会社の社長は、きれいに設備され坐り心地のよい彼の部屋は組立工程の労働の場所と同じ種類のものであり、社長のポストの方が強度の仕事と才能とを余計に必要とするというだけの理由で労働者よりも賃金が多いのだ、と考えて満足する。共産党の役員は、工場や集団農場にいる同志とイデオロギーを一つにしている以上、彼の労働とかれらの労働とが重要な点で異なると考えさせておくわけにはいかない。どちらの社会においても、優遇されたグループとつらい肉体労働に従事する人びととを同一視することは、かれらの民主主義的な良心に奉仕している。「私もまた労働者である」とか、あるいはもっと厚かましく「精神労働は肉体労働よりはるかにつらい」とかいうことによって、よりたのしい、こころよい、報酬の高い生活についてのひそかな罪悪感がしばしばやわらげられるのだ。肉体労働者は自分の労働と頭脳労働者の労働とを比較するだけのあたまがないから、こうしたけしからぬ主張も全く反駁の余地がない。

　実際には、労働は人によって大変にちがった意味をもっている。一部の人びと、おそらく大多数の人びとにとって、今でも労働は、不愉快であってもせざるをえない仕事である。ことに生産に対する社会の態度からみれば、何もしないより労働の方がましである。しかしそれでも労働は人を疲れさせ、単調で、せいぜいのところ、これといったたのしさを与えるものではない。労働の報酬は仕事にあるのではなく、給料にある。

　ところがまたほかの人びとにとっては、同じ仕事という言葉を使うにしても、それは全く別ものである。仕事はたのしいことであるということが当然とされている。もしそうでなければ、不満や挫折感さえ生ずることになってもおかしくないとされている。広告人、実業界の大立者、詩人、あるいは大学教授が、自分の仕事がつまらないと急に思い立って精神医の診断を求めたとしても、それをとくに注目すべきことだと思う人はいない。会社の役員や科学者に対して、彼が受け取る給料こそ彼の生活の起動力ではないかというのは、彼を侮辱することになる。給料は重要でないわけではない。それは何にもまして威信の第一の指標である。ところがその威信——他人から尊敬されること——こそ、この種の仕事で満足を生み出す重要な源泉の一つなのである。しかし一般的にいえば、この種の仕事に従事する人は、報酬の多少にかかわらず最善の努力をするものと期待されている。[8] これと反対のことをいわれれば、かれらは迷惑するであろう。

新しい階級の労働とはこのようなものである。この階級の一員が給料以外には報酬のない通常の労働者に没落した場合の悲しみにくらべれば、封建的な特権を失った貴族の悲しみも物の数ではないであろう。ときどき小学校教員がその職をすてて、はるかに給与がよい工場労働に入ることがある。この行動は新聞のトップ記事になる。新しい階級の威厳を与えると考えられている職業をすてるなどということはこれまでないことだからである。[9] 新しい階級の一員として小学校の教師より確実な地位にある大学教授は、奇人ぶりを発揮するにせよ、あるいはまた彼の所得がどんなに不十分であると考えるにせよ、このような転職を考えてみることさえないだろう。[10]

過去におけるあらゆる階級的な行動がそうであったように、新しい階級も自己の永続化を強く求める。この階級の子孫は、多額のかねをもうけるための生活設計はしないものと期待されている。(実業界に入る者は例外である。実業界では所得が威信の唯一の指標であるという少なくとも一部の理由があるからだ。)そして新しい階級の子供たちは小さい頃から、満足の得られるような職業――労働ではなくてたのしみを含んでいるような職業――をみつけることの重要性を念入りに教えこまれる。新しい階級の悲しみと失望の主な源泉の一つは、成功しえない息子――退屈でやりがいのない職業に落ち込んだ息子――である。こうした不幸に会った個人――ガレージの職工になった医者の息子――は、社会からぞっとするほどのあわれみの目でみられる。しかし新しい階級はかなりの防衛的な力をもっている。医者の息子がガレージの職工になることは稀である。たとえ彼がどんなに不適格であろうと、彼はほそぼそとながらも何とか自分の階級の中にすれすれに生きることができるだろう。そしてたとえ彼が、セールズマンや投資相談役として、自分の仕事にほとんどたのしみを見出さないとしても、彼が新しい階級の一員であることを肯定するために、自分の仕事はたのしいと主張するものと期待されているであろう。

五

新しい階級は閉鎖的ではない。この階級から離れる人はほとんどいない[11]であろうが、毎年何千人もの人がこの階級に入ってくる。その資格は圧倒的に教育である。準備のための十分な時とかねに恵まれた青春時代をもち、正式の学業をパスしていくだけの才能さえもった人ならば、誰でもこの階級の一員になれる。この階級の中にはヒエラルキーがある。工場労働者の息子で電気技師になった人は、ヒエラルキーの末端にある。その息子が大学院課程を終えて大学の物理学者になれば、より高い階段に進んだことになる。しかしどちらの場合にも教育の機会こそ門をあける秘訣である。

過去一五〇年間にも、新しい階級の人口が非常に増えたことは疑いない。昔、かせいだ所得(earned income)と慎重にも呼ばれたものによって生計を立てていた人のグループを新しい階級と考え、有閑階級を除外したとすれば、十九世紀初期のイギリスやアメリカで新しい階級を構成していた者は、ごく少数の教育者と牧師、それにほんのわずかの作家、ジャーナリスト、芸術家だけであった。一九五〇年代のアメリカでは、かれらの数は数千人しかなかったであろう。今では、所得よりむしろ仕事によって誰それと判定される人の数は百万台に達するとみてよい。

新しい階級の仲間入りすることの魅力の一部は代償的な優越感から来ている。これは階級的態度のもう一つの表現である。しかし、この階級に仲間入りすれば、もっと重要な別の報いがある。肉体労働をまぬかれること、退屈さと制約ときびしい平凡さとから逃れられること、肉体的に気持のよいきれいな環境の中で生活できること、ある程度は自分の思想を一日の仕事に適用する機会があること——これらのことを重要と思わない人は、これらを全く当然のことと思っている人だけである。新しい階級がその魅力をかなり減ずることなしに拡大しえたのは、こうした理由によるのである。

したがって、この階級を急速にいっそう拡大することを社会の主要な目標の一つ――平和的な生存に次いでおそらく最も主要な目標――とすべきであると結論してまちがいない。この階級の拡大をもたらすのは教育であるから、教育に対する投資の質と量こそ社会的進歩の基本的な指標に近いものとなる。教育によって人びとはいちばんつよい望みを実現させることができるのだ。これこそ矛盾のない発展の方向である。

最近の経験が示すところでは、所得と福祉の増大について、新しい階級のそれとみなされる職業にある人に対する需要は、はるかに比例的以上に増加した。新しい階級の拡大が社会の意識的な目的であったならば、教育が重要視され、また結局は知的、文学的、文化的、および芸術的な需要に影響を与えるであろうから、この階級の仲間入りする機会がいちじるしく多くなるであろう。同時に、仕事としての仕事に従事している人の数が減ることは、あきらめばかりでなく積極的な賛成をもってみられるべきことである。新しい階級の知的エネルギーと発明心との不可避的なはけ口の一つは、ありきたりで反覆的な手の労働にとって代るものをみつけることにある。こうした労働が稀少で高くつくものにされればされるほど、この傾向はもちろん強められるであろう。これは社会の一つの目標としてきわめてありうべきことである。

現在のところわれわれが心配しているのは、労働に使われる人が少なすぎはしまいかということより、多すぎはしまいかということである。このことからみても、仕事としての仕事に従事する人びとの数を減らすことから生ずる危険をほとんど心配する必要はないことがわかる。新しい階級の拡大がすでにもたらしているオートメーションのような技術的進歩が、今働いている人を過剰にするほどに急速に進みはしまいかと、われわれは心配しているのであって、こうした危険の方がより大きいであろう。

六

私はあえていうが、ここで述べた思想は、むしろ専門外の読者にとって、もっともで合理的と思われるのではなかろうか。長時間の退屈で陰うつな労働がその対価であるというのに、人びとはなぜ所得を最大限にしようと努力すべきなのであろうか？　しかも、財貨はますます豊富になり、緊要性が低下しているというのに、人びとはなぜそうすべきであるのか？　そうではなくて、生活のすべての時間の報いを最大限にしようと努めてはなぜいけないのか？　そしてこのことが最も理解力のある多数の人びとにとって明瞭な望みとなっている以上、それを社会の中心的な目標とすべきではなかろうか？　そして今やこの主張を完結するものとして、進歩の設計ができているのだ。それは教育である。あるいはもっと一般的にいえば、物的資本とは区別された人的資本への投資である。

しかし通念体系の高級な上層部では、このような目標は極度に望ましくないと思われるであろう。専門的な経済学者のうち高名だが鈍感な人たちまでがこの反対論に加わっているのは遺憾なことである。予想される反対論は次のようなものだ。財貨が緊要であるなしにかかわらず、その生産こそ社会の進歩の公認の尺度である。物的資本への投資は進歩の起動力である。この生産物も、それを増加させる投資も、測定することができ、目にみえるものだ。測定しうるものの方がすぐれている。人びとを、もっぱら古典的な労働にあけくれしている生活から、もっぱらたのしく暮す生活へ、次第に多く転換すべしという議論は、量的な精密さに欠けている。熔鉱炉に対する投資とちがって、人間に対する投資がもたらすものは、目にみえず、評価することもできない以上、人的投資は物的投資より劣っている。そしてここで通念は、とっておきの切り札である形容詞をもち出すのだ。こうした成果が社会的目標としてたやすく測定しえない以上、それは「ぼんやりしている」(fuzzy)。経済学にとって不都合なことに対しては、いつもこのような批判がなされるのであって、この言葉を投げつけられることは致命的な非難であると広く考えられている。通常の場合、精密さは、たしかに古く、熟知されたものである。したがってそれは、定義され、測定されてきた。このように精密さに固執することは、通念が自己防衛するための、いま一つの同義反覆的な手段となる。その力を誰しも疑うべきではない。

しかし、本書の分析と提案を賢明だと思う人は、全く失望すべきではない。客観条件が通念をはるかに追い越して進んでしまったという状況が、ここでもみられるのだ。新しい階級へ入るためにどんなに多くの人びとが努力しているか、またこの階級の拡大がどんなに急速であるか、ということはさきにみたとおりである。ここで私は新しい経済的・社会的な目標を設定しているのではなく、暗黙のうちにも広く認められている目標を確認しているにすぎない。この状況では、通念はいつまでも抵抗を続けることはできない。通念の中でたてまつられている経済学者は、全体および個人の実質所得を極大化することに比肩しうるほどの緊要性をもった生活目標はありえないと信じているが、こうした標準を自分自身にあてはめようと考えることさえないであろう。自分自身の生活においては、彼は新しい階級のあらゆる熱望をあらわしているのだ。彼は自分の子供たちの教育と教化についてはただ一つのことしか念頭にない。それは所得を極大化すべしということではない。それはとんでもないことだ。彼が何より欲するのは、子供たちが面白くてやりがいのある職業につくことである。そしてこの点で子供たちがその学識ある両親を模範にするであろうと彼は思っているのだ。

(1)　J. Frederic Dewhurst and Associates, *America's Needs and Resources, A New Survey*(New York : Twentieth Century Fund, 1955), p. 1053. これらの数字は農業および非農業労働者の加重平均である。非農業企業における一九五〇年の週平均労働時間は三八・八時間であったと推定される。

(2)　U. S. Department of Labor, *Monthly Labor Review*, Vol. 98, No. 4(April 1975), p. 30.

(3) Dewhurst, pp. 726–727.

(4) U.S. Department of Labor, *Monthly Labor Review*, Vol. 98, No. 3(March 1975), p. 88.

(5) この点について私は、*Economics and the Public Purpose*(Boston : Houghton Mifflin, 1973)でもっとくわしく述べた。

(6) Dewhurst, pp. 725–726.

(7) アルフレッド・マーシャルは労働を、「その仕事から直接にもたらされるたのしみ以外のなんらかのよいものを全面的または部分的にあてにして、精神または身体の力をつかうこと」と定義した。*Principles of Economics*, 8th ed.(London : Macmillan, 1927), p. 65. この定義は、仕事自体が報いであるような種類の人びとを明らかに承認している。しかしこの種の人びとは、紹介されはしたが、マーシャルのその後の分析の中では、全然あるいはほとんど役割を果たしていない。それ以後の経済理論の中でも、かれらはほとんどなんら公式の役割を果たさなかった。

(8) 所得税が労働意欲をそこなうおそれがあるという警告がしばしばなされているにもかかわらず、所得税がこれまで目にみえるほどの有害な影響をもたなかったことの一つの重要な理由はここにある。付加税率が適用されるのはほとんどすべて新しい階級に属する人たちである。かれらを動かしている最大の動機は金銭ではない。かれら自身が、所得税の効果について語るとき以外には、このことを主張している。また、所得税は威信の構造――人びとの地位は税引前の所得できまる――をみだすこともない。したがって所得税は労働意欲には大きな害がない。もし高い限界税率が、例えば自動車工場の労働者の超過勤務手当に適用されたとすれば、かなり努力がにぶるであろうと考えられる。こういう場合には、誘因としての給料は依然として重要性を失っていない。

(9) 同じように劇的だったのは、中国の文化革命に対するアメリカ人の反応である。この革命の核心となる原則は、誰も等しく共同の労働をするために派遣されねばならぬということであるが、アメリカの高名な人でこの原則を弁護する発言をした人はほとんどいない。けれども、もしあらゆる労働が同一であるとすれば、こうした運動はつよくアピールしたことであろう。この運動は非効率的であるという議論だけで、これに関するあらゆる論議をおしまいにするのに十分だというふうに考えられている。

(10) 本書の旧版が出たのち、ある大学総長——ハヴァーフォード・カレッジの総長——は数ヵ月の休暇をとって手作業を実験的にやってみた。彼が一時的にもせよ「新しい階級」を放棄したことは、かなりの注目をひいた。

(11) いま一つの資格は政治的な能力である。これは、成年になってからあとで新しい階級へ入ろうとする人にとって、ことに重要である。地方の政治的なポスト——市会議員、教育委員、郡の監督官——に関する選挙運動がはげしいことや、任命による政治的ポストに対する関心が根強いことは、この事情によって説明されるべきである。すでに新しい階級の成員になっている人は、こうしたポストが入口としてどんなに尊重されているかを、見損っていることが多い。かれらは、社会の教育程度の低い人たちがこうしたポストを争うのを、けげんそうに眺める。かれらは、こうしたポストがこのような人たちに最大の機会を与えることと、町の活動の善し悪しはこのような人たちにかかっていることを、理解していないのだ。政治的な能力をもつ人にとって、労働組合もまた一つの重要な機会である。興味ある次の本を参照せよ。Harvey Swados, *On the Line*

(Boston : Atlantic-Little, Brown, 1957).

第二十四章　安全保障と生存について

一

すでにみたように、われわれの社会では、財貨――私的に生産される財貨――の生産の増加が社会の進歩の基本的な尺度である。このことの一部の理由は、生産が生活そのものにほかならなかった昔の世界と現在の世界とを結びつけているところの思想の偉大な継続性の結果である。また一部の理由は既得利益である。また一つには、消費者の必要に関する近代的な理論の技巧的なまやかしの所産でもある。そしてまた一つには、さきにみたとおり、生産と経済的保障との堅い結びつきのために、生産に対する強い関心をもたざるをえないことにもよる。しかしながら、生産に対するわれわれの関心を説明せよと要求されたならば――こうした要求をされることはまずないが――、それは大部分の男女の幸福に役立つからだ、それで十分ではないかと、大部分の人は満足げに答えるであろうと思ってよさそうである。

幸福の追求は社会的目標として結構なことである。しかし幸福という概念は哲学的正確さを欠いている。幸福の実体についてもその源泉についても、意見は一致していない。「生の流れとの深い本能的な結合(1)」が幸福であるということを知っても、何が結合されるのかわからない。さきにも述べたとおり、学術的な論議において精密さは、思想の伝達の助けとして役に立つばかりでなく、歓迎されない思想を除去するのにも役立つ。嫌われる思想をほとんどいつも精密でないとして拒否することができるからである。財貨の生産に対する現在のわれわれの先入主が幸福の追求の最善の助けにはならないと単純に議論してみても、なんらの結論も出はしない。その場合に使われている概念があまりにもあいまいだからである。

財貨と幸福との同一視を直接に攻撃することは、いま一つの欠陥をもっている。学術的な論議は、闘牛や古典バレーと同様に、それなりの深いルールがあり、それを尊重しなくてはならぬ。この舞台においては、公衆一般が認めている価値を攻撃し、自分自身の価値によってとって代えようとしているとみなされる人に対して、最もひどいマイナスの点数がつけられる。技術的には彼の罪は傲慢さである。実際にはそれはルールの無視である。とにかく彼は自動的にゲームから除外されてしまう。現在の経済的目標の神聖さをいぶかった人――唯物主義と俗物主義をやっつけてやろうとした人――は、過去においていつもこのような誤りを犯した。かれらは、人間の幸福を増進するものについて自分自身の見解を発表した。そのためにかれらは、大衆一般の粗雑な経済的目標に代えて、もっと敏感で洗練されてはいるが不適切な独自の目標をもち出した、といってたやすく非難された。この非難は致命的である。

こうした攻撃に対して万全の準備がととのったことを読者は今みとめるであろう。幸福とそれをもたらすものについての問題は回避された。数学者やその他の少数者でなければ、賢明にも避けて通れる問題をわざわざ解決する必要はないからである。そうではなくて、本書の議論は、とりわけ財貨の生産に関するわれわれの現在の先入主が、伝統と神話とによっていかに広汎に強制されているか、ということをみることに向けられてきた。こうした強制から解放されたときにはじめて、われわれはそれ以外の機会を探求する自由を得るのだ。これらの別の機会は、幸福と少なくともなんらかの関係があろう。しかし、生活をよりよくするものに関する自分の感覚とこれらの機会とを調和させることは、読者が決めることであり、また(これらの機会の多くは国家活動によってのみ提供されるものであるから)民主的な手続に期待したい。

二

社会は、無知に対する広汎なのろい、苦痛、緊張、および悲しみを駆逐するのに成功したことについて、ならびに幸福と調和の追求について反省し、またその目標を考える、ということ以上のより高い仕事をもっている。すなわち社会はまた、可能なかぎり、それ自身の生存を保証しなければならない。

安全保障を経済の拡大――民間消費財の生産の「健全な」増大――と単純に結びつけて考えていたのはそれほど昔のことではない。今ではこのような考えはもうできない。すでに述べたように、思想の影響と、さらにかつてのソ連がはるかに生産性の低い経済であるにもかかわらず宇宙関係の偉業をなしとげる能力をもっているという事情とによって、このような間違った考えは打ち負かされ、われわれがかつてこのようなナンセンスを信じていたことを想い出すことさえむずかしいほどである。しかしながら、生産と軍事政策とを結びつけて考える危険な、いっそう大変に危険な考え方はまだ残っている。現代経済の基本的な安定装置は、大量の租税に支えられた大きな公共部門にある。この租税は、累進的なので、生産および所得の増加の割合を上回る率で増加し、また経済の拡大がゆるやかな場合には、所得を解放して民間の使用に供する。この租税およびこの調節過程を正当化する巨額の支出が、軍事またはそれに関連した目的のための支出である。経済学者は、他の公的支出でも目的は達せられるのだと、すぐに反論する。しかし事実は事実として認めねばならぬ。生産の安定が大量の軍事支出に依存しているのが現状である。そしてこの軍事支出の相当な部分が一切の生命を破壊するよう設計された武器のためなのである。

さらに、経済のマクロ的安定の基礎にある兵器の育成は、技術を支える上で重要な役割をも果たしている。安全保障はソ連との兵器増産競争に勝つことに依存するという考えは放棄されたが、安全保障は技術進歩の競争に依存するという信念は放棄されていない。あるいはむしろ、この競争が安全保障とは合理的な関係にないことが認められてはいるが、この競争に対する力の入れ方は全然弱まっていないのだ。その一つの理由は、技術競争が経済の運用振りと深い有機的な関係にあるという事実である。消費財中心の経済は、研究・開発に対して十分な資源をさくことができない。兵器競争はこうした努力を大規模に支える。兵器の生産者にとって兵器競争はそれ自体興味あるものだが、それはまた消費財部門に応用される開発――航空輸送やコンピューター技術の開発など――を助けることにもなる。それはまた、民需目的の研究・開発が高くつき過ぎ、またはリスクが多すぎるために、民間企業が負担しかねる場合に、それを時として公的な費用でおこなうかくれみのともなる。われわれは、生存について深く心配するならば、こうしたあり方が得策か否かを疑問とするであろうし、またその危険を納得させるよう、たゆみない努力をするであろう。しかしもし経済の運用振りがわれわれの第一の関心事であるならば――生産としての生産が重要だというのであれば――、生存が第二義的な問題になるのは当然である。そしてこれが現状である。われわれが物事をよりよく見通すようにならない限り、われわれの重点のおき方は生活自体にいっそう適合したものとはなりがたいのである。(2)

われわれがいま生産に専念しているために未解決となっている問題として、重要性はやや低いが、別の問題もいくつかある。世界には依然として何百万もの飢えた不満な人びとがいるのだ。この飢餓と窮乏とからの救いの約束がないかぎり、混乱は避けられない。このような救いを約束するために、われわれは利用しうる資源をもつ必要がある。もしわれわれの制度が、生産を必要とする欲望がまず最初に造り出され、それに基づいて生産がおこなわれるという性質のものであるならば、われわれは余分な資力を持ち合わせないことになろう。われわれは富んではいるが、貧しい人びと——わが国内のそれをも含めて——に何がしか相当なものを分かち与えうるほどには富んでいないことになる。それでは、世界に対して、あるいはわれわれ自らに対しても、魅力あるイメージを与えることはできない。もしわれわれが、充足すべき欲望は社会によって人為的に造り出されるのだということを理解するならば、われわれにはもっとよい手だてがあるかもしれない。

豪華な兵器をこれみよがしに展開することは終らせなければならないが、それが終っても、科学的に未開拓の分野が残るであろう。国際的な競争の一面としても、また発見に伴う尊敬と満足の追求としても、われわれは、その未開拓の分野を進みたいと思うし、また現に進みつつある。消費者を満足させる分野では、アメリカがおこなっていることはほとんど非のうちどころがない。この点については意見が一致している。しかしこれがすべてではない。私的な消費財の生産に熱中している経済は、たとえその熱中がどんなにすばらしいものであっても、これらの未開拓の仕事の多くにとって全く不向きである、ということとも今や認めるべきである。最善の環境のもとにあっても、その研究は、知識よりもむしろ消費財に関連したものになってしまうであろう。通念はこれと反対の議論を強く展開するであろうが、このようなばかげた反論に誰も耳をかすべきでない。

さらに、近代の科学的な仕事の多くが市場と民間企業の範囲外にあるばかりでなく、応用と開発という大きな分野についても同じことがいえる。民間企業によっては原子力はえられなかった。ジェネラル・モーターズがアメリカ国内の高速道路による旅行に本腰をいれていることは誰しも異議ないが、この会社は宇宙旅行にはほとんど関心がない。

アメリカの現状では、商業的採算に合うということがわかる以前に現代の科学・技術の進歩とその大規模な応用に貢献することを本来の目的としている非軍事的な制度はほとんどない。軍事的な必要にうながされて、商業的な標準から一応はずれた研究・開発によって大きな成果があがっている。これによってアメリカは、消費財経済にとって本質的な、部分的な技術的停滞から、普通考えられる以上に救われているのである。しかしこのことは、ほとんどあらゆる科学者が認めているとおり、一般の科学・技術開発を補助するやり方としては、おそろしく非能率的な方法である。それはさらに、胸をおどらせるような偉大な科学的進歩を、危惧と恐怖の雰囲気に結びつける効果をもっているのだ。

三

そればかりではない。世界の問題またはアメリカの問題が解決される日はなかなか来ないであろう。問題がどんなものかもわからないのだから、解決のための必要条件もわからないのだ。しかしかなり確実なことが一つだけある。人口の増加と、その中で平和にころよく生きるための空間が問題であるにせよ、また、今世紀においてそれ以前のあらゆる時代以上に掘りだされてしまった天然資源の枯渇が問題であるにせよ、あるいはまた、消費財を蓄積することに心を悩ます必要はもうないという問題にしても、アメリカにとって最も必要なものは、能力と知恵と教育のための資源である。物的投資の有効性よりむしろ人間に対する投資の有効性が問題なのである。今日は誇大な一般化の時代である。以上のことも一つの一般化だが、自信をもっていうことができる。

教育は、国防や外国援助に劣らず、公共の仕事である。教育は私的目的と公共目的とへの資源配分の障害の犠牲になっている。したがってここでも、生存と安全保障と満足とへのわれわれの望みは、資源を最も緊要な目的に用いる問題にもどってくるのである。

からの部屋に家具をそなえることと、基礎がくずれるまで家具をつめこみ続けることとは、全く別のことである。財貨の生産の問題の解決に失敗したならば、人間は昔ながらのひどい不幸の状態を続けたことであろう。しかしその問題が解決ずみであることを見そこない、一歩前進して次の仕事にとりかからないでいることも、同様に大きな悲劇であろう。

（1）Bertrand Russell, *The Conquest of Happiness* (London : Allen & Unwin, 1930), p. 248.

（2）この点について私は *The New Industrial State* (Boston : Houghton Mifflin, 1967) および *Economics and the Public Purpose* (Boston : Houghton Mifflin, 1973) で詳細に、またかなり精密に、論じたつもりである。実際、この暗澹たる超越的な問題に対してもっと注目する必要があるという感じが、のちに出たこれらの書物を書く動機の一つだったのである。

あとがき

長い年月が経ったあとで自分の書いたものを再検討することは、決して不愉快な仕事ではない。人は自分自身の労作の同情的な批判者である。正しいとわかったことから得られる喜びは、間違っていたと判明したことについての後悔より、常に大きい。前記の諸章で主張したとおり、私は次のような確信を持ち続けている。すなわち、ゆたかさは、経済行動に対し、またしたがって経済に関する正しい見方に対して、決定的といってもよいほどの深い影響をもっている、という確信である。貧困と窮乏の世界に生まれた一学科としての経済学は、富が造り出した差異を認識するのに手間どった。この文脈で本書を考えてみると、私は、最初にこれを書いたときと同じほど、本書の企図した課題の重要性と、思想の分野におけるこの課題の大きさとについて、深く確信しているのである。経済学の基本的な欠陥は、当初の誤り、または意図した誤りへの傾向にあるのではなく、意図しないままに伝統が陳腐化する傾向をもつことにある。近代の巨大法人企業の勃興は多分例外になると思うが、ゆたかさが広く行きわたったことくらい、伝統的な経済学の陳腐化に寄与したものはない。このことは、本書で強く論じたとおりであり、また、その後の経験が証拠立てているところだと思う。

ゆたかさの影響は、経済学の領域を越えて、政治、政治行動、さらにはわれわれの世界観一般——ないしは世界観の欠如——にまで及んでいる。私はこうしたことのすべてを予見したわけではない。しかし、ここでも基本的な点は変わらない。すなわち、ゆたかさの増大と普及は政治的・社会的な態度および行動を変化させたという点である。政治理論と実際の政治とに関心をもつ人がこの点を無視するならば、多分その人自身が損するであろうし、また、共同の善を推進するその人の能力は確実に失われるであろう。経済学においても、政治理論においても、変化によってわれわれの経済・政治生活が実質的な変更を受けたとの示唆が出ようものなら、かんかんになって怒る傾向が顕著に見られる。良い学者は伝統と既知のものの味方であって、試みられたことのない新しいものにとびつくのは、いささか軽薄な人物だけであり、そのような人物は伝統的な思想のきびしさと困難とから逃避しているのだ、というわけである。しかし、次の点については誰しも疑ってはならない。すなわち、ゆたかさの世界に関しては、現実と真理は、過去に信じられていたことにあるのではなく、現在によって強要されていることにあるのだ、という点である。

ゆたかさの主要な影響として、私が今とくに強調したいことが二つあると思う。第一に、われわれは、ゆたかさとともに、その便益および文化から排除された人びとを安易に無視して平気でいる、という危険がある。そしてわれわれは、この無視を正当化する理論を展開する公算が大きい。これは過去にしばしば見られたところであって、事実、われわれはすでにこの途をかなり進んでいるのだ。富める者は所得が少なすぎるために働かず、貧しい者は所得が多すぎるために怠けている、というしばしば言われる定式化についてはこれ以上言うまい。これは、不当に幼稚なレヴェルの社会認識であり、正当化であるが、もっと有力な議論は、政府の非能率を強調し、そのコストと税金(国防のためのものは別として)を自由に対する脅威と見なす議論である。この議論から、貧困者のための政府扶助に対する抵抗の哲学的基礎が生まれる。というのは、貧困に対する効果的な措置は国家から出てくるほかないからである。繰り返して言うが、このような議論があるからこそ、ゆたかな人びとは、社会進化論の際立った無慈悲さをもってのんびりしているわけではないにしても、事態を改善する措置で可能なものまたは社会的に賢明なものは存在しない、との信念をもって満足していられるのである。

ゆたかさの第二の影響は、われわれの裕福さが大きいことのために、ますます危険度の高まる兵器生産の原資、すなわち、いっそう増大する大量破壊能力のための原資が生まれる、ということである。このことは、幸運な人びとのうちの一部――核による破壊が民主的である以上、彼らも他の人びとと共に死ぬだろうと思っている人たち――には反省の材料になるであろうが、他の人びとにこの脅威を容認するよう仕向ける態度をも生み出す。現在が良ければ、未来を考えることはなくなる。われわれの裕福さは、それほど幸運に恵まれない国民の羨望の的であり、特に、われわれが非常に享受している私有財産とその所得とが経済制度によって否認されているような国民の羨望の的である、と考えられている。だからわれわれは、われわれの幸運を守るために、われわれのゆたかさの一部をさいて武装するのだ、という態度が出てくるのである。本書の諸章は、兵器生産に対するわれわれの雑多な専念と軍備競争とによって投げかけられている暗い影に無関心ではない。しかし、今の私は、最初に書いた時以上に、この危険の深さと解決の緊要さとについて、確信を深めているのである。

そこで、私は読者に二つのことをお願いしたい。一つは、貧困者の社会的要求を制限・拒否する社会理論を見出そうとする最近の傾向――これは過去にも多くあった――に抵抗することである。そうではなく、ゆたかな社会における貧困の除去を社会的・政治的な日程に強力に載せようではないか。さらに進んで、その中心に据えようではないか。そしてまた、地球を守るという名目で地球に灰しか残さないようにする懼れのある人たちから、われわれのゆたかさを守ろうではないか。ゆたかな社会に欠陥がないわけではない。しかし、ゆたかな社会は、それ自身のもつ有害な傾向ないしは破壊的な傾向から救うだけの価値は十分にあるのだ。

訳者あとがき

本書はJohn Kenneth Galbraith: *The Affluent Society* (Fortieth Anniversary edition, 1998) の邦訳である。

原著の初版が刊行されたのは一九五八年(邦訳は六〇年)であるが、そののち何回かの改訂があり、版を重ねているので、その辺の事情について最初に記しておく。なお、これらの版はいずれもボストンのHoughton Mifflin社から出版されている。

第二版によって初版が改訂された際(六九年。邦訳は七〇年)には、長文の序文が新しく追加され、初版の第十二章「国防という幻影」が全部削除され、初版にあった失業手当制度改善策の部分が大幅修正されたほかに、初版以来の情勢変化を反映した小さな修正がたくさんおこなわれた。

第三版によって第二版が改訂された際(七六年。邦訳は七八年)には、論旨の大幅変更はなかったが、第二版以後の状況変化をふまえた修正や統計数字のアップデートのほか、文章や字句の改善など、非常に多くの小さな修正がなされた。

第四版によって第三版が改訂された際(八四年。邦訳は八五年)には、第二版と第三版にあった序論が長文の序論「ゆたかな社会再考」によって置き換えられ、短いあとがきが追加された。しかし本論は第三版のままであった。これは、著者が第三版の内容で修正したい点を一括してこの序論に譲ったからである。この序論には、旧版の論旨の変更、重点の置き換え、新しい論点の追加がたくさん含まれており、著者は、旧版の評釈という形で八四年当時の考えを詳細かつ平易に展開したのである。

今回の四十周年記念の改訂版では、インフレーションに関する議論で第四版の内容が大きな変更を受けた。アメリカでは、一九七九年末から八二年にかけて非常にきびしい金融引締政策がとられ、第二次世界大戦後から一貫して続いてきたインフレはこれにより収束された。ガルブレイスは、以前からインフレに対して強い関心を抱き続け、またこうした金融政策には反対の立場をとっていたのであるが、とにかくインフレは解消してしまったので、インフレがゆたかな社会の未解決の基本問題の一つであるという初版以来の主張をこの改訂版で撤回したのである。著者の考えがこのように変わったために、この改訂版ではそれに関係する箇所が大幅修正を蒙った。のみならず、この版では、統計数字のアップデートや、不適切となった文章や語句の削除・改善など、非常に多くの修正がなされた。また、第四版にあった長文の序論が全部削除され、ごく短い序文に置き替えられた。

著者ジョン・ケネス・ガルブレイスは、本年四月二十九日に、九十七歳でこの世を去った。謹んで哀悼の意を表するとともに、この機会に、とくに初めてその著作を読む人のために、彼の多彩な人生と業績について述べておきたい。

ガルブレイスは、一九〇八年十月十五日、カナダ・オンタリオ州の農村で、スコットランド系の良家に生まれた。三一年にトロント大学農学部を卒業し、三四年にカリフォルニア大学バークレー校で農業経済の博士号を取った後、四二年まで、ハーバード大学次いでプリンストン大学で教鞭をとり、助教授の地位にまで上った。

第二次世界大戦に巻き込まれたアメリカ政府は、戦争によって必要な人員が膨張したのを手当てするために多くの少壮の学者を政府部内に取り込んだのであるが、ガルブレイスもその一人であった。彼は国防諮問委員会の経済顧問（四〇―四一年）をつとめたのち、物価局で物価部次長（四一―四二年）、同副長官（四二―四三年）として価格統制の仕事を担当した。戦後は四五年に米国戦略爆撃調査団に加わってドイツおよび日本の調査に当ったのち、国務省の経済保障政策局長（四六年）をつとめた。なお、四三年から四八年にかけては雑誌『フォーチュン』の編集に携わり、ジャーナリズムの空気にも親しんだ。

ガルブレイスは四八年にハーバード大学での学究生活に戻り、四八年に講師、四九年に経済学教授となった。若い頃の彼に強い影響を与えたものは、三〇年代のニュー・ディールの風潮と、三六年のケインズの周知の著作に始まった経済学の革命とであった。

経済学者としてのガルブレイスの最初の主な著作は『アメリカの資本主義』（五二年）で

ある。この本で彼は、アメリカが第二次世界大戦に参入する直前まで多くの経済学者がアメリカ経済について抱いていた二つの不安、すなわち不況の危険と独占の弊害とは戦後の経済については的はずれであって、むしろインフレの懸念が強いと分析し、また経済における大企業の力を抑制するものとして労働組合・協同組合・農業団体などの「拮抗力」があるという議論を展開した。しかし、この「拮抗力」という概念は、彼がこの本の副題にするほど強調したにもかかわらず、その後ほとんど問題にされずに終わった。

五五年に書いた『大恐慌』は、一九二九年に起こった株式市場の大暴落を詳細に描いた歴史の書物であって、基礎的な経済事情や理論的分析にはそれほど詳しくないが、それでも、この大恐慌が起こったのはいくつかの根本的に不健全な要因が重なったからであるとし、連邦準備制度の権限強化、預金保険制度の設立などによる経済安定装置が備わった今では「大恐慌」のような惨事が起こることはあるまいとの楽観論を述べた。

ガルブレイスを一躍有名にしたのが、五八年に出た『ゆたかな社会』である。現代資本主義とは何か、という根本問題にユニークな角度からメスを入れ、経済学の通説に真っ向から異議を唱えた本書は、大きな反響を呼び、発行部数は七桁に達した。本書が出た時には、正統派経済学者から猛反発を受けただけでなく、もっと常識的なレベルからも、この本に書かれているのはアメリカのことなのかそれとも資本主義一般なのかとか、どの程度のゆたかさになれば「ゆたかな社会」といえるのかとか、基本的な必要が満たされた後の私的な生活水準の改善をすべて生産過程自体によって生み出された「依存的」なものだと言いきれるのか、といったような類の素朴な疑問が提起されたものである。

それはそれとして、この本を書いた時にガルブレイスの念頭にあったのは一九五〇年代後期のアメリカだった。当時のアメリカ経済は、戦争によって大打撃を受けた諸国を尻目にして圧倒的な生産力を擁し、U・S・スティール、GM、GEといった大企業が支配しており、労働組合も強力であった。生活水準は世界で飛び抜けて高かった。政治面では、一九六〇年の大統領選挙でケネディを当選させたほどリベラルな空気が強かった。国際関係の面では、ソ連との冷戦が次第に度を増しつつあった。今から五十年近く前に初版が出た『ゆたかな社会』を読むにあたっては、このような時代背景を念頭に置く必要がある。

ガルブレイスは、学者でありながらも民主党リベラル派の政治運動に深くかかわった。ケネディが大統領に就任すると、六一年から六三年まで、一時ハーバード大学を離れて、駐インド大使を務めた。(この頃のことは『大使の日記』(六九年)に書かれている。) また六七年から六八年まで Americans for Democratic Action の議長をつとめた。

大使からハーバードに戻ったガルブレイスは、『ゆたかな社会』と三部作をなす『新しい産業国家』(六七年)および『経済学と公共目的』(七三年)を書いて、現代資本主義経済の構造を分析した。農業や小企業から成るセクターでは市場原理が支配するが、大企業セクターでは、資本家ではなくて経営者や技術者・専門家集団が実権を握り、計画原理が支配するために、資本主義本来の競争原理が衰退する、というのである。そして、経済成長が至上の目標だとする考え方は大企業体制のあり方から生まれたものだとしている。また、次第に組織化されていく資本主義経済とソ連型の社会主義経済とがいずれは同じような形の管理経済に「収斂」していくのではないかとの見方を示した。これら三つの著作によって、現代資本主義に関するガルブレイスの考えの全貌が明らかとなったのである。

ガルブレイスの異端的な立場は正統派の経済学者から大きく隔たってはいたが、七二年には、当時のヴェトナム反戦機運や、これに関連する一般的な反抗心の高まりもあって、彼はアメリカ経済学会会長に選ばれた。この七〇年代が彼の最盛期であったといえよう。

ガルブレイスは七五年にハーバード大学教授を退任したが、その後も名誉教授としての地位を保ち、精力的な著作活動を続けた。そして、上記のような学術的な著作ではなく、一般向けの読みやすい啓蒙書の執筆に専念するようになった。そのうち主なものはすべて日本でも翻訳・出版されている。その中でも特に注目に値すると思われるものを以下に紹介する。なお、標題は邦訳のタイトルであり、カッコ内は原著の発行年である。

『マネー』(七五年)は貨幣・金融論を歴史的に考察している。

『不確実性の時代』(七七年)は、古典的資本主義の時代から最近に至るまでの重要事件と経済思想を扱っている。

『現代経済入門』(七八年)は、広範な経済問題に関するガルブレイスの考えをフランス人婦人記者との対談という形で平易にまとめたものである。

『大衆的貧困の本質』(七九年)は開発の問題を論じている。

『権力の解剖』(八三年)は、歴史に関する著者の豊富な知識を活用して、権力というものをさまざまな角度から分析している。

『経済学の歴史』(八七年)は、経済学説を時代の背景と関連づけて考察している。

『資本主義、共産主義、そして共存』(八九年)は、ソ連が崩壊する直前に書かれたものであるが、ガルブレイスはソ連がまもなく崩壊するとは予見していなかった。

『バブルの物語』(九〇年)は、世界経済史に汚名をとどめた顕著なバブルについて面白く物語風に書いたもので、日本のバブル経済にも触れている。

『満足の文化』(九二年)は、保守化して自己満足に陥っているアメリカ社会について論じている。

これらの著作のほかに、ガルブレイスは雑誌や新聞におびただしい数の論文、旅行記、人物論、経験談などを寄稿していて、それらのものを随時まとめて収録した本がいくつか出ている。その中でも『ある自由主義者の肖像』(七九年)は特に面白い。

さらに、株式市場での投機をテーマにした『ハーヴァード大学経済学教授』(九〇年)などの小説まで書いている。

ガルブレイスほど多くの書物を一般読者層に提供した経済学者は、二一世紀のアメリカには他に存在しなかった。

なお、ガルブレイスは、身長が二メートルを越え、筋肉質で、堂々とした風貌と威厳溢れる態度を持った人であったことを付言しておく。

さて、さきに『ゆたかな社会』のところで述べたような往年のアメリカの姿、即ちガルブレイスが本書の初版で前提としていた状況は、その後次第に変貌を遂げ、一九七〇年代の終了とともに終わったと言ってよさそうである。その辺の事情の概略を見ておきたい。

世界経済におけるアメリカの圧倒的な優位は、次第に力をつけてきた西欧や日本の発展によって徐々に低下した。それに追い討ちをかけたのが世界的な貿易自由化の進展であって、その結果、アメリカの大企業でさえ自由競争の波に巻き込まれるようになり、かつてのように安泰ではいられなくなった。七九年の末から八二年にわたる金融引締によってインフレが収束したことは先に述べたとおりであるが、インフレ退治は大量の失業を生み出し、それとともに労働組合は弱体化した。政治面では、八一年にレーガン政権が誕生して、アメリカの保守化ムードは一挙に高まり、リベラル派は後退した。国際面では、八九年に東欧諸国の共産党独裁政権が崩壊し、ソ連も九一年に解体してしまった。冷戦が終わり、アメリカの一極支配となったその後の世界では、経済政策において自由競争・市場原理がますます強く追求されるようになった。さらに、ＩＴ関連の技術および産業のめざましい発達は経済を複雑化し、世界的な過剰流動性は経済のマネーゲーム化を促進した。

このような時の流れは、ガルブレイスが予想していなかったことである。冷戦の終了によって生まれた新しい時代には、彼が憂慮していた軍拡競争は終ったが、富裕層や企業に有利な税制改正によって貧富の格差は広がり、社会一般の考え方も保守化した。こうした傾向は彼の期待と希望を大きく裏切るものであった。ガルブレイスは、社会がゆたかになれば、余裕ができるわけだから、人はあくせくする必要がそれだけ少なくなり、また、ゆたかさの恩恵にあずかれない人のためにできることも当然多くなるだろう、と考えていたのであるが、現実の成り行きはそうはならなかったのである。ゆたかな社会は保守主義を生み出す、ということに思い至ったとき、彼は大きな衝撃と失望を感じたに違いない。

それにもかかわらず、この改訂版の序文を読むと、ガルブレイスは、彼の基本的な考えに関するかぎり、最後まで信念を持ち続けていたようである。本書の理論的な骨格をなす第一章から第十二章までは、初版以来ほとんど手が加えられておらず、本書の最も読みごたえのある部分である。そして、『ゆたかな社会』が提起した問題、特に、そもそも経済成長とは何のためなのか、という問題は、環境問題とも関連して、現代社会の根本にかかわるパズルであり続けるであろう。

彼が九十歳に達してもなお、四十年前に書いたこの本の改訂にこだわり続けていたことは、『ゆたかな社会』が彼の代表作であり、古典的名著であることを裏書きしている。

訳者として個人的に特記するが、一九五八年に原著の初版が刊行された時にその翻訳を訳者に強く勧められた都留重人先生も、ガルブレイスよりわずか先立って、本年二月七日に亡くなられた。悲しみに堪えない。

この改訂版の翻訳にあたってはPenguin Books版を用いた。また、前の版の訳文をそのまま生かすことを原則としたが、気付いた少数の箇所については訳語の改善を図った。

最後に、本書の出版・編集に努力された岩波書店の方々、とくに担当の大塚茂樹氏に厚く謝意を表したい。

二〇〇六年八月

鈴木哲太郎

本書は岩波現代文庫のために編集されたものである。

ゆたかな社会 決定版　ガルブレイス

2006年10月17日　第1刷発行
2007年 8 月 6 日　第2刷発行

訳　者　鈴《すず》木《き》哲《てつ》太《た》郎《ろう》

発行者　山口昭男

発行所　株式会社 岩波書店
〒101-8002 東京都千代田区一ツ橋 2-5-5
案内 03-5210-4000　販売部 03-5210-4111
現代文庫編集部 03-5210-4136
http://www.iwanami.co.jp/

印刷・精興社　製本・中永製本

ISBN 4-00-603137-8　　Printed in Japan

岩波現代文庫の発足に際して

新しい世紀が目前に迫っている。しかし二〇世紀は、戦争、貧困、差別と抑圧、民族間の憎悪等に対して本質的な解決策を見いだすことができなかったばかりか、文明の名による自然破壊は人類の存続を脅かすまでに拡大した。一方、第二次大戦後より半世紀余の間、ひたすら追い求めてきた物質的豊かさが必ずしも真の幸福に直結せず、むしろ社会のありかたを歪め、人間精神の荒廃をもたらすという逆説を、われわれは人類史上はじめて痛切に体験した。

それゆえ先人たちが第二次世界大戦後の諸問題といかに取り組み、思考し、解決を模索したかの軌跡を読みとくことは、今日の緊急の課題であるにとどまらず、将来にわたって必須の知的営為となるはずである。幸いわれわれの前には、この時代の様ざまな葛藤から生まれた、人文、社会、自然諸科学をはじめ、文学作品、ヒューマン・ドキュメントにいたる広範な分野のすぐれた成果の蓄積が存在する。

岩波現代文庫は、これらの学問的、文芸的な達成を、日本人の思索に切実な影響を与えた諸外国の著作とともに、厳選して収録し、次代に手渡していこうという目的をもって発刊される。いまや、次々に生起する大小の悲喜劇に対してわれわれは傍観者であることは許されない。一人ひとりが生活と思想を再構築すべき時である。

岩波現代文庫は、戦後日本人の知的自叙伝ともいうべき書物群であり、現状に甘んずることなく困難な事態に正対して、持続的に思考し、未来を拓こうとする同時代人の糧となるであろう。

（二〇〇〇年一月）

S109
アインシュタイン・ショックⅡ
―日本の文化と思想への衝撃―
金子務

大正・昭和の科学者、哲学者、社会思想家、作家、詩人たちはアインシュタインおよびその思想といかに切り結んだのかを克明に描く。

S110
ドキュメントヴェトナム戦争全史
小倉貞男

ヴェトナム・米国の指導者達、無名の民衆・兵士達は戦争にいかに向きあったのか。貴重な証言と一次史料で戦争の転換点を描き出す。

S111
日本近代建築の歴史
村松貞次郎

建築はもっとも雄弁に時代を語る存在である。明治開化期から高度成長を経た七〇年代まで、時代と建築の百年にわたる変遷を俯瞰する。〈解説〉藤森照信

S112
モハメド・アリ（上）
―その生と時代―
トマス・ハウザー
小林勇次訳

ブラックパワー。ヴェトナム。揺れ動く六〇年代アメリカ。その男の生は時代と激しくぶつかり、重なり合っていった。圧巻の決定版評伝。（全2冊）

S113
モハメド・アリ（下）
―その生と時代―
トマス・ハウザー
小林勇次訳

惨敗、雪辱、身体の変調。生きる力を使い尽くすかのごとく、アリは戦いつづける。いったい何のために？　人生の真実を描く後編。

2007. 7

岩波現代文庫［社会］

S114
虐待
――沈黙を破った母親たち
保坂渉

なぜ親たちは子どもの心を傷つけ、暴力をふるったか。沈黙を破り、語り始めた母親四人の心の軌跡と家庭の闇を描いた衝撃のルポ。

S115
日本列島を往く(6)
――故郷の山河で――
鎌田慧

好況の風・不況の風――時代が移り変わるなか、人は何を思いどのように暮らしているのか。人々の矜持を列島各地に訪ねたドキュメント。〈解説〉山口文憲

S116
〈傷つきやすい子ども〉という神話
――トラウマを超えて――
ウルズラ・ヌーバー
丘沢静也訳

幼少期の精神的傷が、人生に決定的な意味を持つというフロイトのトラウマ理論は正しいか。子ども時代の過大評価に落とし穴はないか。〈解説〉小沢牧子

S117
パレスチナとは何か
E.W.サイード
島弘之訳
ジャン・モア写真

自らの政治的流氓体験を踏まえ、パレスチナの内側を徹底的に凝視してパレスチナ問題の根源を問い直す。多彩な写真も収録。

S118
私だけの勲章
後藤正治

卓抜した腕を持ち、名声を求めず、自ら信じた世界に本気で賭ける不器用で格好いい男たちの肖像。人生的ノンフィクション短編集。〈解説〉鎌田慧

2007.7

岩波現代文庫[社会]

S119
鳥居龍蔵伝
―アジアを走破した人類学者―
中薗英助

日本文化の源流と歴史の古層を求め、戦時下の東アジアを走破した人類学者・鳥居龍蔵。その壮絶なる生涯に肉迫した大仏賞受賞の評伝。

S120
評伝 アインシュタイン
F・フランク
矢野健太郎訳

二〇世紀の物理学に革命をひきおこし、生涯、平和のために闘いつづけたアインシュタイン。その波瀾の生涯と時代を生きいきと描く。〈解説〉江沢 洋

S121
じゃぱゆきさん
山谷哲夫

新宿歌舞伎町、全国のピンクゾーン、東南アジアの女衒を取材し、無知と金と欲望と貧困渦巻く、人身売買大国日本の実態を暴く。

S122
建築家捜し
磯崎 新

建築家とは何者か。世界の建築界に鮮烈な衝撃を与えてきた筆者が、「他者としての建築家」を定義し、自らの軌跡を語り尽くす。〈解説〉岡崎乾二郎

S123
咬ませ犬
後藤正治

咬ませ犬と呼ばれるボクサー、公式戦記録のない二軍監督、競走馬の仕上げに賭ける厩務員……情熱の源泉と人生の哀歓を鮮やかに描く。〈解説〉白石一文

2007.7

岩波現代文庫［社会］

S124
顔をなくした女
―〈わたし〉探しの精神病理―
大平健

魔王に顔を奪われたという女がその心の秘密にたどり着くまでをミステリアに描いた表題作ほか診察室で語られる自分探しの旅。〈解説〉富山太佳夫

S125
新版 母は枯葉剤を浴びた
―ダイオキシンの傷あと―
中村梧郎

ベトナム戦争での米軍による枯葉作戦、その枯葉剤の毒性は、ベトナム兵士・民衆のみならず米韓の兵士にも今なお深刻な被害を与えている。

S126
新南島風土記
新川明

圧政ゆえの悲話、それをはね返す歌謡、豊かな民俗芸能……。沖縄の中でも、最果てと言われた八重山から、復帰前の島の生活を描く。〈解説〉池澤夏樹

S127
ノモンハンの戦い
シーシキン他
田中克彦編訳

はじめて翻訳紹介される一九三九年ノモンハン事件のソ連側基本史料。詳細な注と解説が謎の戦争の経過と真実を明らかにする。

S128
同盟漂流（上）
船橋洋一

一九九六年四月、日米首脳が普天間飛行場返還を合意した背景とは。冷戦後の日米同盟を鋭利な歴史感覚で描く大河ノンフィクション。（全2冊）

2007.7

岩波現代文庫[社会]

S129
同盟漂流（下）
船橋洋一

九〇年代半ば、朝鮮半島、沖縄、台湾での危機は日米中関係をどう変えたか。政府首脳他への取材で描き出した同時代史の傑作。

S130
発掘から推理する
金関丈夫

矢尻が刺さった女性の頭骨、子どもばかりが埋葬されている墓、抜歯や骨占いの習俗の実際……。古代への想像力を刺激する軽妙なエッセイ集。〈解説〉金関　恕

S131
戦後保守党史
冨森叡児

小泉政権の登場以来自民党は大きく変貌したが、その支配と優位は半世紀続いている。旧い自民党の実態を明快に描いた。

S132
評伝 緒方竹虎
―激動の昭和を生きた保守政治家―
三好　徹

大戦末期に政界入りし、健全な保守政治を模索した言論人緒方竹虎の生涯を、激動の昭和史のなかに描き、政治の原点を問う傑作評伝。〈解説〉井出孫六

S133
椎の若葉に光あれ
―葛西善蔵の生涯―
鎌田　慧

葛西善蔵の死とともに純文学は滅びた。自らの悲惨のみを描き続け、陋巷に窮死した作家の生涯を同郷のルポライターが追う渾身の評伝。〈解説〉荒川洋治

2007.7

岩波現代文庫[社会]

S134
日本の失敗
—「第二の開国」と「大東亜戦争」—
松本健一
日米宿命の対立の端緒「対支二十一ヵ条要求」から敗戦に至る軍人、政治家、知識人の言動から日本の誤謬を大胆に摘出し論争を呼ぶ。〈解説〉竹内　洋

S135
歴史と政治の間
山内昌之
文明が問われ、激動する現代世界を精力的に歩き、古典を読み解き、鋭い歴史感覚で日本のあるべき姿を模索する最新エッセイ集。

S136
密約
—外務省機密漏洩事件
澤地久枝
沖縄返還交渉の裏で、国民を欺き交わされた「密約」。しかし関心は、機密を漏洩した外務省職員と新聞記者の男女問題にずらされてゆく……。〈解説〉五味川純平

S137
ゆたかな社会　決定版
ガルブレイス
鈴木哲太郎訳
「ゆたかさ」の増大と普及は私たちに何をもたらしたか。本書は現代資本主義の特質を明らかにした著作として古典的位置を占める。

S138
シャドウ・ワーク
—生活のあり方を問う—
I・イリイチ
玉野井芳郎
栗原　彬訳
家事などの人間の本来的な生活の諸活動を、無払い労働としての〈シャドウ・ワーク〉に変質させた現代の矛盾を鋭く分析する。

2007.7